게리 채프먼의
사랑의
언어 365

One Year Love Language Minute Devotional
by Gary Chapman

Copyright © 2009 by Gary D. Chapman

Korean edition © 2010 by Duranno Press
with permission of Tyndale House Publishers, Inc.
All rights reserved.

본 저작물의 한국어판 저작권은 저작권사와 독점 계약한 두란노서원이 소유합니다.
저작권법에 의거하여 한국 내에서 보호를 받는 저작물이므로 무단 전재와 무단 복제를 금합니다.

게리 채프먼의
사랑의 언어 365

지은이 | 게리 채프먼
옮긴이 | 최종훈
초판 발행 | 2010. 4. 19
15쇄 발행 | 2023. 11. 27
등록번호 | 제3-203호
등록된 곳 | 서울시 용산구 서빙고동 95번지
발행처 | 사단법인 두란노서원
영업부 | 2078-3333 FAX | 080-749-3705
출판부 | 2078-3444

■ 책값은 뒤표지에 있습니다.
ISBN 978-89-531-1343-5 03230

■ 독자의 의견을 기다립니다.
tpress@duranno.com http://www. Duranno.com

두란노서원은 바울 사도가 3차 전도 여행 때 에베소에서 성령 받은 제자들을 따로 세워 하나님의 말씀으로 양육하던 장소입니다. 사도행전 19장 8-20절의 정신에 따라 첫째 목회자를 돕는 사역과 평신도를 훈련시키는 사역, 둘째 세계선교(TIM)와 문서선교(E등BI) 잡지사역, 셋째 예수문화 및 경배와 찬양 사역, 그리고 가정 · 상담 사역 등을 감당하고 있습니다. 1980년 12월 22일에 창립된 두란노서원은 주님 오실 때까지 이 사역들을 계속할 것입니다.

게리 채프먼의
사랑의 언어 365
게리 채프먼 지음 | 최종훈 옮김

두란노

그가 아름다운 관을 네 머리에 두겠고
영화로운 면류관을 네게 주리라 하셨느니라
내 아들아 들으라 내 말을 받으라
그리하면 네 생명의 해가 길리라

_잠 4:9-10

서문

30년 넘게 가정상담을 해오면서, 부부갈등에 관해 들려주고 싶은 이런저런 이야기들이 생겼다. 남편과 아내가 서로에게 깊이 헌신할 때, 특히 5가지 언어로 사랑을 전달하기 위해 최선을 다할 때, 비로소 긍정적인 변화는 시작된다. 하지만 시간이 지날수록 더욱 분명히 깨닫게 되는 사실은 결국 관계를 변화시키는 것은 하나님의 능력뿐이라는 점이다.

남편들과 아내들 그리고 지금 누군가를 사귀고 있거나 약혼자가 있는 이들에게 이 책을 꼭 한 번 읽어보라고 권하고 싶다. 그런 이들에게 도움이 될 만한 정보들이 가득하기 때문이다. 결혼이라는 집을 건축하는 데 꼭 필요한 벽돌들(원만한 커뮤니케이션, 존중, 무조건적인 사랑, 용서 등)은 다른 로맨틱한 관계를 세우는 데도 중요한 재료가 된다. 소중한 상대가 사용하는 사랑의 언어를 알아듣고 같은 말로 의사소통하는 능력은 나이와 형편에 상관없이 모든 커플들에게 큰 자산이 될 것이다.

여기 실린 내용들을 활용해서 혼자 묵상해도 좋고, 부부가 나란히 앉아서 날마다 함께 읽어도 괜찮다. 묵상 후에는 조용히, 또는 소리 내어 기도하라. 하루에 단 몇 분만 투자하면 하루 종일 힘이 되어줄 성경의 가르침을 찾아낼 수 있을 것이다.

끈끈한 관계를 맺고 있는 부부가 있는가 하면 삐걱거리는 커플도 있다. 관계가 안정적인 경우도 있고 흔들리고 있을 수도 있다. 어떤 상황에 있든, 모든 독자들에게 이 묵상이 격려가 되며 서로에게서 새로운 기쁨을 발견하는 실마리가 되길 기도한다. 365일 하루하루, 사랑하고 성숙해지는 데 초점을 맞추어서 부디 든든한 관계를 세워가길 바란다.

_ 게리 채프먼

The One Year Love Language

변함없는
사랑의 시작

OOl

> 그런즉 믿음, 소망, 사랑, 이 세 가지는 항상 있을 것인데 그 중의 제일은 사랑이라 사랑을 추구하며 고전 13:13-14:1

누구에게나 사랑을 표현할 때 주로 사용하는 특정 언어가 있다. 남편과 아내가 똑같은 언어로 의사소통하는 경우는 지극히 드물다. 저마다 자신의 언어로 사랑을 말하는 탓에 상대방의 메시지를 놓쳐버리기 일쑤다. 진지하게 생각해야 한다. 사랑을 말하는 순간에도 정서적으로 단절된 상태라면 이만저만 심각한 문제가 아니다.

어디서 많이 듣던 소리인가? 사랑은 시간이 흘러도 변하지 않는 법이다. '사랑 장'으로 널리 알려진 고린도전서 13장 마지막 절에서 사도바울은 사랑을 가장 소중하며 영원히 지속되는 덕목으로 꼽았다. 사실상 사랑을 크리스천들이 추구해야 할 가장 높은 목표로 제시한 셈이다. 그러나 언제나 변함없고 뜨거운 사랑을 유지하려면 항상 새로운 언어를 배워야 한다. 물론 고된 훈련과 연습이 필요하지만 열매는 달콤하다. 남편과 아내가 서로에게 깊이 헌신하는 특별한 관계가 시작되기 때문이다.

상대방의
언어를 배우라

002

> 사랑하는 자들아 하나님이 이같이 우리를 사랑하셨은즉 우리도 서로 사랑하는 것이 마땅하도다 요일 4:11

그동안 연구하고 조사한 결과, 다음과 같은 5가지 사랑의 언어가 있음을 발견했다. 인정하는 말, 선물, 봉사, 함께하는 시간, 육체적인 접촉.

인간은 누구나 이 5가지 언어 가운데 하나를 주로 사용한다. 자신이 어떤 사랑의 언어를 쓰는지 파악하고 있는가? 배우자의 언어를 아는가? 서로 깊이 사랑하면서도 효과적인 방식으로 그 사랑을 전달하지 못하는 부부가 얼마나 많은지 모른다. 배우자의 언어로 말하지 않는다면 제아무리 내난한 방법을 총동원한다 해도 상대방은 사랑받는다는 느낌을 가질 수 없다.

성경은 "하나님이 이같이 우리를 사랑하셨은즉 우리도 서로 사랑하는 것이 마땅하다"고 분명히 지적한다. 사도 요한은 하나님의 사랑이 우리 안에 온전히 이루어진다고 했다. 상대방이 언제 어떻게 사랑을 감지하는지 아는 것이야말로 효과적으로 사랑을 표현하는 데 가장 중요한 핵심 요소다.

실마리를
찾으라

003

> 새 계명을 너희에게 주노니 서로 사랑하라 내가 너희를 사랑한 것같이 너희도 서로 사랑하라 요 13:34

배우자가 어떤 일을 가장 자주 요청하는가? 사랑의 언어를 파악할 수 있는 실마리가 거기에 있다. 예를 들어 배우자가 저녁 먹은 뒤에 산책하자고 한다든지, 소풍을 다녀오자고 한다든지, 텔레비전을 끄고 얘기 좀 하자고 한다든지 하면, 그건 값지고 즐거운 시간을 보내자고 요청하는 것이다. 많은 여성들이 하소연한다. "남편은 나와 함께 시간을 보내는 일이 거의 없어요. 사랑받는다는 느낌이 들지 않는데 값비싼 선물이 다 무슨 소용이겠어요?" 남편으로서는 성심껏 사랑을 표현했지만 아내의 사랑의 언어로 이야기할 줄 몰랐던 것이다.

하나님은 인류를 어떻게 사랑하시는가? 마음을 속속들이 헤아리는 완벽한 사랑을 베푸신다. 한 사람 한 사람을 꿰뚫어보시며 어떨 때 우리가 그분의 사랑을 실감하는지 알고 계신다. 배우자의 사랑언어를 찾아내는 건 더 깊은 관계로 나가는 데 반드시 필요한 과정이다.

서로 자신을
드러내라

004

> 여호와께서 … 그의 행위를 모세에게, 그의 행사를 이스라엘 자손에게 알리셨도다 시 103:6-7

자신을 드러내는 기술을 알고 있는가? 그 뿌리를 찾자면 하나님께로 돌아가야 한다. 주님은 선지자들과 성경, 그리고 무엇보다 예수 그리스도를 통해 자신을 온 인류에게 보여주셨다. 하나님이 자신을 드러내기로 작정하지 않으셨더라면 아무도 그분을 몰랐을 것이다.

부부 사이에도 같은 원리가 적용된다. 자신을 드러내야 서로의 생각과 욕구, 좌절과 기쁨을 알 수 있다. 친밀한 관계로 이어지는 통로와 다름없는 자기표현 기술은 자신에 대해 이야기하는 데서부터 시작된다. 선문가들은 '당신'형 문장보다 '나'형 문장을 사용하라고 충고한다. 예를 들어 "당신이 친정엄마 생신 잔치에 함께 가지 못한다니 참 마음이 아파요"와 "당신, 우리엄마 생일잔치에 또 안 가겠다는 거야? 어휴 속상해서 못 살겠어"는 전혀 다른 말이다. 자기 반응에 초점을 맞추면 감정을 드러내는 데 그치지만, 상대의 행동에 초점을 맞추면 비난이 섞이게 된다. '당신'형 문장은 다툼을 일으키지만 '나'형 문장은 원만한 커뮤니케이션을 돕는다.

감정을
솔직하게 표현하라

005

> 범사에 기한이 있고 천하만사가 다 때가 있나니 … 울 때가 있고 웃을 때가 있으며 슬퍼할 때가 있고 춤출 때가 있으며
> 전 3:1, 4

감정까지 배우자와 공유할 필요가 있는지 의아하게 생각하는 이들이 더러 있다. 그런데 배우자와 감정을 솔직하게 나누지 않으면, 상대방이 왜 그렇게 처신하는지 알아챌 도리가 없다. "당신 도대체 왜 그래?"라는 전형적인 질문이 튀어나오는 것이다.

감정은 삶의 자연스러운 한 부분이다. 전도서에서 솔로몬은 모든 일에 때가 있다고 지적한다. 기뻐할 때와 슬퍼할 때, 눈물 흘릴 때와 손뼉을 칠 때가 있다는 것이다. 인생에는 오만 가지 감정이 다 들어 있으며 하나하나가 그 사람의 됨됨이를 그대로 보여준다. 감정을 드러내야 내면의 상태를 전달할 수 있다. 어떤 느낌이 들고 그 까닭이 무언지 정확하게 알려줄 수 있는 것이다. 예를 들어, "어젯밤에 갑자기 야근하는 바람에 드라이브 나가기로 한 약속을 못 지켜 짜증이 나"라고 말한다면, 배우자 역시 "나도 속상해. 하지만 어쩌겠어"라고 대답할 것이다. 감정을 솔직하게 표현해야 서로 신뢰하게 된다.

마음의 소망을
나누라
006

> 소망이 더디 이루어지면 그것이 마음을 상하게 하거니와 소원이 이루어지는 것은 곧 생명 나무니라 잠 13:12

마음에 품은 소망을 배우자에게 정직하게 이야기하지 않으면 수많은 오해와 차질이 생길 수밖에 없다.

잠언 13장 12절에서, 솔로몬은 성취된 소망과 채워지지 못한 욕구를 생생하게 대비시키고 있다. 선하고 건전한 소망이 충족될 때 행복을 느낀다는 건 누구도 부인할 수 없다. 그렇다면 배우자에게 그런 기쁨을 선사하고 싶은 게 세상 모든 부부의 한결같은 심리 아니겠는가?

마음에 품고 있는 소원을 알리는 것이야말로 자신을 드러내는 데 반드시 필요한 과정이다. "이러저러하면 좋겠어요" "어떨 때 내가 정말 행복감을 느끼는지 알아요?" "이만 저만하길 바래요" 같은 말들로 원하는 바를 남편 또는 아내에게 고백하라. 그래야 배우자들도 가장 사랑하는 상대의 소망을 채워줄 기회를 얻게 된다. 이건 강요가 아니다. 부탁일 따름이다. 배우자의 마음을 좌지우지하려는 게 아니라 무얼 원하는지 분명히 하자는 것이다.

행동을 설명하라

007

> 여호와여 주께서 나를 살펴보셨으므로 나를 아시나이다 주께서 내가 앉고 일어섬을 아시고 멀리서도 나의 생각을 밝히 아시오며 시 139:1-2

시편 139편 말씀은 성경 전체를 통틀어 가장 사랑받는 본문 가운데 하나다. 하나님이 한 사람 한 사람의 안팎을 환히 알고 계심을 선포하고 있기 때문이다. 주님은 우리의 생각과 감정, 동기를 정확하게 꿰뚫어보신다.

욕구와 감정뿐 아니라 행동에 관해서도 배우자와 나누는 것이 중요하다. 당사자가 직접 설명해주지 않으면 왜 그렇게 행동하는지 도저히 이해할 수 없는 경우가 수없이 많다. 예를 들어, 아내가 심각한 얘기를 하는데 남편이 졸았다. 그때 남편이 이렇게 얘기하면 어떨까? "미안해요. 감기약을 먹었더니 졸음이 쏟아져서. 당신 얘기가 듣기 싫어서 그러는 게 아닌 거, 알죠?" 미리 자신의 행동을 설명해도 좋다. "안방 형광등이 망가졌다고 했지? 조기축구회에 갔다 와서 고쳐놓을게, 괜찮지? 사랑해, 여보." 과거의 행동을 설명하는 것 역시 소중한 정보를 준다. 왜 그런 행동을 했는지 자세히 설명하면 배우자는 한결 가벼운 마음으로 적절한 반응을 보일 수 있다.

변화가
시작되는 자리

008

> 어찌하여 형제의 눈 속에 있는 티는 보고 네 눈 속에 있는 들보는 깨닫지 못하느냐 … 먼저 네 눈 속에서 들보를 빼어라 그 후에야 밝히 보고 형제의 눈 속에서 티를 빼리라 마 7:3, 5

너나없이 상대방이 변하길 기다린다. 가정상담가라면 누구나 "남편이 집안일을 조금만 거들어주면 더 바랄 게 없다"든지 "아내가 한 달에 한 번만 적극적으로 잠자리를 하면 결혼생활이 한층 부드러워질 것"이라는 얘기를 흔히 듣는다. 남편은 아내가, 아내는 남편이 달라지길 바라는 것이다. 결과적으로는 양쪽 모두 비난당하고 원망받는다는 느낌을 갖게 된다.

마태복음 7장에서 예수님은 이 문제를 분명하게 짚어주신다. 우리는 자신이 다른 이들의 잘못을 정확히 파악하고 있다고 믿고 그걸 바로잡으려고 애쓰기 일쑤다. 하지만 죄에 눈이 멀어 자신을 보지 못하는 경우가 얼마나 많은가! 자신을 먼저 바로잡지 않는다면 그저 배우자를 비난하는 데 급급할 수밖에 없다.

과거의 잘못들을 시인하고 달라지고 싶은 마음을 고백하라. 최선을 다해서 변하려고 노력하라. 일단 달라지는 조짐이 보이기 시작하면, 상대편에서도 변화로 화답할 것이다.

사과한 후에 회개하라

009

> 그 때에 세례 요한이 이르러 유대 광야에서 전파하여 말하되 회개하라 천국이 가까이 왔느니라 … 그러므로 회개에 합당한 열매를 맺고 마 3:1-2, 8

최근에 어느 여성에게서 이런 얘기를 들었다. "우리 부부는 결혼한 지 30년이나 됐는데 아직도 똑같은 문제를 가지고 다퉈요. 이젠 남편의 사과를 듣는 것도 넌덜머리가 나요. 말만 말고 제발 행동이 바뀌었으면 좋겠어요." 그녀가 바라는 건 남편의 '회개'다. 회개한다는 건 돌아선다는 말이다. '사과'는 자기 행동의 결과를 깊이 후회하며 행동을 고치겠다는 다짐을 의미한다.

세례요한은 회개를 촉구했다. 죄를 등지고 하나님을 바라보라고 요구한 것이다. 본문 8절에서처럼, 행동의 변화야말로 심령이 달라졌다는 직접적인 증거다. 사랑하는 이에게 상처를 주었다면, 행동을 바꿀 계획을 세워서 다시는 같은 방식으로 상처를 주지 않도록 해야 한다. 촌수도 없다는 남편과 아내 사이에 망설일 이유가 어디 있겠는가? 회개는 진정한 사과의 핵심이다.

The One Year Love Language

달라지기로
결심하라

010

> 너희는 너희가 범한 모든 죄악을 버리고 마음과 영을 새롭게 할지어다 겔 18:31

　때로는 가장 가까운 이에게도 상처를 입힐 수 있다. 문제는 사과다. 사과의 말 가운데 회개하려는 의지나 결심을 포함시키면 어떨까? 상대방으로서는 용서하기가 훨씬 쉬워질 것이다. 어떤 여성은 이렇게 말한다. "입으로만 떠드는 게 아니라 태도가 변하는 걸 보고 싶어요. 달라지려는 마음가짐을 갖는 것만 봐도 얼마든지 용서할 수 있어요."

　회개는 마음에서 시작된다. 정말 달라지기로 결심한 사람은 자신의 행위를 변명하거나 합리화하려 들지 않는다. 대신 잘못에 따른 책임을 온전히 받아들인다. '돌이켜 모든 죄악을 버리고 마음과 영을 새롭게' 하는 것이다. 오직 하나님만이 '새로운 마음과 영'을 주실 수 있다. 주님은 행동 방식을 바꾸고 싶은 마음을 불러일으키신다. 변화하려는 욕구를 고백하고 나누라. 그래야 상처 입었던 배우자도 진심을 볼 수 있다. 거기가 바로 진정한 용서가 비롯되는 자리다.

사과다운 사과

이1

> 자기의 죄를 숨기는 자는 형통하지 못하나 죄를 자복하고 버리는 자는 불쌍히 여김을 받으리라 잠 28:13

사과가 사과다우려면 행동을 바꾸려는 의지가 뒷받침되어야 한다. 잠언 28장 13절은 우리가 잘못을 인정하지 않는다면 선한 열매를 기대할 수 없다고 분명히 못 박고 있다. 반면에 상대방에게 상처가 될 만한 일을 저질렀다고 인정(고백)하고 잘못된 행동을 그만둘 계획을 세우면 얼마든지 용서가 가능해진다.

조엘과 조이스 부부가 생각난다. 아내 조이스는 남편이 무슨 소리를 해도 반대부터 하고 나섰다. 남편 조엘의 생각이 마땅치 않으면 의견이 다르다고 받아들이기보다 생각이 잘못된 게 틀림없다고 단정했다. 시간이 좀 걸리기는 했지만, 결국 조이스는 부정적인 태도를 뉘우치고 행동을 바꿀 계획을 세웠다. 우선 "그것도 참 재미있는 시각이네"라든지 "한번 진지하게 검토해볼게"라고 말하는 법부터 배웠다. 조이스가 달라지려고 성심껏 노력하자 조엘도 주저 없이 아내를 용서했다.

The One Year Love Language

짐을 나누라

012

> 두 사람이 한 사람보다 나음은 그들이 수고함으로 좋은 상을 얻을 것임이라 전 4:9

집에서 무슨 일을 하는가? 나는 거실을 청소하고 설거지를 한다. "누가 무슨 일을 할 것인가?"는 모든 부부가 함께 머리를 맞대고 고민해야 할 문제다. 나는 개인적으로 저마다 가진 은사와 능력을 고려해서 판단해야 한다고 믿는다. 어떤 일이든 상대적으로 잘 해내는 이가 있는가 하면 그렇지 못한 쪽도 있게 마련이다. 그렇다고 그 사람에게만 맡겨두고 전혀 돕지 않아도 괜찮다는 뜻은 아니다. 힘을 보탤 방법을 열심히 찾고 행동에 옮기라. 전도서 본문에서 솔로몬은 팀워크의 가치를 분명히 짚고 있다. 부부는 서로 돕도록 지음 받은 존재들이다. 따라서 둘이 하나가 될 때 더 많은 일을 이룰 수 있다.

선지자 아모스는 "두 사람이 뜻이 같지 않은데 어찌 동행하겠으며"(암 3:3)라고 묻는다. 두말할 필요도 없이 멀리 갈 수도 없고 잘 가기도 어려울 것이다. 누가 무슨 집안일을 할지에 관해 부부가 모두 만족할 때까지 상의하고 또 상의하라고 권하고 싶다.

목표를
공유하라

013

> 이에 우리가 성을 건축하여 전부가 연결되고 높이가 절반에 이르렀으니 이는 백성이 마음 들여 일을 하였음이니라 느 4:6

부부로서 어떤 목표를 공유하고 있는가? 가정을 원만하게 이끄는 것인가? 얼마 전에 한 여성이 찾아와서 하소연했다. "우린 맞벌이 부부거든요. 그런데 남편은 집안일이라면 죄다 내게 미뤄요. 자기는 텔레비전이나 보고 있으면서도 말예요. 나도 좀 쉬어야 살죠, 안 그래요?" 그 둘은 십중팔구 목표를 공유하지 못한 게 분명하다. 한 팀에서 뛰는 선수들이라고 해서 모두 같은 임무를 수행하는 건 아니지만, 그 목표만큼은 같다. 느헤미야가 이스라엘 백성을 이끌고 예루살렘 성벽을 재건할 때도 마찬가지였다. 제각기 다른 일을 했지만, 예루살렘 성을 다시 견고하게 세운다는 궁극적인 목표 아래 하나가 되었다.

조화롭고 친밀한 관계를 맺고 싶다면 제몫을 잘 감당해야 한다. 부부 가운데 어느 한쪽이라도 혹사당한다고 느낀다면 친밀한 관계를 기대할 수 없다. 배우자에게 "우리가 한 팀이 돼서 집안을 이끌어가고 있다고 생각해요?"라고 물어보라. 대답을 듣고 행동 방향을 결정하라.

The One Year Love Language

서로에게
기쁨이 되라

014

> 사람이 새로이 아내를 맞이하였으면 그를 군대로 내보내지 말 것이요 아무 직무도 그에게 맡기지 말 것이며 … 그가 맞이한 아내를 즐겁게 할지니라 신 24:5

상담과정에서 자주 듣는 질문이 있다. "어떻게 하면 좀 더 자주 아내와 잠자리를 가질 수 있을까요?"와 "어떻게 해야 양쪽이 모두 만족스러울 수 있을까요?"이다. 아내가 성적으로 얼마나 의욕적이냐는 남편이 평소에 어떻게 대우하느냐와 대단히 밀접한 관계가 있다. 부부가 성적으로 서로 만족감을 느끼는 건 지속적인 노력의 결과이며 저절로 일어나는 사건이 아니다.

하나님은 신명기 24장 5절에서 갓 결혼한 남성들에게 어떠한 공적 책임도 부여하지 말라고 말씀하셨다. 하나님이 부부 사이에 친밀감을 키우는 것을 대단히 소중하게 여기셨음을 알 수 있다.

늘 사랑하는 자세를 가지고 배우자에게 기쁨을 주려고 노력해야 한다. 사랑스러운 분위기에서 마음을 터놓고 대화하노라면 자연스럽게 성적인 만족을 얻을 수 있을 것이다. 또 성적인 친밀감에 관해 좋은 책들을 함께 읽어보는 것도 제안하고 싶다.

긍정적인 눈으로
성을 바라보라

015

> 내 누이, 내 신부야 네 사랑이 어찌 그리 아름다운지 네 사랑은 포도주보다 진하고 네 기름의 향기는 각양 향품보다 향기롭구나 아 4:10

성에 관한 한, 남편과 아내가 서로 깊은 만족감을 얻는 게 하나님의 가장 큰 뜻이다. 그렇다면 부부가 '서로' 성적인 만족을 추구하기 위해 유념해야 할 일은 무엇인가?

첫째, 긍정적인 자세를 가져야 한다. 결혼한 이들 가운데서도 성적 친밀감에 대해 부정적인 태도를 보이는 경우가 많다. 그런 사람들은 성경이 성을 어떻게 설명하는지 공부하는 것이 좋다. 바울은 고린도전서 7장에서 성관계를 결혼생활의 중요한 요건 가운데 하나로 꼽았다. 아가서에는 남편과 아내의 성관계를 하나님의 선물로 표현한 구절들이 곳곳에 있다. 이런 말씀들에 기대어 자유를 얻으라.

둘째, 태도를 바꾸려면 기도가 필수다. 성 관념을 긍정적으로 변화시켜 달라고 하나님께 요청하라. 긍정적인 태도는 긍정적인 행동으로 이어지는 법이다.

성적인 죄를 처리하라

016

> 그러므로 이제 그리스도 예수 안에 있는 자에게는 결코 정죄함이 없나니 이는 그리스도 예수 안에 있는 생명의 성령의 법이 죄와 사망의 법에서 너를 해방하였음이라 롬 8:1-2

수많은 부부들이 결혼 전에 이미 성을 경험하는 게 현대사회의 현실이다(상대는 배우자일 수도 있고 다른 파트너일 수도 있다). 이 시대의 문화는, 혼전 성경험이 부부생활에 도움이 된다고 가르친다. 하지만 실제로 조사해보면 전혀 상반된 결과가 나타난다. 실제로 성경험을 하고 결혼하는 부부의 이혼율은 그렇지 않은 이들보다 두 배나 높다.

혼전 성경험은 결혼 이후 부부 사이에 장애요인으로 작용한다. 그렇다면 크리스천은 그런 장벽에 어떻게 대처해야 할 것인가? 지난날의 잘못을 고백하고 실수를 진심으로 용서하는 게 무엇보다도 중요하다.

위에서 소개한 로마서 8장의 멋진 말씀은 세상의 그 무엇으로도 하나님의 은혜와 용서를 가로막을 수 없음을 일깨운다. 그리스도께 의지하여 죄를 고백했는가? 그렇다면 이미 용서를 받았고 과거로부터 자유로워졌다. 배우자와 더불어 성적 만족을 누리는 삶으로 나가기 위해서는 상대방의 상흔을 받아들이고 서로 용서하는 과정이 대단히 중요하다.

감정을
받아들이라

017

> 그들의 마음이 완악함을 탄식하사 노하심으로 그들을 둘러보시고 그 사람에게 이르시되 네 손을 내밀라 하시니 내밀매 그 손이 회복되었더라 막 3:5

감정에 대해 비판적인 크리스천들이 적지 않다. "감정을 신뢰하지 마세요. 영적으로 성장하는 데 필요한 건 느낌이 아니라 믿음입니다"라고들 얘기한다. 왜 그렇게 감정을 부정적으로 보는 걸까? 마가복음 3장을 보면 예수님이 얼마나 분노와 슬픔을 느끼셨는지 알 수 있다. 주님은 회당에 들어가시다가 손을 쓰지 못하는 남자를 알아보고 불쌍히 여기며 치료해주셨다. 하지만 바리새인들은 안식일의 규례를 어겼다고 입을 모아 비난했다. 예수님이 그런 무리 앞에서 노하고 탄식하신 건 지극히 당연한 처사였으며 하나님 아버지의 심정을 고스란히 반영한 모습이었다.

하나님은 인간에게 감정을 주셔서 성장하고, 성숙하며, 만족하고, 즐거워하게 하셨다. 감정은 중요한 정보를 알려주는 신호기의 역할을 한다. 배우자에 대해 자꾸 나쁜 감정이 든다면 하던 일을 모두 내려놓고 진짜 문제가 무엇인지부터 파악하라. 그걸 토대로 상황에 건설적으로 대응한다면 감정은 제몫을 다 한 셈이다.

The One Year Love Language

두려움을 이겨내는 길

018

> 내가 두려워하는 날에는 내가 주를 의지하리이다 … 내가 하나님을 의지하였은즉 두려워하지 아니하리니 혈육을 가진 사람이 내게 어찌하리이까 시 56:3-4

예수님도 두려워하셨다. 놀라운가? 마태복음 26장 39절을 보면, 겟세마네 동산의 그리스도 역시 "내 아버지여 만일 할 만하시거든 이 잔을 내게서 지나가게 하옵소서"라고 기도하셨음을 알 수 있다. 마지막 순간이 다가오면서, 주님은 말할 수 없는 공포감을 느끼셨다. 감정적으로는 어떻게 해서든 피할 방도를 찾아내고 싶으셨다. 하지만 온 인류를 방치하시거나 스스로 옳다고 믿는 길에서 달아나지 않으셨다. 오히려 두려움을 어떻게 처리해야 하는지 몸소 보여주셨다. 사실 그대로 하나님께 고백하는 것이다.

시편기자는 늘 함께하시고 보호해주시겠다는 하나님의 약속을 상기시킨다. 주님을 신뢰하고 그분이 통치하신다는 사실을 마음에 새긴다면 두려워할 이유가 없다. 성경은 "두려워하지 말라. 내가 너와 함께할 것이다"라는 말씀을 365번이나 기록하고 있다. 두려움은 인간을 하나님 앞으로 데려가는 안내자에 지나지 않는다. 두렵다는 생각이 드는가? 억누르거나 배우자를 들볶지 말라. 가능한 한 빨리, 사랑 많으신 하나님의 품으로 달려가라.

해묵은 분노를 청산하라

019

> 분을 내어도 죄를 짓지 말며 해가 지도록 분을 품지 말고 마귀에게 틈을 주지 말라 엡 4:26-27

사소한 일에도 지나칠 정도로 민감하게 반응하지 않는가? 아내가 깜빡 잊고 커피에 설탕을 넣지 않았을 때 얼굴을 찡그리고 가시 돋친 한 마디를 내뱉는가? 어린 아들이 신발을 신은 채 거실을 돌아다닐 때 불같이 화를 내는가? 그렇다면 여러 해 동안 내면에 축적된 해묵은 분노의 지배를 받고 있을 가능성이 높다. 어렸을 때 부모로부터 상처를 입었거나, 십대시절에 놀림을 당했거나, 직장생활을 하면서 부당한 대접을 받았을지도 모른다.

마음에 차곡차곡 쌓인 분노는 결국 행동으로 표출되게 마련이다. 성경기자는 지혜롭게도 해가 지도록 분을 품지 말라고 권면한다. 우선 분노를 주께 맡기라. 감정을 솔직하게 털어놓고 화나는 상황에 잘 대처할 수 있게 해달라고 기도하라. 하나님은 해묵은 상처를 정리하고 마음을 상하게 한 이들을 용서하도록 도와주실 수 있다.

분노를 느끼는 건 죄가 아니다. 그러나 에베소서 4장이 말하는 것처럼, 분노의 지배를 받는 건 명확한 잘못이다.

사랑에서
섬김의 행동으로

020

> 네 마음을 다하고 목숨을 다하고 뜻을 다하고 힘을 다하여 주 너의 하나님을 사랑하라 … 네 이웃을 네 자신과 같이 사랑하라 하신 것이라 이보다 더 큰 계명이 없느니라 막 12:30-31

'크리스천'이라는 말은 '그리스도를 닮은 사람'이라는 뜻이다. 1세기경에 활약했던 제자들이 고른 이름은 아니다. 오히려 남들이 붙여준 별명이었다. 당시 예수님을 좇는 이들은 철저하게 그분의 가르침을 좇아 살았으므로, '크리스천'이야말로 딱 들어맞는 호칭이었다.

크리스천들이 정말 그리스도처럼 살면 어떻게 될까? 주님이 주신 가르침의 핵심은 사랑하라는 것이다. 본문에서 예수님은 하나님을 사랑하라는 게 가장 큰 계명이고 두 번째가 이웃을 사랑하라는 것이라고 말씀하셨다. 이 두 가지는 다른 어떤 명령보다도 우월하다. 모든 일이 거기서 시작되기 때문이다.

사랑은 마음가짐에서 비롯돼서 섬기는 행동으로 이어진다. "어떻게 도와드릴까요?"라는 질문에서 시작하라. 이웃에게 사랑을 표현하기에는 '오늘'만큼 좋은 날이 없다. 가장 가까운 이들(배우자나 가족)에서 출발하여 범위를 더 넓혀가라.

말과 행동으로
친절을 보이라

021

> 서로 친절하게 하며 불쌍히 여기며 서로 용서하기를 하나님이 그리스도 안에서 너희를 용서하심과 같이 하라 엡 4:32

"서로 친절하게 하며"(엡 4:32). 어려서부터 귀에 못이 박이도록 들은 말씀이지만 자라면서 금방 잊어버리는 가르침이기도 하다. 하루 종일 배우자에게 친절하려고 의식적으로 노력하는가? 친절한 마음은 행동뿐만 아니라 말에서도 드러난다. 소리치고 막말하는 건 친절이 아니다. 부드럽고 존중하는 말투가 친절이다. 그러므로 외롭고 화가 나 있으며 불안해하는 배우자와 의미 있는 대화를 나누려면 조급해하지 말고 여유를 가져야 한다.

다음에는 행동으로 친절을 보여야 한다. 섬기고 돕는 일을 하라는 뜻이다. 평소에 하지 않던 집안일까지 대신 해 주거나 차 한 잔을 끓여주는 건 어떨까? 격려의 말을 적은 쪽지를 건넨다든지 퇴근길에 배우자가 좋아하는 선물을 사들고 들어가는 것도 좋다. 소소한 일들이지만 효과만점이다. 남편과 아내가 서로를 친절하게 대하는 데 신경 쓴다면 둘 사이가 어떻게 달라질지 마음에 그려보라.

The One Year Love Language

불완전한 면을
용납하라

022

> 모든 겸손과 온유로 하고 오래 참음으로 사랑 가운데서 서로
> 용납하고 엡 4:2
>
> ―

　인내란 누군가의 불완전한 면을 용납한다는 뜻이다. 인간은 기계가 아니다. 세상은 뜻대로 돌아가지 않는다. 저마다 다른 계획과 속셈을 가지고 산다. 부부는 이런 사실을 기억하는 게 대단히 중요하다. 사랑하는 사이에서 인내란, 배우자의 실수를 참아주고 나와 다를 수 있는 자유를 부여하는 걸 의미한다.

　자신과 전혀 다른 점을 인정하고 받아들여보았는가? 자신이 기대하는 대로 따라오지 않는다는 이유로 불편해한 적은 없는가? 에베소서 4장 2절에 겸손과 인내를 연결시켜놓은 건 우연이 아니다. 겸손하지 않으면, 세상은 '나'를 중심으로 돌아가지 않으며 어느 누구도 모든 행동의 표준이 되지 못한다는 사실을 깨달을 길이 없다. 반면에 그런 마음가짐을 가지면 조급할 이유가 없다. 성경은 "사랑은 오래 참고 사랑은 온유하며"(고전 13:4)라고 말한다. 분을 참지 못하고 소중한 이들에게 버럭 짜증을 냈다면 얼른 사과하고 행동을 고쳐야 한다. 그것이 사랑이다. 부부 사이에서는 한 층 더 인내하려고 노력할 필요가 있다.

귀 기울여 듣는 법을 배우라

023

> 미련한 자는 자기 행위를 바른 줄로 여기나 지혜로운 자는 권고를 듣느니라 잠 12:15

귀 기울여 듣는 법을 배우지 않으면 절대로 갈등을 풀 수 없다. 경청을 '잠시 말을 멈추고 다음에 꺼내놓을 이야기를 준비하는 것' 쯤으로 오해하는 이들이 얼마나 많은지 모른다. 본문 말씀을 자세히 읽어보라. 잠언기자는 어리석은 소리에 귀를 기울이지 않는다고 꾸짖는 게 아니다. 지혜로운 사람은 남들, 특히 사랑하는 이들이 하는 얘기에 귀를 기울인다. 진정한 경청이란 남들이 어떻게 생각하고 느끼는지 이해하려고 힘쓴다는 뜻이다. 상대방의 입장이 돼서 그들의 눈으로 세상을 보려고 노력하는 것이다.

어떤 남성은 "잘 듣겠습니다"라고 적힌 조그만 팻말을 준비했다. 그리고 아내가 이야기를 시작하기가 무섭게 얼른 그 팻말을 꺼내서 목에 걸었다. 자신이 어떤 태도로 들어야 하는지 기억하기 위한 장치였던 셈이다. 아내는 활짝 웃으며 한 마디 했다. "마음에 쏙 들어요." 그 남성은 비로소 경청하는 법을 배운 것이다.

경청을 통해서
존중하기

024

> 형제를 사랑하여 서로 우애하고 존경하기를 서로 먼저 하며
> 롬 12:10

현대인은 모두 다 분주하다. 너무 바빠서 귀 기울여 듣는 게 불가능해보일 지경이다. 하지만 그것 말고는 배우자의 생각과 감정을 알 길이 없다. 경청에는 시간과 집중력이 필요하다. 이메일을 읽거나 텔레비전을 보면서도 들을 건 다 듣는다고 자랑하는 이들이 많지만, 그걸 듣는다고 말할 수 있는 건지 지극히 의심스럽다. 어떤 남편은 이렇게 말한다. "아내는 자세를 바로 잡고 앉아서 자기 얘길 들어주길 바라지요. 그러나 그러고 있으면 답답하고 좀이 쑤셔서 견딜 수가 없어요."

로마서 12장에서 바울은 '존경하기를 서로 먼저' 하라고 했다. 배우자를 존중하는 가장 좋은 방법은 열심히 듣고 전적인 관심을 보이는 것이다. 상대방의 눈을 바라보며 귀를 기울이는 태도에는 '당신은 내 삶 전체를 통틀어 가장 중요한 인물'이라는 메시지가 담겨 있다. 반면에, 다른 일을 하면서 듣는 시늉만 하는 자세는 '그대는 내 수많은 관심사 가운데 하나일 뿐'이란 의미다. 경청은 무엇과도 비교할 수 없을 만큼 강력한 사랑의 표현이다.

양가 식구들이
걸림돌이 될 때

025

> 사람이 그 부모를 떠나서 아내에게 합하여 그 둘이 한 몸이 될지니라 … 이제 둘이 아니요 한 몸이니 그러므로 하나님이 짝지어 주신 것을 사람이 나누지 못할지니라 마 19:5-6

부모를 떠나서 한 몸이 된다는 개념은 성경적인 결혼관의 핵심이다. 하나님은 최초의 남성과 여성이 결합한 직후에 곧바로 오늘 본문의 말씀을 주셨다. 이 가르침에 순종하지 않으면 결혼생활이 어려운 지경에 빠지기 십상이다.

남편이 시댁 식구들에게 집착하는 경우라면, 아내는 정서적인 면을 채움 받지 못하고 소외감을 느끼게 된다. 심각하면 시댁 식구들을 자신보다 훨씬 더 중요시 하는 게 아닌가 하는 의구심이 들 수도 있다. 하지만 배우자의 부모를 헐뜯고 노기어린 잔소리를 퍼붓는 건 현명한 처사가 아니다. 그런 행동은 상대방을 더 멀리 밀어낼 뿐이다.

식구들을 두고 말씨름하지 말라. 서로의 사랑언어에 관하여 이야기하라. 상대방이 쓰는 사랑의 언어를 제대로 구사하는 데 집중하라. 서로 사랑을 주고받는다는 느낌이 들면 부부는 저절로 하나가 된다. 본가 식구들과 시간을 보내는 것보다 단둘이 있는 쪽을 더 좋아하게 되며 관계 역시 날이 갈수록 단단해질 것이다.

어른들의 조언에
지혜롭게 대처하라
026

경우에 합당한 말은 아로새긴 은 쟁반에 금 사과니라 잠 25:11

상담과정에서 흔히 듣는 질문이 있다. "부모님을 공경하고 싶습니다. 하지만 두 분은 이것저것 시시콜콜 가르치려 드세요. 어떻게 하면 좋을까요?" 노골적으로 간섭하는 부모를 대할 때 반드시 유념해야 할 세 가지 사항이 있다. 첫째, 어른들의 의도 자체는 지극히 선하다는 걸 이해할 필요가 있다. 그저 돕고 싶어할 따름이다. 둘째, 어르신들 쪽이 훨씬 더 지혜로운 경우가 적지 않다는 사실이다. 노인들은 더 오래 살고 그만큼 경험이 많기 때문이다. 셋째, 그럼에도 불구하고 일단 결혼한 뒤에는 자식들의 삶을 좌지우지하려 해서는 안 된다는 점이다.

어떻게 하면 이 세 가지 사항을 잘 버무려서 최선의 결론을 얻을 것인가? 우선, 어른들이 나서기 전에 먼저 조언을 구하라. 들어보지도 않고 무시하지 말라. 그리고 나서는 하나님의 지혜를 구하고 남편과 아내가 잘 상의해서 최선의 결론을 내리면 된다. 때가 되면, 부모님들도 자식이 장성한 성인이며 그 판단을 존중해주어야 한다는 점을 깨닫게 될 것이다.

사고방식을 바꾸면
모든 게 변한다

027

> 마음의 즐거움은 얼굴을 빛나게 하여도 마음의 근심은 심령을 상하게 하느니라 … 고난 받는 자는 그 날이 다 험악하나 마음이 즐거운 자는 항상 잔치하느니라 잠 15:13, 15

어떻게 하면 관계를 더 따뜻한 쪽으로 이끌어갈 수 있을까? 승리하는 사고방식을 갖는 것도 훌륭한 전략이다.

대다수 운동선수들은 '90퍼센트의 마음가짐과 10퍼센트의 노력'을 승리의 비결로 꼽는다. 그 공식은 스포츠뿐만 아니라 관계의 영역에서도 정확히 들어맞는다. 한겨울처럼 냉랭한 부부관계를 들여다보면 어김없이 부정적인 태도가 자리잡고 있다. 오늘 본문으로 소개한 잠언 말씀을 보면, 솔로몬은 이러한 진리를 뼛속 깊이 깨달았던 게 틀림없다. 낙관적인 사고방식은 기쁨을 불러오지만 부정적인 생각은 풀이 죽게 만든다.

생각만 바꾸면 결혼생활의 분위기가 얼마든지 달라질 수 있다. 남편과 아내들이 저지르는 가장 흔한 실수는 감정이 행동을 좌우하게 내버려두는 것이다. 긍정적인 자세의 영향력을 인정하지 않는 탓에 결혼생활이 가진 잠재력을 최대한 끌어내지 못한다는 뜻이다.

태도를 바꿔
다른 면을 보라

028

> 형제들아 무엇에든지 참되며 무엇에든지 경건하며 … 사랑 받을 만하며 무엇에든지 칭찬 받을 만하며 무슨 덕이 있든지 무슨 기림이 있든지 이것들을 생각하라 빌 4:8

태도 변화는 결혼생활의 계절을 바꾸는 기폭제가 될 수 있다. 신혼시절, 우리 부부는 상당한 기간 동안 겨울 같은 결혼생활을 했었는데 주로 내 부정적인 태도 때문이었다. 하지만 겨울의 한복판을 지날 당시에는 내 태도가 문제의 핵심이라는 사실을 인정하기 어려웠다. 오히려 아내의 행실을 탓하는 편이 훨씬 쉬웠다. 지금은 내 부정적인 사고방식이 문제의 근원이었음을 거리낌 없이 인정한다.

겨울처럼 냉랭하고 쓰라린 관계에서 벗어나길 원하는가? 그렇다면 태도를 바꾸라. 현실을 욕하고 저주할수록 상황은 더욱 암담해질 뿐이다. 반면에 선한 구석을 찾으려고 노력하면 반드시 눈에 띄는 게 있게 마련이다. 잘 알려진 오늘 본문 말씀은 무슨 생각을 하든지 선한(참되고, 경건하고, 옳고, 정결하고, 사랑하고 칭찬할 만한) 데서 벗어나지 말아야 한다는 사실을 일깨워준다. 긍정적인 면에 집중하면 따뜻한 분위기가 형성된다. 바람직한 모습을 보일 때마다 배우자에게 고마운 마음을 표현하라. 금방 또 다른 게 눈에 띌 것이다.

긍정적인 면을
바라보라

029

> 칼로 찌름 같이 함부로 말하는 자가 있거니와 지혜로운 자의 혀는 양약과 같으니라 잠 12:18

―

앞에서 말한 바와 같이, 결혼생활을 화창한 봄날로 만들기 위한 가장 좋은 방법은 승리하는 마음가짐을 갖는 것이다. 구체적으로 무얼 어떻게 해야 할까?

우선, 부정적인 생각을 품고 있음을 인정한다. 부정적으로 사고하는 한 승리하는 마음가짐을 가질 수가 없다. 그 다음에는 설령 내키지 않더라도 최선을 다해서 배우자의 좋은 점들을 찾아내라. 자녀들에게 "아빠(또는 엄마)는 어떤 점에서 멋지다고 생각해?"라고 묻는 것도 좋은 방법이다. 세 번째는 그렇게 찾아낸 배우자의 장점을 두고 하나님께 감사하라. 마지막으로 배우자에게 직접 고마움을 표현하라. 일주일에 한 가지씩 한 달 동안 꾸준히 칭찬한다는 식의 구체적인 계획을 세우라.

잠언은 수많은 구절들을 통해 말의 중요성을 강조하고 있다. '죽고 사는 것이 혀의 힘에 달렸나니'(18:21), '지혜로운 자의 혀는 양약'(12:18), '온순한 혀는 곧 생명나무'(15:4). 정죄와 비난의 말 대신 칭찬과 사랑의 말을 채우면 결혼생활은 몰라보게 달라질 것이다.

The One Year Love Language

말다툼에서
이기려 하지 말라

030

> 다투는 시작은 둑에서 물이 새는 것 같은즉 싸움이 일어나기 전에 시비를 그칠 것이니라 잠 17:14

갈등을 푸는 게 그토록 중요한 까닭은 무엇인가? 해소되지 않은 갈등은 남편과 아내가 한 몸이 되는 걸 가로막는 장벽이 되기 때문이다. 갈등은 입장이 다른 두 사람이 서로 자신이 옳다고 주장하는 데서 비롯된다. 합의가 이뤄지는 중간지점을 찾지 못하면 동반자가 아니라 원수가 되기 쉽다. 결혼생활은 전쟁터로 돌변한다. 오늘 본문 말씀은 말다툼이나 언쟁을 벌이다보면 사태가 원치 않는 방향으로 흘러갈 수 있다고 지적한다. 너무 뜨거워지기 전에 문제를 해결하는 편이 훨씬 낫다는 것이다. 싸움을 좋아하는 이가 세상에 몇이나 있겠는가? 갈등이 계속되면 누구든 먼저 포기하고 뒤로 물러서는 게 좋다.

갈등 푸는 법을 배운 적이 없어서 결국 관계를 청산하기에 이르는 부부가 부지기수라는 건 얼마나 슬픈 일인가! 우선 '갈등 상황'을 정리하고 '서로 이해하는 분위기'를 만들어야 한다. 말다툼에서 이기려 하지 말고 서로 이해하려는 노력을 시작하라.

평화의
사절이 되라

031

> 사랑은 오래 참고 사랑은 온유하며 시기하지 아니하며 사랑은 자랑하지 아니하며 … 자기의 유익을 구하지 아니하며 성내지 아니하며 악한 것을 생각하지 아니하며 고전 13:4-5

어째서 말씨름을 하게 되는 걸까? 한마디로 융통성이 없는 탓이다. 서로 다툴 때 하는 소리들을 압축해 보면 "내 방식이 맞아. 군소리 말고 따라와. 아니면 큰코다칠 걸?"쯤 될 것이다. 그러나 갈등의 해결사들은 다른 자세를 보인다. "틀림없이 우리 모두에게 도움이 되는 방식으로 이 문제를 풀어낼 수 있을 거야. 함께 생각해보자"라고 말한다. 이들은 상대방의 의견을 존중하는 마음가짐에서 시작한다. 말다툼에서 이기는 것보다 과제를 해결하는 데 초점을 맞춘다.

본문에서 보듯, 사랑은 '자기의 유익을 구하지' 않으며 교만하게 자신을 내세우지도 않는다. 자기 생각이 최고라고 주장하지 않는 건 두말할 것도 없다. 빌립보서 2장 4절은 '각각 자기 일을 돌볼 뿐더러 또한 각각 다른 사람들의 일을 돌보아 나의 기쁨을 충만하게 하라'고 가르친다. 사랑하는 이에게 "무엇이 당신에게 가장 좋을 것 같아요?"라고 묻는 게 사랑이다.

이웃 사랑을 통해
주님을 섬기라

032

> 무슨 일을 하든지 마음을 다하여 주께 하듯 하고 사람에게 하듯 하지 말라 이는 기업의 상을 주께 받을 줄 아나니 너희는 주 그리스도를 섬기느니라 골 3:23-24

기독교의 메시지는 이웃을 사랑함으로써 그리스도를 섬기라는 것이다. 골로새서 3장 23절이 말하는 것처럼, 무슨 일을 하든지 주님을 위해 하듯 기꺼이, 즐겁게, 그리고 열심히 해야 한다. 남편과 아내가 서로에게 "어떻게 하면 이번 주 내내 당신이 좀 더 편안하게 생활할 수 있을까요?"라고 물어보면 좋겠지만, 그건 꿈같은 얘기다. 사실 현대인의 절대다수는 섬김을 소중히 여기는 환경에서 자라지 않았다. 어떻게 해야 섬기는 자세를 가질 수 있을까?

우선 저마다 본가, 다시 말해서 각자 태어나고 자란 가정부터 점검해보자. 아버지가 어머니를 얼마나 잘 섬겼는지 0~10점까지 점수를 매겨보라. 손가락 하나 까딱하지 않았다면 0점이다. 예수님처럼 섬김의 본이 될 만했다면 10점을 주라. 다음에는 어머니의 섬김을 평가하라. 마지막으로 자신을 돌아보자. 스스로 몇 점을 줄 수 있겠는가? 아버지와 어머니 가운데 어느 쪽과 더 비슷한가? 아직 고쳐야 할 부분이 많이 남아 있는가? 아니면 이미 이웃 사랑을 통해서 그리스도를 섬기고 있는가?

"정말 고마워요"

033

> 너희 중에 누구든지 으뜸이 되고자 하는 자는 모든 사람의 종이 되어야 하리라 인자가 온 것은 … 자기 목숨을 많은 사람의 대속물로 주려 함이니라 막 10:44-45

크리스천이 평생 붙들고 살아야 할 테마는 이웃을 사랑함으로써 그리스도를 섬기는 일이다. 예수님은 사랑으로, 가르침으로, 그리고 치유로, 마침내는 죽음으로 인류를 섬기기 위해 세상에 오셨다. 그렇다면 우리가 가장 가까운 관계에 있는 이들을 섬기려고 노력하지 않을 이유가 어디 있는가?

가정에서 커뮤니케이션 훈련을 해보라고 권하고 싶다. 이른바 '정말 고마워요' 게임이다. 방법은 간단하다. 예를 들어 남편이 "오늘은 마른 빨래 개켜 넣는 일을 해서 당신을 섬기려고 해요"라고 말하면 아내가 "정말 고마워요"라고 화답하는 식이다. 일주일 동안 하루에 한 번씩만 실천해도 서로를 어떻게 섬기고 있는지 명확하게 깨닫게 된다. 섬기는 활동을 하나하나 짚어나가노라면 그 중요성이 더 두드러지게 마련이다. 아이들에게도 게임의 내용과 과정을 알려주라. 십중팔구 몹시 재미있어하면서 한몫 끼고 싶어할 것이다.

The One Year Love Language

기쁨으로
섬기라

034

> 온 땅이여 여호와께 즐거운 찬송을 부를지어다 기쁨으로 여호와를 섬기며 노래하면서 그의 앞에 나아갈지어다 시 100:1-2

건강한 결혼생활에는 부부가 서로 섬기는 긍정적인 자세가 나타나게 마련이다. 서로를 위해 뭔가 더 해주고 싶고, 더 베풀고자 하는 마음이 간절하다. 배우자에게 직접 물어보라. "이번 한 주 동안 내가 뭘 하면 당신이 좀 더 편안하게 생활할 수 있을까요?" 상대방이 이러저러한 일을 해달라고 하면 "잊지 않을게요"라고 대답하라. 진정한 섬김은 값없이 베푸는 법이므로 배우자가 요청한 일은 책임감을 가지고 가능한 한 해야 한다. 그 다음에는 상대가 흡족해할 만한 방식으로 시간과 에너지를 사용하는 방법을 찾아낼 필요가 있다.

배우자가 원하는 일을 하는 건 가장 사랑하는 이를 도움으로써 그리스도를 섬기는 것과 마찬가지다. 위에서 소개한 시편 말씀에 따르면, 크리스천은 기쁨으로 섬기도록 부름 받은 존재들이다. 직접적으로든, 누군가에게 사랑을 베푸는 과정을 통해서든 하나님을 섬긴다는 건 기쁘고도 역동적이며 어김없이 큰 은혜를 입게 되는 작업이다.

자녀들에게 남겨줄 유산

035

> 너희 자녀들아 와서 내 말을 들으라 내가 여호와를 경외하는 법을 너희에게 가르치리로다 시 34:11

어떻게 하면 자녀들에게 바람직한 유산을 남겨줄 수 있을까? 유산이란 한 세대가 다음 세대에 전해주는 재산을 말한다. 하지만 진정한 유산은 물질적 차원을 넘어서는 것들이며 일반적으로 더 깊은 영향을 미친다. 가장 소중한 유산은 돈이 아니라 정서적, 영적, 도덕적인 요소들이다. 인격적인 자질을 남겨주는 게 가장 중요하다는 뜻이다.

유산은 한 가문의 미래상을 바꿔놓는다. 후손들의 노력에 따라 바뀔 수도 있지만, 선대로부터 물려받은 유산이 자녀들의 삶에 축복이 될 수도, 저주가 될 수도 있음은 어김없는 사실이다. 시편 34편 말씀은 '주님을 사랑하고 섬기는 법을 가르치는 것'이야말로 부모가 자녀들에게 줄 수 있는 가장 큰 선물이라고 말한다. 그러자면 모범을 보이는 게 무엇보다 중요하다. 자녀들에게 바람직한 유산을 남기기 위해 결혼생활과 부부관계 가운데 바꿔야 할 점은 없는지 돌아보라.

The One Year Love Language

배필부터 섬기라

036

> 그가 우리를 위하여 목숨을 버리셨으니 우리가 이로써 사랑을 알고 우리도 형제들을 위하여 목숨을 버리는 것이 마땅하니라
> 요일 3:16

아내와 한 지붕 아래 살기 전에는, 누구나 해가 뜨면 자리에서 일어난다고 생각했다. 그런데 막상 결혼을 해보니, 아내는 아침 체질이 아니었다. 한동안은 그게 불만이었다. 몇 년 동안 그 문제를 가지고 다퉜고 마침내는 결혼생활 자체에 염증을 느끼기에 이르렀다.

그러던 우리가 어떻게 원만한 관계를 회복할 수 있었을까? 아내더러 내 기대에 맞추라고 요구하는 게 옳지 않다는 사실을 마음 깊이 깨달은 덕분이었다. 남편으로서 해야 할 일은 내 삶을 비워서 아내가 좀 더 편안하고 의미 있는 삶을 살 여지를 마련해주는 것이었다. 누구한테 배웠느냐고? 인간을 위해 목숨을 버리신 그리스도, 바로 그분이 내 스승이었다. 크고자 하는 자는 먼저 섬기는 자가 되어야 하는 게 주님의 방식이다. 그 말씀에 순종하기에 가정보다 더 좋은 자리가 어디 있겠는가? 그중에서도 아내는 첫 번째 실천대상이다. 하나님을 섬기고 싶다는 마음이 들 때마다 그분은 말씀하신다. "네 배필부터 섬기는 게 좋겠구나. 도움이 될 만한 일을 해주어라."

우울한 마음을 떨쳐버리라

037

> 여호와는 마음이 상한 자를 가까이 하시고 충심으로 통회하는 자를 구원하시는도다 시 34:18

존은 성공한 사업가였지만 아내의 우울증 때문에 걱정이 태산이었다. "아침 내내 자리에 누워서 일어나지 않아요. 오후에는 간신히 정신을 차리지만 집안에 우두커니 앉아 있을 뿐이죠. 아무 의욕이 없나 봐요. 작년 한 해 동안 무려 20킬로그램 가까이 체중이 빠졌어요."

존이 이야기하는 상황은 우울증의 전형적인 특성들을 고스란히 보여준다. 불행하게도 우울증은 현대사회의 보편적인 질환이 되었으며 쉬 낫지 않는다. 존의 아내에게는 의학적이고 정신적인 도움이 필요하며, 그렇지 않으면 상황은 더 악화될 게 틀림없다.

크리스천들 가운데는 우울증을 이해하지 못하고 영적인 문제로 받아들이는 이들이 적지 않다. 영적인 측면이 분명히 존재하지만 신체적이고 정서적인 균형이 깨지면서 비롯되는 경우가 대부분이다. 자신이나 사랑하는 이가 이런 문제로 고민하고 있다면, 시편 34편 18절을 기억하라. 주님은 침체를 겪는 이들을 불쌍히 여기시며 따뜻하게 치유해주겠다고 약속하신다.

The One Year Love Language

우울증의 유형

038

> 상심한 자들을 고치시며 그들의 상처를 싸매시는도다 시 147:3

자신이나 사랑하는 이가 우울증에 시달리고 있다면 어떻게 할 것인가? 우선 최대한 정보를 모아서 기본적인 사실들을 파악해야 한다. 우울증에는 세 가지 유형이 있다. 첫째로, 신체적 질병의 부작용으로 나타나는 우울증이 있다. 몸이 아프면 마음과 기분까지 우울해지게 마련이다. 그러므로 즉시 검사를 받는 게 좋다. 끊임없이 건강을 염려하며 초조해하는 것보다 그편이 훨씬 낫다.

두 번째 유형은 보통 '반응성 우울증'이라고 부르는데, 주로 살면서 부딪히는 고통스러운 상황 때문에 일어난다. 직장을 잃어버린다든지, 자녀가 세상을 떠난다든지, 교우관계가 깨진다든지 해서 생긴 변화와 상실감이 바닥에 깔려 있는 경우가 많다.

세 번째 범주는 생화학적인 장애에 뿌리를 둔 우울증이다. 이런 유형은 신체적인 질병에 속하며 반드시 의학적인 치료를 받아야 한다. 도서관에 가서 책을 찾아보고 의사와 상담하면서 우울증에 관한 지식을 쌓으라. 그게 스스로 도움을 받거나 누군가를 돕는 첫걸음이다.

어찌하여 낙심하는가

039

> 내 영혼아 네가 어찌하여 낙심하며 어찌하여 내 속에서 불안해하는가 너는 하나님께 소망을 두라 그가 나타나 도우심으로 말미암아 내가 여전히 찬송하리로다 시 42:5

장기적인 우울증은 관계에 치명적인 영향을 미칠 수 있다. 그러므로 자신이나 사랑하는 이가 우울증을 앓고 있다면 모든 방법을 동원해서 치료에 나설 필요가 있다.

가장 먼저 취해야 할 조처는 전문의와 상담가를 만나 조언을 듣는 일이다. 항우울제를 처방받을 수도 있는데, 생화학적인 요인에서 비롯된 우울증의 경우에는 큰 도움이 된다. 약물로 증상이 상당히 좋아졌든 그렇지 않든, 우울증에 대처해본 경험이 많은 노련한 상담가를 만나는 게 대단히 유익하다. 상담가는 문제의 정서적인 뿌리를 찾아내서 치료에 착수할 수 있도록 도와준다.

우울증이 여러 주, 또는 여러 달 동안 계속되면 적극적인 대책을 세워야 한다. 반드시 전문가의 도움을 받아야 한다. 시편 42편은 생생한 표현을 동원해서 소망을 잃지 말라고 격려한다. 이 말씀을 마음에 품고 우울한 시기를 헤쳐나가라. 언젠가는 기뻐 찬양할 날이 다시 올 것이다.

The One Year Love Language

지난날의 실수

040

> 기록된 바 의인은 없나니 하나도 없으며 깨닫는 자도 없고 하나님을 찾는 자도 없고 다 치우쳐 함께 무익하게 되고 선을 행하는 자는 없나니 하나도 없도다 롬 3:10-12

거친 말과 이기적인 태도는 부부관계에 흠집을 남긴다. 하지만 치유의 길은 항상 열려 있다. 지난날의 실수들을 찾아내 고백하고 용서를 구하는 데서 시작하자. 부부 사이를 가로막고 있는 장벽의 벽돌들을 한 장씩 허물어내라. 그러려면 먼저 어떤 벽돌들이 담장을 이루고 있는지 파악해야 한다.

잘못한 일들이 낱낱이 떠오르게 해주시길 하나님께 구하고 생각날 때마다 기록하라. 기억나는 게 있으면 빠짐없이 알려달라고 배우자에게 요청하라. 아이들이나 본가의 부모들과도 시간을 가지면서 혹시 남편, 또는 아내에게 험한 말을 하거나 거칠게 대하는 걸 본 적이 있는지 물으라. 그렇게 목록을 작성해보면 지난날 저지른 실수의 장벽이 예상보다 두텁고 높다는 걸 알 수 있을 것이다. 걱정할 것 없다. 성경은 누구나 죄를 범한다고 명확하게 지적한다. 하나님께도 범죄하고 인간에게도 잘못을 저지른다. 과거의 잘못을 구체적으로 찾아내서 하나하나 인정하는 작업은 벽을 허무는 데 필요한 첫 걸음이다.

죄와 잘못을
고백하고 허물라

041

> 하나님이여 주의 인자를 따라 내게 은혜를 베푸시며 주의 많은 긍휼을 따라 내 죄악을 지워 주소서 나의 죄악을 말갛게 씻으시며 나의 죄를 깨끗이 제하소서 시 51:1-2

어제는 결혼생활을 하면서 지금껏 저지른 잘못들을 구체적으로 정리하는 일에 관하여 이야기했다. 오늘은 그런 죄와 허물을 고백하는 문제를 다루려고 한다.

일단 배우자에게 잘못한 일들을 정리해서 목록을 만든 뒤에는 즉시 하나님께 잘못을 고백하라. 다윗 왕이 도덕적으로 치명적인 죄(밧세바와 불륜을 저지르고 그 남편을 살해하도록 사주하는)를 저지른 뒤에 쓴 시편 51편을 진심어린 고백의 모델로 삼으라. 그리스도에게 모든 죄의 형벌을 치르게 하신 데 대해 하나님께 감사하며 용서를 구하라.

다음에는 배우자에게 가서 고백하라. "잘못했어요. 상처 받은 걸 알고 있습니다. 다시는 그러지 않을게요. 용서해주세요"라고 말하라. 진심어린 고백은 용서의 문을 활짝 열어젖히는 법이다. 그렇게 용서를 청하는 순간 이편의 장벽은 완전히 무너져 내린다. 배우자가 거기에 화답해서 함께 잘못을 뉘우치고 사과한다면 양쪽의 벽이 다 허물어지고 결혼생활은 한 걸음 더 발전할 수 있을 것이다.

The One Year Love Language

피차 용서하라
042

> 누가 누구에게 불만이 있거든 서로 용납하여 피차 용서하되 주께서 너희를 용서하신 것같이 너희도 그리하고 골 3:13

이제 용서에 대해 이야기해보자.

배우자가 과거의 허물을 털어놓고 용서해주기를 부탁한다면, 용납할 때가 되었다는 뜻으로 받아들이라. 사실 용서하기를 거부하는 건 예수님의 가르침을 노골적으로 짓밟는 처사다. 주님은 제자들에게 "우리가 우리에게 죄 지은 자를 사하여 준 것같이 우리 죄를 사하여 주시옵고"(마 6:12)라고 기도하도록 가르치셨다. 사도바울도 골로새서 3장 13절에서, 주님이 우리를 용서하셨으므로 우리도 마땅히 다른 이들을 용납해야 한다고 지적한다. 예수님은 비유를 통해서 우리 각자가 가지고 있는 '용서의 채권'보다 주님께 갚아야 할 '용서의 채무'가 훨씬 크다는 사실을 가르치셨다.

너그러운 용서는 미래의 성장가능성을 활짝 열어놓는다. 다시 신뢰가 쌓이고 사랑이 싹튼다. 남편과 아내가 서로 지난날의 죄와 허물을 고백하고 용서할 때, 부부관계는 쓰라린 상처와 고통의 수렁을 벗어나서 회복과 기쁨을 향해 발전해갈 것이다.

배우자의
사랑언어를 파악하라
043

사랑을 추구하며 고전 14:1

배우자의 사랑언어를 알고 싶은가? 그렇다면 배우자가 사랑을 표현할 때 어떤 방법을 가장 흔히 쓰는지 관찰해보라. 무엇인지 알아냈다면 그 방식으로 사랑받고 싶다는 뜻으로 이해해도 괜찮다. 남편이 포옹하고 키스하기를 좋아하는 경우, '육체적인 접촉'이라는 사랑언어를 쓰는 사람일 가능성이 높다. 그렇다면 아내 쪽에서 먼저 안아주고 입맞춤해주길 바랄 것이다. 아내가 늘 화단의 잡초를 뽑고, 가계부를 말끔하게 정리하고, 화장실을 깨끗이 치우는가? 이런 여성의 사랑언어는 '봉사'다. 남편이 집안의 자질구레한 일들을 도와주길 기대할 것이다.

어떤 남편이 이렇게 얘기하는 걸 들은 적이 있다. "쓰레기만 치워줘도 사랑받고 있다고 느끼고 성생활에 적극적으로 임할 줄 알았더라면 휴지통이 다 차기도 전에 들고 나갔을 거예요." 성경의 가르침대로, 부부의 가장 큰 목표는 사랑이 되어야 한다.

The One Year Love Language

불평에서
정보를 찾으라
044

> 모든 것을 참으며 모든 것을 믿으며 모든 것을 바라며 모든 것을 견디느니라 고전 13:7

　대부분 불평을 부정적인 비판쯤으로 해석하지만 사실은 소중한 정보를 전달하는 도구다. 불평을 자세히 들여다보면 그 사람의 사랑언어를 짐작할 수 있다. 남편이 종종 "얼굴 볼 틈이 없구만. 이러다간 얼굴 잊어버리겠어요"라고 투덜거리는가? 그렇다면 주로 '함께하는 시간'이라는 사랑언어를 구사하는 남성이며 현재 사랑 탱크가 텅 비어 있다는 증거다. 아내가 틈만 나면 "언제 당신이 먼저 어루만져 준 적 있어요?"라고 불평하는가? 그렇다면 '육체적인 접촉'을 주요한 사랑언어로 사용한다는 의미다. "난 뭐 하나 제대로 하는 게 없어!"라고 푸념한다면 '인정하는 말'을 사용하는 것이고, "날 사랑한다면 벌써 나와서 도와줬을 거야"라며 씩씩거린다면 사랑언어는 '봉사'이다.

　배우자와 사랑을 제대로 주고받지 못하는 것 같아서 실망스러웠던 적이 있는가? 고린도전서 13장 말씀은 포기하지 말라고 권면한다. 소망을 잃지 않으면 나아진다. 배우자의 사랑언어를 찾고 행하려는 노력은 부부관계를 성장시키는 데 아주 효과적인 밑거름이다.

먼저 나서서 사랑하라

045

하나님의 사랑이 … 화목제물로 그 아들을 보내셨음이라 사랑하는 자들아 하나님이 이같이 우리를 사랑하셨은즉 우리도 서로 사랑하는 것이 마땅하도다 요일 4:9-11

인간에게 가장 절실한 정서적 욕구는 사랑받고자 하는 갈망이 아닐까 싶다. 남편, 또는 아내로부터 사랑받는다는 느낌이 들면 온 세상이 환하게 빛나지만, 그렇지 못한 경우에는 온 천지가 암흑일 것이다.

어떤 남편은 말한다. "아내가 조금만 더 따뜻했더라면 나도 더 잘해줬을 겁니다. 하지만 전혀 애정을 보여주지 않으니까 다가갈 엄두가 나지 않더라고요." 왜 꼭 상대방이 먼저 사랑해주어야 한다고 생각하는가? 먼저 사랑해야 할 책임이 항상 자신에게 있다는 사실을 어째서 다들 깨닫지 못하는 것일까? 하나님은 친히 모범이 되셨다. 주님은 인간을 먼저 사랑하셨다. 우리가 그분을 사랑한 건 그 다음이었다(요일 4:10). 죄 범벅이고, 무관심하며, 선물 받을 자격이 전혀 없는 인류에게 먼저 손을 내미신 것이다. 주도적 사랑의 훌륭한 본보기다. 배우자에게 무조건적인 사랑을 베풀고 상대방의 사랑언어로 애정 표시하는 법을 배운다면 그만한 보답이 돌아오는 법이다.

지적인 친밀감

046

> 내가 마음으로 주께 말하되 여호와여 내가 주의 얼굴을 찾으리이다 하였나이다 시 27:8

대부분의 사람들은 서로 더 깊이 알아가고, 사랑을 주고받으며, 진정으로 친밀한 관계를 맺고 싶은 생각에 결혼한다. 어떻게 하면 그것을 실천할 수 있을까? 친밀한 관계를 불러오는 다섯 가지 핵심요소들을 오늘부터 며칠에 걸쳐서 살펴보기로 하자.

첫 번째 요소는 지적인 친밀감이다. 인간사 가운데 상당 부분은 정신세계에서 이뤄진다. 하루 스물네 시간 동안에도 삶과 관련된 오만가지 생각이 머리를 스쳐간다. 아울러 인간에게는 수많은 욕구가 존재한다. 지적인 친밀감은 이러한 생각과 욕구들을 배우자와 나누는 데서 비롯된다. 통장이 그 주제가 될 수도 있고 음식, 건강, 시사문제, 음악, 교회에 초점을 맞출 수도 있다.

시편 27편 8절은 하나님과 가까이 지내는 방법을 소개한다. 주님이 대화하자고 부르실 때마다 지체 없이 응답하라는 것이다. 남편과 아내 사이도 똑같다. 부부는 배우자 마음에서 일어나는 일들을 알게 될 때 큰 기쁨을 느낀다. 그게 바로 지적인 친밀감의 본질이다.

정서적인
친밀감

047

내가 아프고 심히 구부러졌으며 종일토록 슬픔 중에 다니나이다 시 38:6

―

    정서적인 친밀감 역시 친밀한 관계를 가꾸는 다섯 가지 핵심요소 중 하나다. 오감을 통해서 접하는 일들에 대한 즉흥적이고 감성적인 반응이 감정이다. 나는 트럭 다섯 대가 언덕 아래로 쏜살같이 달려가는 걸 보면 불안하다. 아내가 손을 잡으면 사랑을 느끼고 환히 웃는 얼굴을 보면 기운이 솟는다.

    정서적인 친밀감은 감정을 나눠야만 형성될 수 있다. 배우자에게 내면세계를 공개한다는 건 "지금 너무 두려워요"라든지 "오늘밤엔 정말 행복해요" 같은 얘기를 서슴없이 할 수 있다는 뜻이다. 모두가 자신을 드러내는 말들이다. 시편 기자들은 기쁨, 경배, 찬송 같은 감정뿐만 아니라 슬픔, 우울, 분노, 비통 따위의 정서도 숨김없이 쏟아냈다. 그런 솔직한 자기표현은 하나님과의 관계를 더 깊고 친밀하게 만드는 데 큰 역할을 했다.

    배우자가 감정을 비난하거나 바꿔놓으려 하지 않는다는 확신이 서면 훨씬 자유롭게 자신의 느낌을 이야기하게 될 것이다.

The One Year Love Language

사회적인 친밀감
048

> 밤에 내 영혼이 주를 사모하였사온즉 내 중심이 주를 간절히 구하오리니 사 26:9

삶은 하루하루 벌어지는 일상사를 중심으로 돌아간다. 배우자와 더불어 이런 일들을 나눌 때, 비로소 상대방의 세계에 한 자리를 차지하고 있다는 느낌이 든다. 다시 말해서, 남편 또는 아내의 삶에서 일어난 사건이 자신에게도 중요한 의미를 갖게 되는 것이다.

사회적 친밀감의 또 다른 모습은 부부가 무슨 일이든 함께 하는 데서 찾아볼 수 있다. 나란히 영화를 보러 가거나, 운동을 하거나, 쇼핑을 하거나, 세차를 하거나, 공원으로 소풍을 나가거나 하는 게 다 사회적 친밀감을 쌓는 과정이다. 일을 함께 하면 협력의식이 커질 뿐만 아니라 관계도 더 단단해진다. 본문에서 이사야 선지자는 하나님과 함께 시간을 보내고 싶은 갈망을 뜨겁게 고백하고 있다. 결혼생활에 그런 간절함이 깃들인다면 얼마나 행복하겠는가!

남편과 아내가 함께 한 일은 그 무엇보다 생생한 기억으로 남게 된다. 함께 아름다운 산에 오르던 기억을 어떻게 잊을 수 있겠는가? 사회적 친밀감은 하루하루 성숙해가는 결혼생활을 하는 데 없어서는 안 될 필수요소다.

영적인
친밀감

049

그의 영광의 힘을 따라 모든 능력으로 능하게 하시며 기쁨으로 모든 견딤과 오래 참음에 이르게 하시고 … 합당하게 하신 아버지께 감사하게 하시기를 원하노라 골 1:11-12

오늘은 영적인 친밀감에 관해서 살펴보기로 하자. 인간은 영적인 존재이므로 누구에게나 영적인 차원이 있다. 이 부분을 사랑하는 이와 공유하게 될 때 우리는 비로소 영적 친밀감을 경험한다.

어려운 일이 아니다. 오늘 아침에 읽은 말씀과 받은 은혜를 나누는 것만큼이나 간단하다. 영적인 친밀감은 경험을 공유하는 데서 생기기도 한다. 남편과 나란히 예배에 참석했던 어느 여성은 이렇게 고백한다. "남편이 부르는 찬송 소리를 들으니 어쩐지 더 가까워지는 느낌이었어요." 무릎을 마주대고 앉아서 기도하는 경험 역시 영적 친밀감을 준다. 소리 내서 기도하는 게 어색하면 그냥 손만 마주 잡은 채 조용히 기도하라. 말 한마디 없을지라도 마음은 한층 가까워질 것이다. 서로를 위해 기도함으로써 관계도 돈독해진다. 골로새서 말씀에서 보듯, 바울이 보낸 편지에는 수신인들을 위해 간구하는 멋진 구절들이 수두룩하다. 배우자가 하나님과 더 가까이 교제하게 해달라고 열심히 기도하는 건 그 무엇보다도 친밀한 경험이 될 수 있다.

The One Year Love Language

성적인 친밀감

050

> 남편은 그 아내에 대한 의무를 다하고 … 아내는 자기 몸을 주장하지 못하고 오직 그 남편이 하며 남편도 그와 같이 자기 몸을 주장하지 못하고 오직 그 아내가 하나니 고전 7:3-4

　남성과 여성은 성적인 친밀감을 느끼는 방식이 다르다. 남편들은 주로 신체적 측면을 중요시한다. 보고, 만지고, 느끼고, 전희를 거쳐 절정을 느끼는 데 관심을 쏟는다. 반면에 아내들은 정서적인 측면에서 성적인 친밀감을 경험한다. 사랑과 보살핌, 인정, 애정 어린 관심을 받고 있다고 느낄 때 큰 기쁨을 누린다.

　성적인 친밀감을 형성하려면 이러한 차이를 이해하고 받아들이는 자세가 필요하다. 고린도전서 7장에서 사도바울은 남편과 아내들에게 서로의 성적 필요를 채워주어야 한다고 가르쳤다. 다시 말해서, 성관계가 친밀감의 원천이 되기 위해서는 배우자를 먼저 생각하며 상대가 성관계를 통해서 기쁨을 얻을 수 있도록 배려해야 한다.

　두말할 것도 없지만, 성적인 친밀감은 정서적, 지적, 사회적, 영적 친밀감과 밀접하게 연결되어 있다. 다른 영역에서 친밀감을 갖지 못한다면 성적으로도 친밀감을 느낄 수 없다. 목표는 성관계 그 자체가 아니라 친밀감을 경험하고 서로 만족스러운 느낌을 얻는 데 있다.

돈, 어떻게
바라볼 것인가?

051

> 은을 사랑하는 자는 은으로 만족하지 못하고 풍요를 사랑하는 자는 소득으로 만족하지 아니하나니 이것도 헛되도다 그 소유주들은 눈으로 보는 것 외에 무엇이 유익하랴 전 5:10-11

가진 게 많을수록 재산 다툼이 더 심해지는 경우를 종종 본다. 선진국에서 둘째가라면 서러울 만큼 가난한 부부도 제3세계의 대다수 가정에 비하면 대단히 풍요로운 축에 드는 게 현실이다. 결국 문제는 얼마나 큰 재산을 소유하고 있느냐가 아니라, 재물을 대하는 자세가 어떠하며 어떤 식으로 돈을 사용하느냐 하는 것이다.

현대인들 가운데 상당수는 재정적으로 어느 지점에 도달하면 행복해진다고 믿고 있는 것 같다. 하지만 막상 목표에 도달하면 마음이 바뀐다. '이쯤으론 어림도 없어.' 역사상 가장 부유했던 솔로몬은 전도서 5장에서 '흡족할 만큼' 넉넉한 재물을 끊임없이 추구하는 행태를 꼬집고 있다. 재물의 크기로 행복을 잴 수 없다는 것이다.

재닛 클리프트 조지라는 작가는 이렇게 말했다. "인생 최대의 비극은 추구하던 걸 얻지 못하는 게 아니라, 막상 손에 넣고 보면 그렇게 고생해가며 쫓아다닐 가치가 없었음을 깨닫게 된다는 사실이다." 얼마나 큰돈을 모으느냐보다 부부관계와 하나님과의 교제가 훨씬 더 중요하다.

The One Year Love Language

재물도, 빚도
공동소유

052

> 형제들아 내가 우리 주 예수 그리스도의 이름으로 너희를 권하노니 모두가 같은 말을 하고 너희 가운데 분쟁이 없이 같은 마음과 같은 뜻으로 온전히 합하라 고전 1:10

일단 결혼을 했다면 '네 돈'이나 '내 돈'이란 말은 없어지고 오직 '우리 돈'이라는 개념만 남는다. 마찬가지로 이제는 '네 빚'이나 '내 빚'이 아니라 '우리 빚'일 따름이다. 배우자를 동반자로 맞아들일 때 상대방의 채무도 자산의 일부로 끌어안았기 때문이다.

예비 신랑신부는 각자의 재산과 부채를 남김없이 공개해야 한다. 빚을 안고 결혼하는 게 잘못은 아니지만, 그 규모가 얼마나 되는지 파트너에게 반드시 알리고 어떻게 청산할 것인지에 관해서도 뜻을 같이 해야 한다. 둘이 하나가 된다는 게 결혼의 정신이다. 재정적인 부분도 예외가 아니다.

맞벌이 부부의 경우, 더 많이 번다고 해서 가계재정 운용에 대해 더 큰 권리가 생기는 건 아니다. 부부의 재산은 공동소유이므로 사용하는 데에도 합의가 필요하다. 지출을 하기 전에 어디에 어떻게 쓸 것인지 배우자와 숨김없이 상의하고 동의를 받으라. 사도바울은 "같은 마음과 같은 뜻으로 온전히 합하라"고 권면한다.

선한 청지기의
마음을 가지라

053

> 오랜 후에 그 종들의 주인이 돌아와 … 잘하였도다 착하고 충성된 종아 네가 적은 일에 충성하였으매 내가 많은 것을 네게 맡기리니 네 주인의 즐거움에 참여할지어다 마 25:19-21

재물을 사용하는 방식을 통해서 하나님께 영광을 돌리고 있는가? 주님은 거룩한 자녀들이 그분의 선물을 어떻게 쓰는지 관심을 갖고 지켜보신다. 마태복음 25장에는 그와 관련된 달란트 비유가 등장한다. 간단히 정리하자면, 주인이 멀리 나가면서 하인 몇몇에게 각각 얼마씩 돈을 맡겼다. 주인이 돌아올 때까지, 두 하인은 지혜로운 청지기가 되어서 재물을 크게 불렸다. 주인은 크게 칭찬하며 그들에게 더 큰 책임을 맡겼다.

청지기 노릇에는 재물에 대한 철저한 계획, 구매, 저축, 투자 따위가 포함된다. 교회를 비롯한 기독교기관을 통해서 소유를 나누는 것 역시 신실한 청지기가 마땅히 감당해야 할 일이다. 얼마나 많은 돈을 베푸느냐보다 어떤 자세를 갖느냐가 중요하다. 헌금은, 하나님을 사랑하는 마음에서 비롯된 자발적 행동이어야 한다. 부부가 합심해서 기꺼이 드림으로써 주께 영광 돌리기로 결단하라. 성숙한 결혼생활을 향해 큰 걸음을 내딛게 될 것이다.

미래를
내다보는 지혜
054

> 슬기로운 자는 재앙을 보면 숨어 피하여도 어리석은 자는 나가다가 해를 받느니라 잠 22:3

저축은 지혜의 상징이다. 돈을 금고 안에 쌓아두는 것과는 다르다. 솔로몬은 잠언 말씀에서 지혜로운 사람은 장차 닥쳐올지도 모르는 어려운 시기에 대처할 계획을 세우지만, 어리석은 이들은 모든 일이 다 잘 풀리겠거니 하고 있다가 곤경에 빠진다고 지적했다. 현명한 남편과 아내는 평소 힘겨운 세월에 맞닥뜨릴 준비를 해둔다. 저축과 투자가 대표적이다. 저축은 기본 중에 기본이다. 많고 적고는 정하기 나름이겠지만, 저축과 투자 자체는 선택의 여지가 없다. '쓰고 남는 돈'을 저금하겠다고 생각하면 동전 한 푼도 통장으로 들어가지 않을 것이다.

십일조를 구별하여 드리고 다시 10퍼센트를 저금한 뒤에 나머지 80퍼센트를 가지고 난방비, 전기세, 전화비, 생활용품 구입비 등 잡다한 비용을 지출하라. 수입에서 일정 부분을 저금하는 부부는 긴급 상황에 대처할 자금을 비축할 뿐만 아니라 청지기 역할을 훌륭하게 감당하는 데서 오는 만족감을 맛보게 된다. 규칙적인 저금을 재정계획의 일부로 삼으라.

물건보다
관계를 택하라

055

> 선한 눈을 가진 자는 복을 받으리니 이는 양식을 가난한 자에게 줌이니라 잠 22:9

신용구매는 이 시대의 핫 이슈다. 미디어는 "지금 사고 돈은 나중에 내라!"고 아우성친다. "지금 사면 나중에 더 많은 돈을 내야 한다"는 말은 어디에도 없다.

신용카드는 충동구매를 부추기고, 대다수 소비자들은 분위기에 휩쓸려 분수에 넘치는 지출을 하기 일쑤다. 부부가 하나되어 '돈이 없으면 사지 않는다'는 원칙에 충실하면 어떨까? 예수님은 "사람의 생명이 그 소유의 넉넉한 데 있지 아니하니라"(눅 12:15)고 말씀하셨다. 인생의 가장 큰 의미는 돈이 아니라 관계에서 찾을 수 있다. 하나님과의 관계, 배우자나 친구들과의 관계가 더 소중하다는 말이다. 잠언 22장 9절 말씀이 가르치는 대로, 남에게 너그럽게 베푸는 쪽이 더 큰 축복일 수도 있다. 관계가 더욱 탄탄해지고, 목적의식이 생기며, 상대방에게 힘을 주기 때문이다.

결혼생활에 스트레스를 줘가면서까지 그토록 크고 좋은 물건에 집착할 이유가 무엇인가? 물건은 일시적인 기쁨을 주지만 관계에서 오는 행복은 평생 계속된다.

The One Year Love Language

서로에게 덤이 되는 성격 차이

056

> 우리에게 주신 은혜대로 받은 은사가 각각 다르니 혹 예언이면 믿음의 분수대로 롬 12:6

상담을 하다 보면, 성격 차이 때문에 늘 집안이 시끄럽다는 얘길 자주 듣는다. 흔히들 외향적이냐 내향적이냐 하는 기준으로 사람을 구분한다. 단정한 사람과 엉성한 사람, 비관적인 사람과 낙관적인 사람, 단호한 사람과 우유부단한 사람, 흥분하기 잘하는 사람과 차분한 사람으로 나눌 수도 있다. 성품을 알면 삶 속에서 벌어지는 다채로운 상황에 어떻게 반응할지 짐작할 수 있다.

인간은 저마다 다양한 특성이 한데 섞인 성격을 가지고 있다. 어떤 성품이든지 장단점이 있게 마련이다. 결혼생활의 성패는 어떻게 장점을 극대화하고 단점을 최소화하느냐에 달려 있다. 로마서 12장 말씀이 가르치는 것처럼, 하나님이 한 사람 한 사람을 독특하게 창조하셨다는 사실을 기억하는 게 중요하다. 사람마다 성격이 제각각이며 잘 할 줄 아는 일도 모두 다르다. 이러한 사실은 기뻐하며 찬송할 일이다. 서로를 잘 이해하기만 하면, 다른 성품은 짐이 아니라 덤이 되기 때문이다.

중재자
– 화평하게 하는 이

057

화평하게 하는 자는 복이 있나니 마 5:9

세상에는 다양한 성격유형이 존재하는데, 앞으로 며칠에 걸쳐서 하나씩 검토해보자. 오늘은 중재자 유형인데, 차분하고 느리며 태평스럽고 균형이 잘 잡힌 성격이다. 늘 유쾌한 편이며, 갈등을 싫어하고, 인상 찌푸리는 법이 거의 없고, 좀처럼 분노를 드러내지도 않는다.

이 유형의 단점은 갈등을 해결하지 않은 채 그대로 방치한다는 점이다. 부부간에 다툼이 생기면 상대방의 말에 동의하지 않으면서도 그냥 입을 다물어버린다. 지배자 유형과 결혼하는 경우, 완전히 눌려 살면서 발산하지 못한 분노에 시달리게 된다.

산상수훈에서 예수님은 화평하게 하는 자는 복이 있으며 하나님의 자녀라는 이름을 얻게 될 것이라고 말씀하셨다. 야고보서 3장 18절도 중재자 유형을 칭찬한다. "화평하게 하는 자들은 화평으로 심어 의의 열매를 거두느니라." 중재자와 결혼했다면 하나님께 감사하라.

The One Year Love Language

지배자
– 사명을 완수하는 이

058

> 그들 중에 으뜸 되기를 좋아하는 디오드레베가 … 비방하고도 오히려 부족하여 형제들을 맞아들이지도 아니하고 맞아들이고자 하는 자를 금하여 교회에서 내쫓는도다 요삼 1:9-10

지배자 유형은 신속하고 활동적이며 실제적이고 의지가 강하다. 종종 특별한 명분을 좇아 운동에 참여하기도 한다. 주위의 압력에 굴복하지 않으며 끝까지 옳고 그름을 다툰다. 늘 투지에 넘치고 좀처럼 따뜻함이 없다. 뛰어난 성과를 거두기도 하지만 그 과정에서 주변인들을 다치게 한다. 이들의 배우자는 존중받지 못한다는 느낌을 받기 십상이다.

선지자들 가운데도 이 유형이 더러 있었는데, 온갖 압박과 박해를 뚫고 하나님이 주신 사명을 완수하기 위해서는 그처럼 강하고 단호한 성품이 필요했던 것이다. 반면에 부정적 결과를 가져온 경우도 볼 수 있다. 사도요한이 본문에서 지목한 디오드레베가 그렇다. 이 사람은 초대교회의 순회 교사들을 돕지 않았을 뿐만 아니라 다른 크리스천들이 돕는 것까지 막았다. 자신의 판단을 다른 이들에게까지 강요하는 건 온당치 못한 지배의 전형적인 사례다. 배우자가 지배적이라면 무시당하고 존중받지 못하는 느낌이 들 때마다 부드럽게 지적해줄 필요가 있다.

파티기획자
– 행복하게 해주는 이

059

다윗이 가서 하나님의 궤를 기쁨으로 메고 오벧에돔의 집에서 다윗 성으로 올라갈새 … 다윗이 여호와 앞에서 힘을 다하여 춤을 추는데 삼하 6:12, 14

　오늘은 파티기획자 스타일에 관해 살펴보자. 이 유형은 따듯하고 생기발랄하며 흥이 많은 성품이다. 사람들을 즐겁게 해주고, 고독을 싫어하며, 친구들에게 둘러싸여 파티 같은 삶을 즐길 때 가장 왕성하게 에너지가 솟는다. 온갖 재미있는 이야기와 극적인 표현, 노래를 갖고 있는 파티기획자의 목표는 온 인류를 행복하게 해주는 것이다.

　성경은 축제를 하찮은 일로 취급하지 않는다. 본문 말씀을 보면, 법궤가 예루살렘으로 돌아오는 걸 기념해서 다윗이 온 백성을 이끌고 한바탕 잔치를 벌인다. 왕까지 나서서 '여호와 앞에서 힘을 다하여 춤을' 추는 요란한 파티였다. 그러나 파티기획자들은 미덥지 않거나 미숙하게 보이곤 한다. 어째서일까? 그들은 지나치리만치 순간에 충실한 나머지 직전에 있었던 일까지 잊어버리기 일쑤다. 배우자가 이런 유형이라면 상대가 이끄는 대로 몸과 마음을 맡기고 즐기라. 대신에 정상궤도에서 벗어나지 않도록 가끔씩 도울 일이 없는지 물으라.

The One Year Love Language

한 팀을 이룬 동역자

060

> 심는 이와 물 주는 이는 한가지이나 각각 자기가 일한 대로 자기의 상을 받으리라 우리는 하나님의 동역자들이요 너희는 하나님의 밭이요 하나님의 집이니라 고전 3:8-9

대부분의 사람들은 각각 자기 성품에 맞는 방식으로 심리적, 영적 필요를 채우려 한다. 예를 들어, 관리자 유형의 성격을 가진 이들은 도움이 필요한 친구를 보살피는 데서 자존감을 확인한다. 동료가 문제를 해결하고 삶의 의미를 찾도록 돕는 일에 오랜 시간 공을 들인다. 그러나 지배자 유형의 눈에는 그런 수고가 도무지 이해할 수 없는 행동으로 비칠 뿐이다. 지배자들은 과제를 완수하고 새로운 일을 일으키는 데서 자존감을 찾는다.

이러한 성격유형에 대해 알게 되면, 서로를 잘 이해할 수 있다. 이해는 화목한 결혼생활의 열쇠. 부부는 한 팀을 이룬 동역자라는 사실을 기억하라. 바울은 고린도전서 3장에서 자신과 아볼로는 경쟁자가 아니라 다른 능력과 책임을 가진 동역자라고 했다. 중요한 건 둘이 한 목표를 위해 일한다는 점이었다. 부부관계도 마찬가지다. 서로 다른 장점과 약점에도 불구하고 일체감과 이해를 가지고 서로의 관계를 위해 함께 노력하는 존재, 그것이 바로 부부다.

방어적인 태도에
정면으로 맞서라

061

> 어찌하여 왕이 여호와의 목소리를 청종하지 아니하고 탈취하기에만 급하여 … 사울이 사무엘에게 이르되 나는 실로 여호와의 목소리를 청종하여… 삼상 15:19–20

방어적인 자세는 인간본성에 가깝다. 오늘 본문에서, 사울은 하나님의 가르침을 짓밟은 사실에 대해 따지는 사무엘에게 거짓말을 늘어놓으며 변명했다.

또 다른 사례를 살펴보자. 남편은 양파를 썰고 아내는 프라이팬에 기름을 두르고 있다. 남편이 잠깐 자리를 비운 사이, 아내가 양파를 팬에 쏟아 붓는다. 돌아온 남편은 화들짝 놀라며 소리친다. "그렇게 하면 안 되지! 이 요리는 내 특기잖아." 화가 난 아내는 팩 돌아서서 나간다. "특기 좋아하시네. 그럼 잘 만들어서 혼자 드시지!" 무심코 던진 남편의 한마디는 아내의 뇌관을 건드렸다. 그렇잖아도 일일이 간섭하는 남편이 못마땅하던 참에 요리법까지 가르치려 들었으니 아내로서는 방어적이 될 수밖에 없었다.

누구에게나 감정의 뇌관이 있다. 문제는, 일단 사고가 터지기 전에는 그 존재가 드러나지 않는다는 것이다. 방어적 태도의 실체를 정확하게 파악하면 사태를 긍정적으로 처리할 수 있는 방안도 쉽게 찾을 수 있다.

감정의 뇌관을 해체하라

062

> 모든 겸손과 온유로 하고 오래 참음으로 사랑 가운데서 서로 용납하고 엡 4:2

인간이라면 너나없이 감정의 뇌관을 가지고 있다. 배우자가 특정한 말이나 행동을 할 때마다 즉시 방어적인 자세를 취하게 되는 민감한 사안이 그것이다. 어떤 상황 아래서 보이는 반응은 일반적으로 개인사에 그 뿌리를 두고 있다. 어린 시절, 부모님이 하는 소리에 상처를 입었는데, 배우자가 똑같은 얘기를 하고 있다는 느낌이 들 때가 있지 않은가? 그때 방어적이 되는 건 그 상처가 전혀 낫지 않았다는 뜻이다. 다음에 또 방어적인 마음이 들거든 "왜?"라고 묻고, 과거의 경험들을 나누라.

남편 또는 아내가 특정한 상황에서 방어적이 된다는 사실을 알았다면, 적절한 대응법을 찾아야 한다. 우선 "앞으로 비슷한 문제가 생기면 어떻게 이야기하면 좋겠어요? 상처 주고 싶지 않아서 그래요"라고 말하라. 바울이 에베소서 4장 2절에서 권면하는 대로 인내하며 배우자의 갈등을 끌어안으라. 삶의 '뇌관들'을 잘 해체해가는 게 성숙한 결혼생활로 가는 중요한 고비임을 기억하라.

육체적인 접촉

063

> 내게 입 맞추기를 원하니 네 사랑이 포도주보다 나음이로구나
> 아 1:2

어떻게 하면 '눈에서 콩깍지가 떨어져나간 뒤에도' 사랑의 감정이 살아 숨쉬게 만들 수 있을까? 개인적으로는 배우자의 사랑언어를 배워서 구사하는 게 가장 좋은 방법이라고 믿는다. 앞으로 며칠 동안은 다섯 가지 사랑언어 가운데 '육체적인 접촉'을 집중적으로 살펴보자.

어떤 남편들은 '육체적 접촉'이란 말을 들으면 즉시 성관계를 떠올린다. 하지만 성관계는 육체적 접촉이라는 사랑언어에 딸린 여러 방언 중 하나에 불과하다. 손을 잡거나, 입을 맞추거나, 등을 쓰다듬거나, 허벅지에 손을 올려놓는 게 모두 사랑을 표현하는 방법이 될 수 있다. 아가서는 남편과 아내 사이의 신체 접촉이 아름답고, 친밀감을 더하며, 기꺼워할 만한 일임을 분명히 말한다.

개중에는 육체적 접촉을 일차적인 사랑언어로 사용하는 사람들이 있다. 배우자가 그런 유형에 속하는가? 그렇다면 지금이라도 정성껏 어루만져주라.

The One Year Love Language

접촉의 언어를 공부하라
064

> 그가 왼팔로 내 머리를 고이고 오른팔로 나를 안는구나 아 2:6

육체적 접촉을 일차적인 사랑언어로 사용하는 이들에게는, 다정하게 어루만지는 것보다 중요한 일은 없다. 몸에 손을 댄다는 건 곧 인격을 만진다는 뜻이다. 몸을 건드리지 않는다는 건 정서적으로 한 인간을 멀리한다는 의미다. 배우자와 육체적으로 접촉하지 않는다면 감정적으로 그만한 거리가 생겼음을 인정해야 한다.

어깨를 주무르거나 전희를 하는 경우처럼 노골적이고 온 신경을 집중해야 하는 접촉이 있는가 하면, 커피를 가져다주는 아내의 어깨를 감싸 안는다든지 부엌에 들어온 남편에게 기대는 것처럼 은근하면서도 순간적인 접촉도 있다. 육체적 접촉이 배우자의 일차적인 사랑언어라는 걸 알았다면, 상상력을 최대한 발휘하라. 자동차 안에서 입을 맞추라. 더욱 신나게 여행할 수 있을 것이다. 쇼핑하러 가기 전에 안아주라. 잔소리가 훨씬 줄어들 것이다. 예상치 못했던 장소에서 접촉을 시도하고 즐거웠는지 물으라. 잊지 말라. 최종결정권을 가진 이는 배우자다. 이편에서는 그저 상대방의 사랑언어를 구사하려고 노력할 따름이다.

위로를
전달하는 접촉

065

> 범사에 기한이 있고 천하만사가 다 때가 있나니 … 춤출 때가 있으며 돌을 던져 버릴 때가 있고 돌을 거둘 때가 있으며 안을 때가 있고 안는 일을 멀리 할 때가 있으며 전 3:1-4

위기가 닥치면 인간은 거의 본능적으로 다른 사람을 껴안는다. 왜 그럴까? 급박한 상황에서는 그 어느 때보다도 사랑받고 있다는 느낌이 필요하기 때문이다.

결혼생활에는 반드시 위기가 찾아온다. 한 해에도 수천 명씩 교통사고로 목숨을 잃거나 몸을 다친다. 질병은 상대를 가리지 않고 덤벼든다. 인생에는 온갖 낙심천만한 일들이 다 일어날 수 있다. 위기상황에서 상대방에게 줄 수 있는 최고의 선물은 사랑이다. 특히 배우자가 육체적 접촉을 일차적인 사랑언어로 사용한다면, 급박한 순간에 꼭 안아주거나 어려운 결단을 내릴 때 어깨를 감싸 안아주는 게 무엇보다도 중요하다. 따뜻한 마음을 전달하는 데는 수만 마디 말보다 한 번의 포옹이 훨씬 효과적이다.

전도서 3장 말씀은 모든 일에 때가 있으며 위기상황 역시 사랑을 표현하는 기회가 된다는 점을 일깨워준다. 육체적인 접촉은 강력한 사랑언어다. 위태로운 형편에서는 말보다 행동이 중요함을 잊지 말라.

The One Year Love Language

분노를 의식하고
인정하라
066

> 분을 그치고 노를 버리며 불평하지 말라 오히려 악을 만들 뿐이라 시 37:8

앞으로 며칠 동안은 분노를 건전하게 처리하는 다섯 단계를 살펴보려고 한다.

첫 번째 단계는 화가 났음을 인정하는 일이다. "내 속을 누가 알겠어? 보나마나지, 뭐"라고 중얼거릴 수도 있다. 물론 아무도 알아주지 않을지도 모른다. 하지만 중요한 건 잔뜩 성이 났다는 사실을 스스로 의식하고 있느냐 하는 점이다. 분노는 너무도 기습적이어서 내면의 움직임을 채 감지하기도 전에 말이나 행동이 앞서기 십상이다.

성경은 단 한 번도 분노가 잘못이라고 말하지 않는다. 수많은 구절을 통해서 화를 조절하는 게 중요함을 역설할 따름이다. 시편 37편 말씀은 격분을 가라앉히고 평정을 지켜서 누구한테도 해를 끼치지 말라고 가르친다. 분노를 감지한 뒤에는 큰소리로 외쳐보라. "난 화가 났어. 이젠 어떻게 해야지?" 그렇게 하면 문제를 공개적으로 드러내는 한편, 현재의 감정과 앞으로 취해야 할 행동을 분리할 수 있다. 이성적으로 분노를 처리할 토대를 마련하는 셈이다. 이것이 분노를 바람직하게 해결하는 첫 번째 단계다.

즉각적인 반응을 삼가라

067

> 노하는 자는 다툼을 일으키고 성내는 자는 범죄함이 많으니라
> 잠 29:22

　어떻게 하면 화가 잔뜩 난 상태에서 죄를 짓지 않을 수 있을까? 그게 바로 '분을 내어도 죄를 짓지 말며'라는 에베소서 4장 26절 말씀이 제기하는 과제다. 오늘 본문 말씀은 무섭게 성을 내다보면 온갖 죄를 지을 수 있다고 지적한다. 분노가 잔인한 말이나 폭력, 난폭한 행동 같은 죄로 이어지는 걸 누구나 한번쯤은 경험했을 것이다.

　분노 처리의 두 번째 단계는 즉각적인 반응을 삼가라는 것이다. 반사적으로 행동하지 말라. 먼저 생각하라. 일단 화가 나면, 말과 행동으로 분노를 표출하거나 입을 다물어버리는 극단적 태도를 취한다. 어느 쪽이든 파괴적이긴 마찬가지다. 즉각적인 반응을 통제할 수 있는 비결은 무엇인가? 어떤 이들은 속으로 열에서 백까지 숫자를 헤아린다. 숨을 깊이 들이마시거나 산책을 나가는 사람들도 있다. 어느 여성은 꽃에 물을 준다고 했다. "결혼 첫 해에는 꽃이 거의 물에 잠길 때까지 들이부었어요." 그래도 어쨌든 해묵은 패턴을 깨뜨렸으니 얼마나 대견한가! 자신에게 맞는 방법을 찾아보라.

The One Year Love Language

분노 자체에만
초점을 맞추라

068

> 네 형제가 죄를 범하거든 가서 너와 그 사람과만 상대하여 권고하라 만일 들으면 네가 네 형제를 얻은 것이요 마 18:15

    오늘은 세 번째 단계로 분노에만 초점을 맞추는 문제를 이야기해보자. 배우자 때문에 심사가 뒤틀린다면 스스로 물으라. "왜 화가 나지? 남편, 또는 아내가 무슨 말이나 행동을 한 거지? 말투가 그런 건가? 평소에 나를 그렇게 봤던 걸까?"

    분노에 초점을 맞출 때는, 배우자가 무슨 일을 하거나 하지 않았기에 그토록 마땅치 않은 기분이 드는지 정확히 찾아내는 게 중요하다. 배우자가 어떤 식으로든 잘못을 범했는가? 상대방이 죄를 지은 게 아니라면 분노는 왜곡되었음에 틀림없다. 마음대로 되지 않아서 속이 상했을 가능성이 크다. 반면에, 배우자가 정말 죄를 지었다면 사랑하는 마음을 품고 침착하게 대응할 필요가 있다. 예수님이 마태복음 18장에서 가르쳐주신 대로 행동하라. 은밀하게 직접 지적하고 상대방의 대답을 귀 기울여 들으라. 울분이 왜곡되었는지 정당한지 가리기 위해서는 반드시 분노 그 자체에 초점을 맞추는 과정을 거쳐야 한다.

여러 방안들을 분석하라

069

내 사랑하는 형제들아 너희가 알지니 사람마다 듣기는 속히 하고 말하기는 더디 하며 성내기도 더디 하라 사람이 성내는 것이 하나님의 의를 이루지 못함이라 약 1:19-20

오늘은 분노를 다스리는 네 번째 단계, 선택할 수 있는 방안들을 분석하는 문제에 대해 살펴보자. 왜 화가 났는지 알았다면 이젠 어떻게 대처할지 결정할 차례다.

어떤 이들은 속사포처럼 불만을 쏟아내며 배우자를 몰아붙인다. 심지어 몸을 흔든다든지 주먹을 휘두르는 등 신체적인 학대 수준의 반응을 보이기도 한다. 하나님은 그런 난폭한 행위를 싫어하신다. 야고보 사도는 '성내기를 더디' 하라면서 그 까닭을 '분노는 하나님의 기대와 달리 의롭지 못한 행동으로 이어질 공산이 크기 때문'이라고 설명한다.

어떤 방식을 선택하든 먼저 두 가지 질문에 답하라. 첫째, 긍정적인 대안이 될 수 있는가? 다시 말해서 잘못을 바로잡고 상황을 개선할 수 있는 잠재력을 가지고 있는가? 둘째, 사랑에서 출발한 행동인가? 화가 나게 만든 장본인에게 유익한 방안인가? 두 질문에 대해 모두 "그렇다"고 답할 수 있다면, 마지막 단계에 진입할 준비를 마쳤다고 봐도 좋다.

분노를 건설적으로 해결하라

070

> 너희는 모든 악독과 노함과 분냄과 떠드는 것과 비방하는 것을 모든 악의와 함께 버리고…서로 용서하기를 하나님이 그리스도 안에서 너희를 용서하심과 같이 하라 엡 4:31-32

지난 나흘 동안 분노를 처리하는 다섯 단계를 살펴보았다. 먼저 스스로 화가 났다는 사실을 인정하고, 즉각적인 반응을 삼가며, 분노 자체에 초점을 맞추고, 선택할 수 있는 방안들을 분석하는 과정까지 설명했다. 오늘은 마지막으로 건설적인 조처를 취하는 단계다.

여기서 선택할 수 있는 길은 두 갈래다. 첫 번째는 사랑하는 마음을 품고 분노의 동기를 제공한 이와 정면으로 맞서는 방안이다. 두 번째는 의식적으로 눈감아주는 방식이다. 성경이 말하는 '용납'이다. 자신의 분노가 왜곡되었으며 자기중심적인 심리에서 비롯되었다는 사실을 깨달았다면 용납이 최선의 대안이다. "하나님, 너무도 이기적인 저를 용서해주십시오"라고 기도하고 화를 풀어버리라.

반면에 배우자가 정말 잘못을 저지른 경우라면, 말씀을 가지고 정면으로 맞설 필요가 있다. "아주 화가 나네요. 당신과 이야기를 좀 해야겠어요." 그리곤 배우자 앞에 문제를 펼쳐놓고 화해할 방도를 찾으라. 그렇게 하면 분노를 선한 목적에 활용할 수 있고 관계도 회복될 것이다.

하나님나라를 구하라

071

내가 여호와께 바라는 한 가지 일 그것을 구하리니 곧 내가 내 평생에 여호와의 집에 살면서 여호와의 아름다움을 바라보며 그의 성전에서 사모하는 그것이라 시 27:4

우선순위 목록을 작성한다는 건 곧 삶에서 소중하고 가치 있는 일들을 순서대로 정리한다는 뜻이다. 크리스천이라면 누구나 하나님과의 관계와 교제를 첫 손에 꼽을 것이다. 사실 그보다 더 중요한 일은 없다. 하나님이 생명을 지으신 창조주시면, 그분에 관해 아는 게 가장 중요하다. 하나님이 말씀을 들려주시는 분이면, 그 음성을 듣는 일이 단연 으뜸이 되어야 한다. 하나님이 사랑을 베풀어주시는 분이면, 그 사랑에 화답하는 것만큼 즐거운 일이 어디 있겠는가? 본문 말씀에서 시편기자는 자신의 가장 큰 소망은 하나님의 임재 안에 머물며 주님의 거룩한 얼굴을 구하는 것이라고 고백했다. 예수님도 "먼저 그의 나라와 그의 의를 구하라"(마 6:33)고 가르치셨다.

하나님나라를 구하는 일에 가장 높은 우선순위를 두고 있는가? 그렇다면 결혼생활에 임하는 자세도 크게 달라지게 마련이다. 부부관계에 있어서도 주님이 주신 지침을 따르려는 열정이 불같이 타오를 것이다.

가정을
우선순위에 두라

072

아담이 이르되 이는 내 뼈 중의 뼈요 살 중의 살이라 … 이러므로 남자가 부모를 떠나 그의 아내와 합하여 둘이 한 몸을 이룰지로다 창 2:23-24

　가정에 높은 우선순위를 두고 있는가? 하나님이 결혼제도를 만드시고 가족을 사회의 기초단위로 삼으셨다는 점을 생각하면, 가정만큼 중요한 게 없을 것이다.

　가정 안에서는 '남편-아내'가 '부모-자식'보다 더 기초적인 관계다. 위에서 소개한 창세기 2장 말씀을 보면, 부부가 얼마나 독특한 관계인지 알 수 있다. 인간관계를 말하면서 '합하다'라든지 '둘이 하나가 되다' 따위의 표현을 사용한 경우도 남편과 아내 사이뿐이다. 결혼은 평생 지속되는 친밀한 관계다. 반면에 자녀는 십중팔구 언젠가 부모를 떠나서 독립적인 가정을 꾸리게 되어 있다.

　가정에 그처럼 높은 우선순위를 부여한다면, 과연 거기에 부합하게 시간과 돈, 에너지를 사용하고 있는지 점검해볼 필요가 있다. 아내를 잘 섬기는 남편은 자녀들에게도 중요한 일을 하고 있는 셈이다. 배우자를 사랑하고 섬기는 모습이야말로 자녀들에게 보여주어야 할 가장 중요한 일 가운데 하나다. 아이들에게는 아빠 엄마가 서로 사랑하는 모습을 보는 것보다 더 훌륭한 환경이 없다.

몸, 소중한 하나님의 성전

073

> 너희는 너희가 하나님의 성전인 것과 하나님의 성령이 너희 안에 계시는 것을 알지 못하느냐 … 하나님의 성전은 거룩하니 너희도 그러하니라 고전 3:16-17

최근에 한 여성이 찾아와서 하소연했다. "집안 돌보랴, 직장에 나가서 일하랴, 교회 섬기랴 너무 바빠서 정작 나 자신을 위해 쓸 시간은 거의 없는 것 같아요." 이 여성은 우선순위 사이의 균형을 잡으려고 애쓰고 있는 것이다. 자신이 하나님의 형상대로 창조되었으며 스스로 성령님의 성전이라고 믿는다면 신체적, 정서적, 영적 건강 돌보는 일을 우선순위 목록에 포함시켜야 한다. 고린도전서 3장에서 바울은 크리스천 한 사람 한 사람이 곧 하나님의 거룩한 성전이라고 말했다.

남편과 아내는 서로에게 자신을 계발할 여유를 주어야 한다. 아내가 혼자 산책하거나 책을 읽는 동안 아이들을 돌보는 남편은 영적인 리더의 역할을 충실히 감당하고 있는 셈이다. 아내로서는 하나님을 섬기는 마음으로 남편을 돕게 될 것이다. 남편과 아내가 서로에게 신체적, 정서적, 영적으로 성장할 수 있는 여지를 허락하는 건 부부관계가 성숙해지는 데 반드시 필요한 요소다.

서로 의지하고
붙들어주라

074

> 몸은 하나인데 많은 지체가 있고 몸의 지체가 많으나 한 몸임과 같이 그리스도도 그러하니라 고전 12:12

　대부분 가정, 직장 따위에 높은 우선순위를 둘 것이다. 그러나 어떻게 균형을 잃지 않고 한정된 시간과 에너지를 적절히 배분하느냐가 문제다. 일단 가족회의를 소집하라. 달력을 테이블 위에 올려놓고 한 달 동안 식구들 각자에게 있어서 굵직굵직한 사건들을 적으라. 진료 약속, 교회 활동, 직장일 따위를 낱낱이 적으라. 그리고 달력을 복사해서 한 장씩 나눠주라.

　배우자와 상의하여 반드시 침식해야 하는 행사를 결정하라. 약속을 깨지 않도록 나머지 일들을 부지런히 처리해놓으라. 아울러 집안에 특별한 일이 있는 날은 온 식구들에게 기도해달라고 부탁하라. 성경은 그리스도의 지체들이 저마다 다른 은사를 가지고 다른 역할을 할지라도 '주님 안에서 하나'라고 분명히 말하고 있다. 가정도 마찬가지다. 식구들 하나하나가 모두 다르고 독특하지만 서로 의지하고 붙들어줄 수 있으며 그래야 한다. 가족달력을 만들 때마다 자녀들에게도 그 사실을 정확히 짚어주라. 균형을 잡는 게 중요하지만 걱정하지 말라. 넉넉히 감당할 수 있다.

상대방의 입장에
서서 들으라

075

> 명철한 자의 마음은 지식을 얻고 지혜로운 자의 귀는 지식을 구하느니라 잠 18:15

관계를 형성하고 유지하는 데 말하고 듣는 것만큼 중요한 요소는 없다. 원활한 커뮤니케이션이야말로 낙관적이고 즐거움이 넘치는 부부관계를 지속시켜주는 생명줄이다. 반대로 의사소통에 실패하면 낙심과 비관뿐인 결혼생활이 찾아온다.

말은 쉽지만 실천은 어렵다. 비판하기 좋아하는 청취자가 되는 게 문제다. 저마다 자기 생각대로 해석한 상황인식을 토대로 배우자의 이야기를 평가하고 즉시 판결을 내린다.

제대로 들으려면 태도부터 대대적으로 바꿀 필요가 있다. 독선적인(자기 입장에서 대화의 내용을 생각하는) 자세에서 상호공감적인(상대방의 눈으로 보고 판단하는) 태도로 전환하는 게 중요하다. 배우자가 상황을 어떻게 받아들이고 어떤 느낌을 갖는지 아는 게 목표가 되어야 한다. 잠언 18장 15절은 주의 깊게 듣는 자세와 지식 구하는 마음을 하나로 보고 있다. 주의 깊게 듣고 이해하려는 노력은 더 깊은 대화를 끌어낸다.

The One Year Love Language

다툼 없는 의사소통

076

의인의 혀는 순은과 같거니와 악인의 마음은 가치가 적으니라 의인의 입술은 여러 사람을 교육하나 미련한 자는 지식이 없어 죽느니라 잠 10:20–21

다투지 않고 이야기를 나눌 수 있는 출발점은, 배우자의 생각을 비난하지 않고 이해하려고 노력하겠다는 다짐이다. 대화하면서 던지는 말 한마디가 사랑하는 이를 세울 수도 있고 주저앉힐 수도 있다. 커뮤니케이션 능력을 키우는 데 도움이 될 방법 몇 가지를 소개하고 싶다.

- 똑같은 신문기사를 읽고 어떻게 생각하는지 서로 나누라.
- 영화나 텔레비전을 함께 시청한 뒤에, 영화가 전달하려는 메시지는 무엇인지, 이의를 제기하고 싶은 점이 있었는지 등에 대해 서로 나누라.
- 같은 책을 일주일에 한 장씩 함께 읽고 어떤 내용이 흥미롭거나 도움이 되었는지 서로 이야기해보라.

어떤 방법을 택하든, 자기 생각을 입증하거나 옳고 그름을 가리기보다 서로 이해하는 데 초점을 맞추라. 이렇게 계획적인 훈련을 하다보면 지적인 친밀감이 깊어지며 마침내는 정서적이고 성적인 영역까지 확산될 것이다.

상한 감정을
인정하고 위로하라

077

> 유순한 대답은 분노를 쉬게 하여도 과격한 말은 노를 격동하느니라 잠 15:1

어떻게 하면 의견이 서로 다른 상황에서도 배우자를 인정해줄 수 있을까? 예를 하나 들어보자. 아내가 남편에게 이만저만한 행동 때문에 속상했다고 이야기한다. 남편은 대답한다. "당신의 생각이랑 감정을 얘기해줘서 고마워요. 내가 당신 입장이었더라도 속상했을 거예요. 내가 얼마나 당신을 사랑하는지 알아줬으면 좋겠어요. 그렇게 상처를 입었다니까 참 마음이 아파요." 이 남편은 아내의 입장을 인정해주는 기술을 가진 인물이다.

물론 남편도 할 말이 있다. 하지만 아내의 말을 잘 알아들었으며 얼마나 마음 아팠는지 이해한다는 사실을 먼저 알려주는 게 중요하다. 거친 말과 성급한 판단은 분노를 유발할 때가 많다. 하지만 솔로몬이 오늘 본문에서 지적하는 것처럼, 부드러운 대답은 사려 깊은 반응을 끌어낸다. 상한 감정을 인정해주면 부드러운 분위기가 형성된다. 문제를 제기한 쪽에서도 상대방의 말에 귀를 기울일 수 있는 환경이 조성되는 것이다.

사랑하고 싶은 마음, 사랑받고 싶은 욕구

078

> 하나님이여 주의 인자하심이 어찌 그리 보배로우신지요 사람들이 주의 날개 그늘 아래에 피하나이다 시 36:7

―

   인간은 신체적, 정서적, 영적인 욕구에 이끌려 행동한다. 그러므로 배우자의 필요를 파악하지 못하면 그 행동을 이해할 길이 없다. 앞으로 며칠에 걸쳐서 다양한 욕구들을 살펴보려고 한다. 오늘은 우선 사랑의 욕구를 훑어보자. 사랑하고 사랑받으려는 욕구는 가장 기본적이다. 인간은 사랑하면서 기쁨을 느끼며 인간 행동의 상당 부분은 사랑받고자 하는 욕망에서 비롯된다. 누군가가 진심으로 나의 행복을 염려해준다는 확신이 들 때 사랑을 느낀다. 본문에서 시편기자는 하나님의 사랑에 감사하면서 사랑에 목말라하는 인간의 욕구를 반복적으로 노래한다.

   아내 입에서 부부가 함께 하는 시간이 적다는 불평이 끊이지 않는가? 사랑에 목마르다는 외침이다. 남편이 무엇 하나 잘 풀리는 일이 없다며 한숨을 내쉬는가? 인정받고 싶다는 하소연이다. 행동 이면에 숨어 있는 정서적인 욕구를 헤아려서 채워주라. 부정적인 행동과 말이 사라질 것이다. 서로의 필요를 채워주려고 애쓰는 것, 그게 바로 사랑이다.

자유를 향한 갈망

079

우리는 그리스도 안에서 그의 은혜의 풍성함을 따라 그의 피로 말미암아 속량 곧 죄 사함을 받았느니라 엡 1:7

자유는 하나님의 선물이다. 본문 말씀처럼, 하나님은 인류를 죄의 속박에서 건져내시고 영원한 자유를 선사하셨다. 자유를 향한 갈망은 워낙 강렬해서 누군가가(특히 사랑하는 이가) 자신을 통제하려 한다는 생각이 들면 방어적이 되거나 분노에 사로잡힌다. 그러므로 남편과 아내는 서로에게 자유를 주어야 한다. 책을 읽든, 운동경기를 보든, 쇼핑을 하러 가든, 직장 옮길 궁리를 하든 간섭하지 말라. 사랑하는 이의 행동을 통제하려다 보면 자유를 위협할 수밖에 없고 결국 분노를 촉발하게 마련이다.

배우자가 시간을 낭비하는 것 같아서 한마디 했다가 한바탕 전투를 치른 적이 있는가? 상대방은 자신의 행동을 시시콜콜 통제하려 한다고 느꼈을 것이다. 행동 변화를 요청하는 건 문제될 게 없다. 하지만 요청과 요구는 전혀 다르다. 요구는 통제에 가깝지만 요청은 정보 제공 성격이 짙다. 정중하게 요청하라.

의미 있는
존재가 되고자

080

> 그들은 내 백성이 되겠고 나는 그들의 하나님이 될 것이며 내가 그들에게 한 마음과 한 길을 주어 자기들과 자기 후손의 복을 위하여 항상 나를 경외하게 하고 렘 32:38-39

인간에게는 의미 있는 존재가 되고자 하는 속성이 있다. 세상을 뒤흔들어놓고 큰 만족감과 성취감을 느낄 만큼 위대한 업적을 이루고 싶은 욕구를 품고 산다. 이런 욕구를 주신 분은 하나님이다. 주님은 그분의 섭리 안에서 인간이 궁극적 의미를 찾기 원하신다. 오늘 본문 말씀이 명확하게 지적하는 것처럼, 창조주 하나님은 그분을 섬기고 찬송하게 할 목적으로 인간을 지으셨다.

의미 있는 존재가 되려는 욕구가 지나치면 간혹 일중독을 불러오기도 한다. 과도한 성취욕은 어린 시절의 경험에서 비롯되는 경우가 많다. 아버지로부터 "아무짝에도 쓸모없는 녀석"이란 소리 듣고 자란 아이는, 아버지의 말이 틀렸음을 입증하느라 평생을 소모하게 된다. 이러한 점을 염두에 두면, 일중독에 걸린 배우자를 돕기가 한결 수월해진다. 이들에게는 밤낮없이 일에만 매달린다고 잔소리하는 것보다는 이뤄낸 일을 칭찬해주는 편이 훨씬 효과적이다. 인정은 생산적이지만 비난은 파괴적이다.

재충전과 휴식에의 욕구

081

> 하나님이 그가 하시던 일을 일곱째 날에 마치시니 그가 하시던 모든 일을 그치고 일곱째 날에 안식하시니라 창 2:2

인간은 일과 쉼 사이에서 신체적, 정신적, 감성적으로 리듬을 타도록 설계되었다. 오늘 말씀을 보면 하나님은 창조 작업을 마치시고 안식하심으로써 쉼의 본을 보이셨다. 그분의 형상대로 지음 받은 인간이 안식의 욕구를 갖는 건 지극히 당연하다.

안식의 욕구를 채우는 방법은 각자의 성품과 기호에 따라 다르다. 어째서 남편은 퇴근하고 집에 돌아오기가 무섭게 텔레비전부터 켜는가? 아내와 대화하기 전에 혼자 앉아서 좋아하는 차를 홀짝거리는가? 일단 한숨 돌리고 싶기 때문이다. 어째서 아내는 집에 오기 전에 꼬박꼬박 헬스클럽에 들르는가? 의식적으로든 무의식적으로든 재충전하려고 노력하는 것이다. 안식의 욕구를 이해하고 인정하면, 배우자가 원하는 방법으로 마음껏 필요를 채우도록 도와줄 수 있다. 한편, 독서든 운동이든 스스로 몰입할 수 있는 기분전환 방법을 찾아내야 한다. 그렇지 않으면 정서적인 균형이 깨질 가능성이 높다.

The One Year Love Language

사랑하기로
결정하라

082

> 너희가 섬길 자를 오늘 택하라 오직 나와 내 집은 여호와를 섬기겠노라 수 24:15

최근에 한 여성이 찾아와서 말했다. "여태까지 수없이 많은 실수를 저지른 탓에 부부 사이에 남은 거라곤 상처와 분노, 원망뿐인데 어떻게 서로 상대방의 사랑언어를 구사할 수 있겠어요?" 인간의 중요한 속성에서 그 답을 찾을 수 있다. 인간은 본래 선택하는 존재다. 감정이 어떻든 지혜로운 길이나 어리석은 길을 선택할 능력이 있다는 뜻이다.

이스라엘 백성이 약속의 땅에 도착하자 여호수아는 앞길을 결정하라고 촉구했다. 광야에서 이미 여러 차례 어리석은 결정들을 내렸던 백성은 주님을 따르기로 결정했다. 지난날 어리석은 선택을 했다고 해서 앞으로도 똑같은 길을 가야 하는 건 아니다.

감정과 상관없이 사랑하기로 결정하면 부정적인 느낌이 스러지고 친밀감이 되살아날 것이다. 행동은 감정을 부른다. 사랑도 마찬가지다.

행동으로 표현하는 사랑

083

> 사랑은 오래 참고 사랑은 온유하며 … 진리와 함께 기뻐하고 모든 것을 참으며 모든 것을 믿으며 모든 것을 바라며 모든 것을 견디느니라 고전 13:4-7

브렌트라는 남성이 찾아와서 속을 털어놓았다. "아내가 싫어졌어요. 하루 이틀 된 얘기가 아니에요. 상처를 줄 생각은 없지만 아내랑 함께 있는 게 조금도 즐겁지 않아요."

어디 브렌트뿐이겠는가? 수많은 이들이 길게는 몇 년씩이나 그런 생각과 감정에 사로잡혀 산다. "더 이상 사랑하지 않아"라고 생각하는 순간, 사랑할 만한 다른 상대를 찾아보려는 자유분방한 생각이 스며든다. 이쯤 되면 고린도전서 13장을 펼치고 사랑의 실체를 짚어보는 게 좋겠다. 이 본문은 시종일관 감정이 아니라 태도와 행동에 초점을 맞추고 있다.

로맨틱한 사랑에는 두 단계가 있다. 첫 번째는 아무런 노력 없이도 그저 행복하고 즐거운 단계다. 두 번째는 행동이 필요한 단계로, 배우자의 사랑언어를 구사할 수 있어야 한다. 부부가 지난날의 허물을 고백하고 한 마음이 되어서 상대방의 사랑언어를 말한다면 얼마든지 애정을 회복할 수 있다.

사랑언어가
갖는 힘

084

> 내 계명은 곧 내가 너희를 사랑한 것같이 너희도 서로 사랑하라 하는 이것이니라 사람이 친구를 위하여 자기 목숨을 버리면 이보다 더 큰 사랑이 없나니 요 15:12-13

"배우자가 쓰는 사랑언어가 부담스러우면 어떻게 하죠?"라는 질문을 자주 받는다. 남편은 '육체적 접촉'이라는 사랑언어를 사용하는데, 아내는 신체 접촉을 즐기지 않을 수 있다. 한쪽에서 '선물'이라는 언어를 구사하는데, 상대편에선 뭘 주든 안 주든 크게 신경 쓰지 않는다면 어떻게 할 것인가? 배우자의 사랑언어로 말하는 법을 배워야 한다. 몹시 힘들겠지만, 낯선 언어를 배운다는 사실 자체가 더 큰 사랑의 표현이다. 그런 모습은 말 이상의 힘으로 배우자를 움직인다. 한편으로는, 자신이 쓰는 사랑언어 역시 배우자에게 부담스러울 수 있다는 점을 명심하라. 배우자도 내 말을 학습하기 위해 진땀을 빼고 있을 것이다.

예수님은 "내가 너희를 사랑한 것같이 너희도 서로 사랑하라"고 말씀하시고 그걸 가장 높은 수준의 희생으로 규정하셨다. 배우자의 사랑언어를 공부하고 구사하는 건 시간과 에너지를 엄청나게 투자해야 하는 작업이다.

부모로부터 떠나라

085

> 사람이 그 부모를 떠나서 아내에게 합하여 그 둘이 한 몸이 될지니라 … 이제 둘이 아니요 한 몸이니 그러므로 하나님이 짝지어 주신 것을 사람이 나누지 못할지니라 마 19:5-6

'부모를 떠나서' 독립하지 않는 한, 제아무리 대단한 부부라도 결혼생활을 100퍼센트 만끽할 수 없다. 특히 의사결정 과정에서 수없이 부딪히게 되는데, 본가의 부모들이 시시콜콜 의견을 제시하기 때문이다. 의견들을 진지하게 검토해야 하지만 최종결론을 내리는 주체는 남편과 아내가 되어야 한다. 일단 결혼을 했으면 "배우자에게 최선인가?"가 결정의 근거가 되어야 한다.

남편들은 어머니에게 가서 말해야 한다. "제가 얼마나 사랑하는지 아실 거예요. 하지만 이제는 결혼해서 한 가정의 가장이 되었다는 걸 인정하셨음 해요. 제가 가장 먼저 생각해야 할 사람은 아내에요. 부디 이해해주세요." 본가의 부모들이 부부생활을 통제해서는 안 된다. 그건 성경적인 모습이 아니다. 예수님은 결혼한 순간부터 남편과 아내가 한 몸이며 아무도 둘 사이에 끼어들 수 없다고 하셨다. 당연히 부모를 존중해야 하지만 일차적이고 영구적인 우선순위는 배우자가 되어야 한다.

The One Year Love Language

존경할 수 없어도
여전히 존중하라

086

> 너희는 모든 악독과 노함과 분냄과 떠드는 것과 비방하는 것을 모든 악의와 함께 버리고…서로 용서하기를 하나님이 그리스도 안에서 너희를 용서하심과 같이 하라 엡 4:31-32

결혼한 뒤에는 양가의 부모를 어떻게 섬겨야 할까? 기본적으로 상냥하고 정중해야 한다. 사도바울은 젊은 사역자였던 디모데에게 편지하면서 '늙은이를 꾸짖지 말고 권하되 아버지에게 하듯'(딤전 5:1) 하라고 했다. 너그럽게 이해하고 따뜻한 마음을 가져야 한다. 문제가 있다면 사실 그대로 얘기해야 하지만 가슴에는 언제나 사랑을 품어야 한다(엡 4:15).

양가 부모와 교제할 때는 늘 에베소서 4장 31-32절의 가르침을 명심해야 한다. 거친 표현을 쓰거나 분통을 터트리는 일이 없도록 조심하라. 설령 마음이 불편하더라도 용납하는 자세로 상냥하게 이야기하라. 양가 부모에게 험한 말을 한다든지 고함을 치는 건 상상조차 할 수 없는 일이다. 온유의 원칙에 충실해야 한다. 혹 노인들이 자제심을 잃어버린다면, 이편에서 차분히 들어줄 때가 된 것으로 받아들이면 된다. 언젠가 하나님이 다른 이에게 말하는 방식에 관해서 책임을 물으신다는 사실을 반드시 기억해두라. 물론 그 '다른 이'에는 배우자와 그 부모도 포함된다.

배우자를 먼저
생각하라

087

> 누구든지 자기의 유익을 구하지 말고 남의 유익을 구하라 고전 10:24

　상담가들은 원만한 결혼생활을 가로막는 장애 요인으로 의사결정 과정을 가장 먼저 꼽는다. 신혼부부들은 너나없이 민주적인 원칙과 절차를 꿈꾸지만, 유권자가 단 둘뿐인 상황에서 민주주의는 종종 막다른 골목에 몰리곤 한다. 어떻게 하면 그 수렁에서 벗어날 수 있을까? 대답은 간단하다. 사랑하면 된다.

　사랑은 언제나 "무엇이 당신에게 최선인가?"라고 묻는다. 사도바울은 고린도교회에 보내는 첫 번째 편지에서 "크리스천이라면 무엇이 자신에게 도움이 되고 기쁨이 될지 궁리하기보다 다른 이들의 이익을 먼저 생각해야 한다"고 했다. 사랑은 자기 유익을 구하지 않는다. 상대방을 소중히 여기고 기쁨을 주려고 노력하는 것, 그게 바로 사랑이다. 사랑할 줄 아는 남편이라면 이기적인 의도를 가지고 자신의 뜻을 아내에게 강요하지 않는다. 오히려 어떻게 하는 게 아내에게 가장 유익할지 연구하고 궁리할 것이다.

The One Year Love Language

아내의 머리, 그리고 돕는 배필
088

> 여호와 하나님이 이르시되 사람이 혼자 사는 것이 좋지 아니하니 내가 그를 위하여 돕는 배필을 지으리라 하시니라 창 2:18

남편이 '아내의 머리'라는 표현은 성경 전체를 통틀어 가장 자주 오용되고 남용되는 개념이 아닐까 싶다. 오만하기 이를 데 없는 크리스천 남편들은 이 '성경 말씀'의 권위를 내세워서 아내에게 온갖 어리석은 요구를 해댄다. 머리가 된다는 말은, 남편에게 모든 결정권이 있으며 아내에게는 나중에 결과를 통보하는 걸로 충분하다는 뜻이 아니다.

창세기 2장 18절은 아내를 일컬어 '돕는 배필'이라고 했다. 배필이 없으면 남편은 외로워질 수밖에 없는데, 하나님은 그런 상태를 좋지 않게 보셨다. 아내의 도움은 필수적인 동시에 무엇과도 비교할 수 없을 만큼 소중하다. 그런 아내에게 생각을 나눌 기회조차 주지 않는다면, 어떻게 돕는 배필이 될 수 있겠는가?

지혜로운 임금 솔로몬은 '두 사람이 한 사람보다 나음은'(전 4:9)이라고 했다. 의사결정 과정이라고 해서 예외일 수는 없다. 그렇다면 하나님이 주신 도우미를 마다하고, 자기 혼자 모든 일을 판단하고 선택하려 발버둥칠 까닭이 어디 있단 말인가?

복종과 존중

089

그리스도를 경외함으로 피차 복종하라 아내들이여 자기 남편에게 복종하기를 주께 하듯 하라 … 교회를 사랑하시고 그 교회를 위하여 자신을 주심 같이 하라 엡 5:21-22, 25

"에베소서 5장 22절로 돌아가자"는 설교를 들을 때마다 진저리치는 아내들이 얼마나 많은지 모른다. 그 말씀이 "아내들이여 자기 남편에게 복종하기를 주께 하듯 하라"임을 알고 있기 때문이다. 속으로는 "그건 우리 집 양반이 어떤 사람인지 몰라서 하시는 말씀"이라고 중얼거린다. 본문에 등장하는 '복종'은 여성에게만 적용되는 명령이 아니다. 에베소서 5장 21절에는 분명히 "그리스도를 경외함으로 피차 복종하라"고 되어 있지 않은가!

남편에게 말씀하신 사랑과 아내에게 가르치신 복종은 모두 섬기는 자세를 강조한 표현이다. 복종이란 무슨 일이든 남편이 시키는 대로 해야 한다는 의미가 아니다. 남편은 아내를 위해 온 삶을 다 바쳐야 한다. 아내는 자신의 뜻을 드러내지 말아야 한다는 소리도 아니다. 바울이 전하고 싶었던 궁극적인 메시지는 '남편과 아내의 하나 됨'이었다. 그러기 위해서는 양쪽 모두 섬기는 자세가 필요하다고 강조한 것이다.

The One Year Love Language

결혼생활의
네 계절

090

> 낮도 주의 것이요 밤도 주의 것이라 주께서 빛과 해를 마련하셨으며 주께서 땅의 경계를 정하시며 주께서 여름과 겨울을 만드셨나이다 시 74:16-17

성경은 계절이 변하는 현상을 비롯해서 세상 모든 경계를 하나님이 정하셨다고 말한다. 봄, 여름, 가을, 겨울은 번갈아 찾아오고 흘러간다. 결혼생활도 마찬가지다. 부부관계는 한 계절에서 다음 계절로 쉴 새 없이 움직이며 지속적으로 변한다. 하지만 자연계와 달리 결혼의 계절은 규칙적이지 않다. 오늘 봄날일지라도 다음 날 동장군이 들이닥칠지 모른다.

결혼생활에 겨울이 깃들 때가 있다. 만사가 실망스럽고 외로우며 불만스러운 시기다. 더러는 개방적이고 희망이 넘치며 미래를 예견할 수 있는 봄날이 찾아온다. 뜨거운 햇볕에 몸을 맡기는 여름철도 있다. 편안하고 느긋하며 삶을 즐길 수 있는 계절이다. 가끔은 불확실하고 무기력하며 불안한 가을을 지나기도 한다. 남편과 아내가 함께 사는 동안 계절의 순환은 끝없이 계속된다. 자연계의 계절이 한없이 되풀이되는 것이나 매한가지다.

앞으로 며칠에 걸쳐서 결혼의 계절이 가진 속성을 살피는 한편, 지금 어떤 계절에 와 있는지 점검해보려고 한다.

겨울과 싸워 이기라

091

> 기름과 향이 사람의 마음을 즐겁게 하나니 친구의 충성된 권고가 이와 같이 아름다우니라 잠 27:9

 배우자를 대하는 감정, 태도, 행동 따위를 헤아리면 부부가 어느 계절을 지나고 있는지 정확하게 진단할 수 있다. 오늘은 겨울을 집중적으로 살펴보자. 겨울의 정서는 상처, 분노, 실망, 고독, 거부감 같은 느낌들이다. 마음가짐이 부정적이다. "무척 실망스러워요" "계속 함께 살 수 있을지 의심스러워요" 이런 얘기들을 쉽게 한다. 겨울에 자주 볼 수 있는 행동에는 어떤 것들이 있는가? 험한 말을 내뱉거나 아예 입을 다물어버린다. 폭력적인 행위가 나타날 수도 있다. 결혼의 겨울을 맞은 부부들은 차이를 조절하고 타협하려는 의지가 없다.

 하지만 희망은 있다. 이런 부부들 가운데 상당수는 결국 전문 상담가나 목회자에게 도움을 청한다. 오늘 말씀은 따뜻하게 보살펴주는 이들의 진실한 조언을 '기름과 향처럼 아름다운 것'으로 평가한다. 진심으로 변화를 원하는 이들에게는 옆에서 관계를 살펴보는 이들의 조언이 결정적일 수 있다.

소망과
기대의 봄날

092

> 이것이 곧 적게 심는 자는 적게 거두고 많이 심는 자는 많이 거둔다 하는 말이로다 고후 9:6

　봄날 같은 결혼생활은 소망과 기대, 낙관, 감사, 사랑, 신뢰가 가득하다. 가슴 벅찬 느낌이 드는가? 당연하다. 어떤 이들은 말한다. "신혼시절이 생각나네요. 그때는 봄날이었죠." 분명히 말하지만 앞으로도 수없이 되풀이해서 봄날을 맞을 수 있다. 부부관계가 건강하면 봄날은 오래도록 지속된다.

　어떻게 하면 이런 환경을 만들어낼 수 있을까? 계획을 세우고 솔직한 대화를 나누는 게 비결이다. 봄날 같은 관계를 누리며 살고 싶어하는 이들은 망설이지 않고 전문가와 상담하거나 관련 서적을 구해 읽는다. 봄은 의사소통의 시냇물이 다시 흐르기 시작하는 새 출발의 계절이다. 이 시기의 남편과 아내는 더불어 사는 삶의 기쁨을 실감한다. 큰 소망을 품고 미래를 바라보며, 장차 거두게 될 행복의 열매를 기대하며 씨앗을 심는다.

느긋한 여름

093

> 분을 내어도 죄를 짓지 말며 해가 지도록 분을 품지 말고 마귀에게 틈을 주지 말라엡 4:26-27

결혼생활에 여름이 오면 행복감, 만족감, 성취감, 일체감이 가득해진다. 신뢰가 한층 깊어지고 성숙해지기 위해 더 열심히 노력한다. 삶에 여유가 생기며 건설적인 의사소통이 이뤄진다. 여름날을 맞은 부부는 서로 편안해하며 깊이 의지하고 이해한다. 갈등이 생기더라도 바람직한 방식으로 해소한다. 서로의 차이점들을 최대한 살려서 누군가를 돕는 데 활용한다.

그러나 여름날에도 더러 위기가 닥친다. 말벌이 날아들기도 한다. 녀석들은 아직 풀리지 않은 채 땅속에 파묻혀 있던 문제들을 들춰내서 가정의 평화를 깨트리려 한다. 분노를 즉시 처리해버리라는 에베소서의 가르침을 잊지 말라. '좋은 게 좋은 것'이란 생각으로 곪은 자리를 모르는 척 덮어뒀다가는 사태가 더 심각해진다. 문제는 말벌을 때려잡아야 끝나는 법이다. 그렇지 않으면 결혼생활의 여름은 순식간에 흘러가고 가을로 접어들게 될 것이다.

The One Year Love Language

가을, 도움이 필요하다는 신호

094

> 우리 영혼이 여호와를 바람이여 그는 우리의 도움과 방패시로 다 우리 마음이 그를 즐거워함이여 … 우리가 주께 바라는 대로 주의 인자하심을 우리에게 베푸소서 시 33:20-22

내가 사는 노스캐롤라이나에 가을이 닥치면 울긋불긋 단풍이 들었다가 마침내는 모두 떨어져버린다. 결혼생활의 가을에도 비슷한 일이 일어난다. 차츰 허울이 벗겨지고 참 모습이 드러난다. 가을을 맞은 부부는 분위기가 달라졌다는 사실을 감지하지만 그 실체를 정확하게 파악하지는 못한다. 남편과 아내 가운데 어느 한쪽, 또는 양쪽 모두가 버림받고 무시당한다는 느낌을 받는다. 가을에는 슬픔, 불안, 낙심, 두려움, 원망 따위의 정서가 지배적이다. 염려와 불안, 비난과 팽팽한 긴장감이 나날이 높아진다.

결혼의 가을은 도움이 필요하다는 신호다. 상담가나 목회자를 만나보고 책을 찾아 읽으며 강의를 들으라. 자연계에서와는 달리, 결혼의 계절은 가을에서 겨울을 건너뛰고 곧장 봄으로 넘어갈 수 있다. 그러기 위해서는 적극적인 행동이 필요하다. 빨리 대안을 찾지 않으면 곧 한겨울 추위와 맞닥뜨리게 될 것이다. 성경은 소망이 있다고 분명히 말한다. 주님의 도우심을 믿으라. 거룩한 사랑에 의지하라. 용기를 잃지 말라. 봄이 코앞까지 와 있다.

결혼, 계약인가 언약인가

095

> 어머니께서 가시는 곳에 나도 가고 … 어머니의 하나님이 나의 하나님이 되시리니 어머니께서 죽으시는 곳에서 나도 죽어 거기 묻힐 것이라 룻 1:16-7

결혼은 계약인가, 아니면 언약인가? 양쪽의 속성을 모두 가졌지만, 아무래도 언약의 의미가 좀 더 강하다. 계약은 유효기간이 정해져 있다. 유감스럽게도 계약의 개념, 즉 조건을 제대로 이행하지 않으면 언제라도 이혼하겠다는 마음으로 결혼생활에 돌입하는 이들이 있다. 반면에 언약은 성경 곳곳에서 볼 수 있는 것처럼 영원히 지속되는 걸 전제로 한다.

인간끼리 맺는 언약도 마찬가지다. 룻은 시어머니 나오미에게 어디든 따라가겠으며 그 문화와 신앙을 받아들여서 죽는 날까지 함께하겠다고 한다. 이 멋진 서약을 결혼 언약으로 삼아야 한다. 실제로 이 구절은 "즐거울 때나 어려울 때나, 가난하거나 부유하거나, 아프거나 건강하거나, 영원히 함께 살겠습니다"라는 결혼서약과 아주 비슷하다. 크리스천의 결혼은 평생의 언약이다. 이처럼 헌신적인 결혼관은 삶의 고단한 굴곡들을 넘어가는 데 결정적인 역할을 한다.

The One Year Love Language

사랑의 언약

096

> 내 양은 내 음성을 들으며 나는 그들을 알며…그들에게 영생을 주노니 영원히 멸망하지 아니할 것이요 또 그들을 내 손에서 빼앗을 자가 없느니라 요 10:27-28

 언약적인 결혼과 계약적인 결혼 사이에는 또 어떤 차이가 있을까? 계약은 조건적이다. 당신이 계약조건을 이행하면 나도 약속을 지키겠다는 투다. 그야말로 '싸구려' 결혼관이다.

 언약적인 결혼은 무조건적인 사랑을 토대로 한다. "형편에 상관없이 배우자를 행복하게 해주고 싶다"는 마음가짐이 바닥에 깔려 있다. 기억하는가? 주님은 인류에게 그런 사랑을 베푸셨다. 그리스도를 영접하면 누구나 하나님의 자녀가 된다. 요한복음 10장에서 예수님은 자신을 '양들을 위하여 목숨을 버리는 선한 목자'에 빗대어 설명하셨다. 그 누구도 양을 목자에게서 떼어놓을 수 없다. 안간힘을 써도 소용없다. 이것이 언약의 진면목이다.

 크리스천의 결혼도 그런 모습이 되어야 한다. 배우자의 형편이 어떠하든지 그 행복을 지켜주는 데 온힘을 기울여야 한다. 남편과 아내만큼 서로에게 도움을 줄 수 있는 존재는 다시없기 때문이다. 언약이란 "언제나 당신의 유익을 먼저 생각합니다"라고 말하는 것이다.

언약과 화해

097

내가 나를 위하여 그를 이 땅에 심고…내 백성 아니었던 자에게 향하여 이르기를 너는 내 백성이라 하리니 그들은 이르기를 주는 내 하나님이시라 하리라 하시니라 호 2:23

언약적인 결혼에는 맞서고 용서하는 과정이 필수적이다. 결혼할 때 남편과 아내는 중요한 약속들을 한다. 하지만 살다보면 실수를 저지르기도 하고 실패할 때도 있다. 실수나 실패를 제대로 처리하지 못하면 결혼생활이 파국에 이를 수도 있다. 올바르게 정리하려면 잘못을 인정하고 용서를 구해야 한다. 하나님 또한 그런 방식으로 자녀들을 대하신다. 죄의 열매로 닥쳐오는 고난을 겪게 하시지만, 변함없이 사랑을 베푸시고 화해의 길을 제시하신다. 오늘 본문은 호세아서 전체를 통틀어 가장 아름답고 진실한 말씀 중 하나다. 호세아서에는 백성이 겪게 될 고난을 묘사하는 구절이 곳곳에 등장하지만 오늘 본문처럼 놀라운 약속들이 그 뒤를 잇고 있다. 주님은 화목한 관계를 회복할 방도를 늘 찾으신다.

결혼생활도 그러해야 한다. 배우자가 저지른 죄를 아무 일도 없었던 것처럼 봐주기는 어렵지만, 용서와 화해를 기대하며 사랑으로 맞서는 건 얼마든지 가능하다.

무거운 입을
열게 하라

098

사람은 입의 열매로 말미암아 복록에 족하며 그 손이 행하는 대로 자기가 받느니라 미련한 자는 자기 행위를 바른 줄로 여기나 지혜로운 자는 권고를 듣느니라 잠 12:14-15

이야기를 하는 데는 두 가지 유형이 있다. 첫 번째는 이른바 '사해(死海)형'이다. 물을 받아들이기만 하고 내보내지 않는 이스라엘의 사해처럼, 종일 남들이 겪은 온갖 일들을 받아들이지만 마음에 꼭꼭 간직한 채 좀처럼 나누지 않는다. 반면에 '개울형'도 있다. 눈과 귀에 포착되는 정보는 무엇이든 입을 통해 재빨리 방출한다. 희한하게도 서로 다른 유형끼리 결혼하는 경우가 많다.

개울형에 속하는 이들은 불평한다. "남편은 통 말이 없어요. 무슨 생각을 하는지 모르겠어요." 어떻게 하면 그 무거운 입을 열게 할 수 있을까? 첫째로, 구체적인 질문을 던지라. 사해형 성품을 가진 이에게 절대 해선 안 될 말은 "뭐든지 얘기 좀 해봐요"이다. 지나치게 강압적이어서 비난하는 것 같다. 대신 입이 무거운 사람도 쉽게 대답할 수 있도록 구체적으로 묻는 게 좋다.

둘째는, 말을 줄이라는 것이다. 이편의 말수가 줄어들수록 상대방은 더 많은 이야기를 꺼내놓는 법이다. 결혼생활이 한결 부드러워질 것이다.

두려움의 올무를
깨트리라

099

> 우리 가운데서 역사하시는 능력대로 우리가 구하거나 생각하는 모든 것에 더 넘치도록 능히 하실 이에게 … 대대로 영원무궁하기를 원하노라 아멘 엡 3:21

어쩌면 배우자는 어린 시절의 경험이나 실패했던 결혼, 또는 현재 부부생활을 통해서 입을 다무는 게 상책이라고 생각할 수도 있다.

이런 부류의 폐쇄성을 어떻게 극복할 것인가? 사랑하는 마음으로 맞서기를 권한다. 온유한 태도로 문제를 지적하라. 예를 들어, "혹시 당신이 무슨 얘길 하는데 상대방이 심하게 화를 냈던 적이 있었던 게 아닐까 생각해요. 그게 누군지는 잘 모르겠어요. 나일지도 모르고 부모님이나 다른 사람일 수도 있겠지요. 하지만 내 뜻이 아니었던 것만큼은 분명해요. 하나님께 당신 얘길 잘 듣게 해달라고 기도하고 있어요."

배우자는 이편에서 먼저 이야기를 꺼내준 데 대해 안도감을 느끼고 다시 한 번 노력해보려는 의지를 갖게 될 것이다. 주님은 능력이 뛰어나신 분이므로, 부부의 의사소통 방식도 획기적으로 바꿔놓으실 것이다.

The One Year Love Language

서로 존중하는 의사소통

100

> 뭇 사람을 공경하며 형제를 사랑하며 하나님을 두려워하며 왕을 존대하라 벧전 2:17

"남편(또는 아내)은 아예 나랑 말을 섞고 싶어하지 않아요"라는 소리를 자주 듣는다. 정말 그렇다면 부정적인 의사소통을 하고 있지 않은지 스스로 점검해보라.

- 배우자가 말할 때 귀 기울여 듣는가, 아니면 말허리를 자르고 끼어드는가?
- 반응을 살피고 여유를 주는 편인가, 아니면 일방적으로 대화를 강요하는 편인가?
- 부부 사이의 비밀을 지키는가, 아니면 사적인 대화까지 남들에게 이야기하는가?
- 필요와 욕구를 나눌 때 요청하는가, 아니면 요구하는가?
- 서로 다른 견해를 가질 수 있도록 허용하는가, 아니면 내 의견에 맞추려 하는가?

베드로전서의 말씀은 존중하고 사랑하는 마음으로 배우자를 대하라고 가르친다.

사랑 탱크의
눈금을 확인하라

101

그리스도께서 너희를 사랑하신 것같이 너희도 사랑 가운데서 행하라 그는 우리를 위하여 자신을 버리사 향기로운 제물과 희생 제물로 하나님께 드리셨느니라 엡 5:2

배우자가 무슨 일을 해주면 기쁠 것 같은가? 쓰레기를 치우거나, 청소기를 돌리거나, 설거지를 하는 따위의 일이 제일 먼저 마음에 떠오른다면 '봉사'를 기본적인 사랑언어로 사용하는 사람이다. 함께 걸을 때 손을 잡아주면 정말 좋겠다고 생각한다면 '육체적인 접촉'을 선호하는 경우다. 자신과 배우자가 어떤 사랑언어를 가장 능숙하게 구사하는지 파악했다면, 함께 사랑을 느끼기 위해 해야 할 일이 무언지 짐작할 수 있을 것이다.

먼저 자신에게 물어보라. '남편(또는 아내)이 내게 사랑받고 있다고 느낄까?' 아예 대놓고 물어볼 수도 있다. "사랑 탱크에 0부터 10까지 눈금이 있다면, 지금 어디까지 차 있는 것 같아요?" 10미만의 점수가 나오면 다시 물으라. "어떻게 하면 가득 채울 수 있을까요?" 배우자가 어떤 제안을 하든지 최선을 다해서 실천하라. 에베소서 5장에서 바울은 "너희도 사랑 가운데서 행하라"고 권면한다.

The One Year Love Language

섬길수록
더욱 커지는 기쁨

102

> 여호와의 교훈은 정직하여 마음을 기쁘게 하고 여호와의 계명은 순결하여 눈을 밝게 하시도다 시 19:8

세상에서 가장 소중하게 여기는 이의 사랑언어가 '봉사'라면 어떻게 할 것인가? '봉사'라는 사랑언어를 공부한다는 건 쉬운 노릇이 아닐지 모른다.

어떤 여성의 말이 생각난다. "남편이 집안일을 돕기 시작하고 나서 몇 주 동안은 괴롭고도 우스꽝스러운 일들이 꼬리를 물었어요. 처음에는 빨래를 자청하더니 세제 대신 표백제 원액을 들이붓더군요. 파란색 수건은 하얀색 물방울무늬 천지가 됐지요. 하지만 좋았어요. 적어도 내 언어로 사랑을 표현해줬잖아요. 마음속 사랑 탱크의 눈금이 꼭대기까지 올라갔어요. 지금은 집안일을 척척 잘 해내서 얼마나 도움이 되는지 몰라요. 혼자서 이리 뛰고 저리 뛸 필요가 없으니까 둘이 함께 보내는 시간이 훨씬 늘어났어요. 자연히 남편의 사랑언어를 배워서 사용하게 되더군요. 우린 정말 행복한 부부예요."

자녀들이 사랑으로 서로 섬기고 자신보다 배우자의 필요를 먼저 생각할 때, 주님은 기뻐하신다.

포기하지 말라

103

> 모든 것을 참으며 모든 것을 믿으며 모든 것을 바라며 모든 것을 견디느니라 고전 13:7

30년 이상 갈등을 겪으며 살아온 부부를 상담한 적이 있다. 한 사람만 얼굴을 내밀 때도 적지 않았다. 배우자가 함께 오는 걸 싫어하기 때문이라고 했다. 누구에게서도 소망을 찾아볼 수 없었다. 남편과 아내가 제각기 고단한 결혼생활을 마지못해 이어가고 있을 따름이었다.

내가 그처럼 참담한 결혼생활을 치유할 수 있으리라고는 생각지도 않았다. 하지만 제아무리 엉망진창 뒤엉킨 관계라도, 어느 한 쪽에서 긍정적인 조처를 취하면 결국 두 사람 사이의 정서적인 분위기가 변할 수 있다는 사실만큼은 확실히 믿었다. 무엇보다도 포기하지 않겠다는 결단이 필요했다. 책을 읽든, 전문상담가나 목회자를 만나보든, 믿을 만한 친구와 상의하든 포기하지 말라.

본문의 메시지에 주목하라. 포기하지 않고 믿음을 잃지 않으며 소망을 붙들고 끝까지 견디면, 하나님이 정의하신 참 사랑에 참여하게 된다. 이보다 큰 격려는 없을 것이다. 하나님께 불가능이란 없다.

사랑,
하나로 묶는 띠
104

> 이 모든 것 위에 사랑을 더하라 이는 온전하게 매는 띠니라 골 3:14

어떤 관계에서는 통제가 중요한 문제로 대두된다. 지배적인 남편과 사는 여성이 있었다. "조롱에 갇힌 새나 우리 속의 햄스터가 된 기분이에요. 이렇게 통제받으면서 언제까지 견딜 수 있을지 모르겠어요."

그런 부부에게도 소망이 있을까? 물론이다. 변화는 상황이 달라질 수 있다고 믿는 데서 시작된다. 이런 상황에서 가장 효과적인 무기는 사랑이다. 골로새서 3장에서 사도바울은 그 무엇보다도 먼저 사랑을 추구하라고 말한다. 사랑에는 인간을 하나로 결합시키는, 그것도 아주 단단하게 묶어주는 힘이 있기 때문이다. 특히 결혼생활에서는 더 강력한 힘을 발휘한다. 이 여성의 경우, 두 종류의 사랑을 베풀어야 하다. 첫째는 부드럽고 따뜻한 사랑이다. 남편의 언어를 배워 사용하며 정서적인 사랑에 대한 갈증을 채워주어야 한다. 둘째는 거친 사랑이다. "당신을 너무 사랑해요. 그래서 당신이 관계를 망쳐가는 걸 가만히 두고 볼 수만은 없어요"라고 이야기해야 한다. 아울러 지켜야 할 원칙과 그 결과들을 정리해줄 필요가 있다.

동료의식을 가지라

105

> 네 헛된 평생의 모든 날…네게 주신 모든 헛된 날에 네가 사랑하는 아내와 함께 즐겁게 살지어다 그것이 네가 평생에 해 아래에서 수고하고 얻은 네 몫이니라 전 9:9

결혼을 통해 얻을 수 있는 이로움 가운데 하나는 동료의식이다. 사랑하고 지지해주는 배우자는 정서적으로뿐만 아니라 신체적으로도 건강에 큰 보탬이 된다. 친밀한 부부관계는 몸을 더 튼튼하게 만들어준다. 그러나 부부관계 가운데서 경험하는 고독감은 건강에 치명적이다.

하나님은 결혼이라는 제도를 통해서 동료의식을 갖게 하셨다. 아담을 보시며 "사람이 혼자 사는 것이 좋지 아니하니 내가 그를 위하여 돕는 배필을 지으리라"(창 2:18)고 말씀하셨다. 동료는 무엇보다도 삶을 공유한다. 부부는 날마다 마음과 생각을 나누면서 동료의식을 쌓아간다. 동료의식이 있기에 부부는 인생을 견뎌볼 만한 것으로 받아들일 수 있다. 이것이 하나님의 섭리다. 전도서에서 솔로몬은 아내를 일컬어(넓게 보면 남편도 마찬가지다) 고단한 일상에 신선한 기운을 불어넣도록 하나님이 주신 선물로 평가했다. 부부는 모든 걸 털어놓고 서로에게 귀 기울여야 한다. 고독감이 건강을 강탈해가지 못하게 단단히 지키라.

듣고 듣고
또 들으라

106

> 유순한 대답은 분노를 쉬게 하여도 과격한 말은 노를 격동하느니라 잠 15:1

배우자가 주체하지 못할 만큼 화를 낸다면 어떻게 해야 하는가? 똑같이 분통을 터뜨리며 격한 말을 쏟아낼 수도 있다. 하지만 잠언 15장 1절은 그랬다가는 더 큰 다툼이 일어날 뿐이라고 타이른다. 최선의 대책은, 하던 일을 모두 멈추고 묻는 것이다. "여보, 왜 나한테 그렇게 화가 났어요?" 그리고 대답을 기다리기만 하면 된다.

다음 단계는 다시 귀를 쫑긋 세우고 듣는 일이다. 열심히 듣고 있다는 사실을 배우자에게 알려주라. "세탁소에 맡기라는 뜻으로 셔츠를 의자에 걸쳐두었는데 퇴근하고 돌아왔을 때까지 그대로 있는 걸 보고 화가 났다는 말이죠?" 상대방은 말할 것이다. "맞아요. 당신이 세탁소에 맡기겠다고 약속했잖아요."

세 번째 단계 역시 경청이다. 다시 한 번 들어야 한다. "여보, 셔츠를 세탁하도록 맡기지 않아서 속이 상했다는 거죠?" 금방 대답이 돌아온다. "그래요. 당장 내일 입고 나갈 옷이 없어요. 어떻게 해야 좋을지 모르겠어요." 상황이 여기에 이르면 네 번째 단계에 들어갈 준비가 된 셈이다.

원수에서
친구로 돌아가기

107

> 너희들은 내 말을 분명히 들으라 내가 너희 귀에 알려 줄 것이 있느니라 욥 13:17

　화가 잔뜩 난 배우자를 대하는 세 단계를 기억하는가? 듣고, 듣고, 또 들으라는 게 대안의 핵심이었다. 세 번 정도 듣지 않고는 왜 그렇게 화를 내는지 명쾌하게 파악하기 어렵다. 주의 깊게 듣는 걸 보면, 상대방도 이편에서 사태를 진지하게 받아들이고 있음을 감지하게 된다.

　네 번째 단계는 배우자의 어려운 처지를 이해하려고 노력하는 일이다. 어쩌면 그렇게까지 화를 내는 게 이상하다는 생각이 들지도 모른다. 하지만 배우자의 성격을 감안하면 그처럼 분개하는 까닭을 넉넉히 알 수 있지 않은가? 새로운 눈으로 상황을 보게 되었다면, 이제 다섯 번째 단계로 넘어가자.

　스스로 이해한 바를 상대편에게 알려주라. 이렇게 이야기해보라. "여보, 당신 입장에서 생각해보니까 왜 그렇게 단단히 성이 났는지 이해할 수 있을 것 같아요." 자, 이제 원수 노릇은 끝나고 친구의 자격을 되찾았다.

The One Year Love Language

해결책을 찾으라

108

> 누가 누구에게 불만이 있거든 서로 용납하여 피차 용서하되 주께서 너희를 용서하신 것같이 너희도 그리하고 골 3:13

몹시 화가 난 배우자를 대하는 방법은, 귀 기울여 듣는 한편 분노의 원인을 충분히 이해했다고 말하는 것이다. 거기까지 마쳤으면, 여섯 번째 단계로 이편의 생각과 판단을 전달하라. 상황을 전혀 다르게 인식하고 있다면 있는 그대로 고백하는 게 좋다. "여보, 내가 했던 말은 다른 뜻이었어요"라든지 "어떤 생각에서 그렇게 했는지 한번 들어보세요" 따위의 말로 이야기를 시작하라. 십중팔구 배우자는 이편의 설명을 경청할 것이다. 이미 다섯 단계에 걸쳐서 우호적인 분위기를 조성해놓았기 때문이다.

마지막 단계는 해결방안을 탐색하는 것이다. "어떻게 하면 이 문제를 해결할 수 있을까요?"라고 물으라. 어렵잖게 해법을 찾을 수 있을 것이다. 죄 때문에 생긴 분노라면 잘못을 고백하고 회개할 뿐만 아니라 다시는 똑같은 실수를 저지르지 않도록 대책을 세워야 한다. 골로새서 3장 13절은 크리스천들 사이에서 용서란 선택이 아니라 의무라고 가르친다. 남편과 아내가 함께 살면서 겪는 분노의 경험들은 하나하나가 공부거리다.

자녀양육은
상호균형 속에

109

> 철이 철을 날카롭게 하는 것같이 사람이 그의 친구의 얼굴을 빛나게 하느니라 잠 27:17

  자식을 어떻게 키우느냐에 관해서 전혀 다른 생각을 가진 아빠와 엄마가 한 마음이 될 수 있을까? 대답은 "그렇다"다. 멀리 갈 것도 없이 우리 부부가 바로 그런 경우였다. 결혼하고 나서 보니, 아내와 내 성향은 아주 딴판이었다. 내가 조용하고 차분하며 "한번 생각해보자" 스타일의 아빠라면, 아내 캐롤린은 "당장 움직이자" 형에 속하는 엄마였다. 현실을 인식하고, 서로 분석하고, 상대방의 성향을 인정하기까지는 상당한 시간이 필요했다.

  하지만 결국은 "아이들한테 무엇이 최선인가?"라는 질문에 집중하기 시작했다. 그리고 얼마 지나지 않아서 한 팀이 되어 자녀를 키울 수 있으며 반드시 그래야 한다는 사실을 깨달았다. 잠언 27장 17절은 부부관계에도 잘 어울린다. 전혀 다른 은사와 접근방식을 가진 남편과 아내가 상호균형을 이룬다면 그 자질을 더 예리하게 다듬을 수 있다. 자녀를 둔 이들은 저마다 차이를 인정하고 부족한 부분을 서로 보완해서 아들딸을 잘 키울 수 있는 방법을 배워야 한다.

The One Year Love Language

자녀를 노엽게
하지 말라

또 아비들아 너희 자녀를 노엽게 하지 말고 오직 주의 교훈과
훈계로 양육하라 엡 6:4

자녀가 있는 이들이라면, 양육의 수레는 '교육'과 '훈련'이라는 두 바퀴에 의지해서 굴러간다는 사실을 잘 알 것이다. 일반적으로 교육은 아이들과 나누는 의사소통을 말하며 훈련은 행동에 더 무게가 실리는 개념이다. 성경은 자녀를 노엽게 하지 않는 것이 바람직한 양육 방식이라고 말한다. 성경에 따라서는 '노엽게 하지 말고'라는 대목을 '상처를 입히지 말고'로 번역하기도 한다.

에베소서에 등장하는 이 말씀은 부모 모두에게 해당된다. 남녀 상관없이, 불공평하거나 부당하거나 과도하게 가혹한 처벌로 아이들 마음에 분노의 씨를 뿌리는 잘못을 저지를 수 있기 때문이다. 부모는 같은 팀의 구성원으로서 각자 가진 능력을 조합하라. 자녀들에게 유익한 규칙을 가르치고 선한 열매를 낳으라. 아이들이 순종하지 않을 때 어떻게 대처할지에 대해 합의된 기준을 마련해놓고 일관된 태도를 유지한다면 바람직한 결과를 보게 될 것이다. 물론 교육과 훈련의 효과는 부모의 사랑을 자녀가 마음 깊이 느낄수록 커진다. 양육은 팀 스포츠다.

벽돌 한 장씩 허물라

|||

> 그러므로 너희 죄를 서로 고백하며 병이 낫기를 위하여 서로 기도하라 의인의 간구는 역사하는 힘이 큼이니라 약 5:16

 둘 사이에 생긴 벽을 그대로 내버려둔 탓에, 관계에 발전이 없는 부부가 부지기수다. 한 번에 한 장씩 벽돌을 쌓아가노라면 어느새 담벼락이 되고 만다. 벽돌 한 장은 배우자가 저지른 실수 하나를 의미한다. 어느 날 문득 돌아보면, 사랑으로 결혼생활을 시작했던 두 사람 사이에 길고 높고 두터운 장벽이 서 있기 일쑤다.

 이 장벽을 허물어버리고 싶은가? 비결을 알려주겠다. 그동안 쌓아올린 실수의 장벽에서 한 번에 벽돌 한 장씩 뜯어내라. 자신의 잘못을 가능한 한 구체적으로 인정하고 용서를 구하라. 야고보서 5장 16절은 크리스천들 사이에서는 서로 죄를 고백해야 한다고 분명히 지적한다. 그렇다면 한쪽의 죄가 다른 한편에 즉각적이고 직접적으로 영향을 미치는 부부 사이에서는 더 말해 무엇하겠는가? 잘못을 했으면 주저 없이 인정하라. 자진해서 장벽을 허물어뜨린 부부는 잔해들을 깨끗이 치우고 그 자리에 아름다운 관계를 세워갈 수 있다.

깨끗한 양심을 위하여

112

> 믿음과 착한 양심을 가지라 어떤 이들은 이 양심을 버렸고 그 믿음에 관하여는 파선하였느니라 딤전 1:19

사도행전 24장 16절에서 바울은 평생을 붙들고 살아온 삶의 원칙을 소개한다. '하나님과 사람에 대하여 항상 양심에 거리낌이 없기'에 힘쓴다는 것이다. 사도바울에게는 대단히 중요한 문제였다. 복음을 널리 전파하기 위해서는 어떤 장애물도 용납할 수 없었기 때문이다. 오늘날의 크리스천들에게도 깨끗한 양심은 대단히 중요하다.

어떻게 하면 하나님 앞에서 깨끗한 양심을 가질 수 있는가? 죄를 고백해야 한다. 그럼 사람들 앞에서 정결한 양심을 가질 수 있는 비결은 무엇인가? 잘못을 저지른 상대에게 허물을 고백해야 한다. 결혼생활 안에서는 당연히 배우자가 될 것이다. "배우자가 용서하려들지 않으면 어떻게 하지요?"라는 질문을 자주 받는다. 그건 고백하는 쪽에서 신경 쓸 문제가 아니다. 실수를 인정하고 용서를 구하는 것까지만 하면 된다. 그러지 않고는 단 한 걸음도 관계를 진전시킬 수 없다. 남은 일은 문젯거리가 아니라 해답이 되는 인생을 살도록 도와주시길 하나님께 간구하는 것뿐이다.

책임을 인정하고 받아들이라

113

> 각각 자기의 짐을 질 것이라 갈 6:5

갈라디아서 6장 5절은 각자 자신의 선택과 행동에 책임져야 한다는 사실을 일깨운다. 스스로 책임지는 결혼생활에 대해 몇 가지 제안을 한다.

1. 하나님이 원하시는 부부의 모습이 아니라는 점을 깨닫는다.
2. 배우자 탓을 그만두고 자신의 허물을 깨닫게 해달라고 기도한다.
3. 주님께 죄를 자복하고 요한일서 1장 9절 말씀에 근거하여 용서를 받는다.
4. 성령으로 충만하게 하시고 생활태도를 건설적으로 바꿀 힘을 주시길 요청한다.
5. 배우자에게 가서 잘못을 고백하고 용서를 구한다.
6. 하나님의 능력에 힘입어 행동과 말을 지속적으로 변화시켜간다.

자기 잘못을 인정하고 주님께 의지해서 행실을 고치면 남편과 아내 사이에 새롭고 바람직한 분위기가 형성된다.

내 허물을
먼저 정리하라
114

> 네 눈 속에서 들보를 빼어라 그 후에야 밝히 보고 형제의 눈 속에서 티를 빼리라 마 7:5

내 허물을 먼저 인정하고 책임지는 문제는 상대방의 실수에 관해서는 입도 뻥긋하지 말라는 뜻은 아니다. 남편과 아내는 한 팀이 되어 함께 일하는 법을 배워야 한다. 배우자의 행동이 부당하다는 판단이 들면, 사랑하는 마음을 잃지 않도록 조심해가면서 그런 느낌을 전달해야 한다는 말이다. 하지만 그렇게 하려면 먼저 자신의 잘못을 말끔히 처리해야 한다.

이것이 바로 오늘 본문으로 소개한 마태복음 7장 말씀을 통해 주시는 메시지다. 스스로 돌아보는 과정을 거치지 않고 배우자의 흠부터 잡고 나서면, 자기 허물도 보지 못하고 문제의 핵심을 정확하게 짚어낼 수도 없다. 어느 쪽 책임이 더 크든 상관없이, 관계를 회복하려는 노력은 누구나 시작할 수 있으며 출발점은 언제나 자신이 되어야 한다. 과감하게 첫발을 내딛으라. 상대방이 용서를 빌 때까지 기다리는 건 시간낭비에 불과하다. 정직하게 죄를 고백하면 배우자도 뉘우치게 될 것이다. 먼저 입을 떼는 게 무엇보다 중요하다.

맞설 수밖에 없는 사랑

115

> 그가 내게 이르시되 이스라엘과 유다 족속의 죄악이 심히 중하여 그 땅에 피가 가득하며 그 성읍에 불법이 찼나니 겔 9:9

결혼생활에 끼어들게 해서는 안 될 일들이 있다. 신체적인 폭력, 불륜, 아동학대, 알코올중독, 약물중독 같은 문제들은 사랑으로 치유되어야 한다. 하지만 그러한 행위를 삶의 일부로 인정하는 자세는 사랑이 아니다. 사랑한다면 정면으로 맞서야 한다.

성경을 보면, 하나님은 종종 선지자들을 시켜서 이스라엘의 죄를 지적하고 백성과 정면으로 맞서게 하셨다. 본문 말씀도 마찬가지다. 예수님은 개인적인 차원에서 문제를 일으키는 이들과 직면하는 방법을 가르쳐주셨다. "네 형제가 죄를 범하거든 가서 너와 그 사람과만 상대하여 권고하라"(마 18:15).

이렇게 정면으로 맞서는 목적은 관계를 회복하려는 것이다. 직면하고 회개하는 과정이 없으면 문제행동도 고쳐지지 않는다. 상대방을 너무 아끼기에 맞설 수밖에 없는 마음, 그게 바로 사랑의 격렬한 속성이다.

The One Year Love Language

거칠고 강한 사랑이
필요한 순간

116

> 내가 마음에 큰 눌림과 걱정이 있어 많은 눈물로 너희에게 썼노니…오직 내가 너희를 향하여 넘치는 사랑이 있음을 너희로 알게 하려 함이라 고후 2:4

부부의 사랑은 단 한 순간도 끊어져선 안 되지만, 더러 그 사랑을 표현하는 방법이 달라져야 할 때가 있다. 배우자가 오랜 세월에 걸쳐서 파괴적인 행동을 거듭한다면(필요를 채워주려고 안간힘을 쓰는데도 변화를 거부한다면) 거칠고 격렬한 방법으로 사랑해야 할 시점일지도 모른다. 사도바울은 고린도교회를 그런 식으로 사랑했다. 교회 안에 온갖 죄가 넘쳐나는데도 가만히 보고만 있는 교인들을 맹렬히 꾸짖었던 것이다.

예를 들어, 툭하면 주먹을 휘두르는 배우자와 살고 있는 아내는 거칠고 격렬한 사랑을 품고 남편에 맞서야 한다. "당신을 너무 사랑해요. 그래서 스스로 망가져가는 걸 지켜보며 탄식하는 선에 머물고 싶지는 않아요. 지금부터라도 잘 해볼 마음이 있다면 얼마든지 도울 수 있어요." 이건 포기가 아니라 사랑이다. 상대방의 잘못된 행동에 동참하기를 거부하는 것도 사랑에 포함된다. 자신의 파괴적인 행위에 과감히 맞서는 사랑을 누군가가 베풀어준 덕분에 그릇된 행위에서 벗어난 이들은 수없이 많다.

부드러운 말
친절한 말

117

> 유순한 대답은 분노를 쉬게 하여도 과격한 말은 노를 격동하느니라 잠 15:1

긍정적인 말은 결혼관계를 든든히 세우는 데 아주 요긴한 도구다. 아내가 칭찬을 해주면, 더 잘하려는 생각이 든다. 반면에 잘못을 꼬집고 비판하면, 변명하거나 반박하고 싶은 마음이 굴뚝같아진다.

남편과 아내는 대화의 내용뿐만 아니라 방법을 통해서도 서로에게 영향을 미친다. '고함'을 지르는 건 학습된 행동이지만 상대방에게 미치는 학습효과는 빵점이다. 얼굴을 맞대고 소리를 질러봐야 별 소용이 없다는 얘기다. 오늘 본문으로 소개한 잠언 말씀은 누구나 본능적으로 알고 있는 사실이다. 거친 말은 화를 돋울 뿐이지만, 부드러운 말은 긴장을 풀어준다. 점잖은 말투를 써야 할 이유가 여기에 있다.

배우자와 상의할 일이 있으면 하고 싶은 말을 먼저 적으라. 거울 앞에 서서 부드러운 목소리로 이야기하는 연습을 해보라. 실제로 대화를 나눌 때도 똑같은 말투를 사용하게 도와달라고 주님께 요청하라.

인정하고
세워주는 말

118

> 사람은 입에서 나오는 열매로 말미암아 배부르게 되나니 곧 그의 입술에서 나는 것으로 말미암아 만족하게 되느니라 죽고 사는 것이 혀의 힘에 달렸나니 잠 18:20-21

'죽고 사는 것이 혀의 힘에' 달렸다는 본문 말씀은 한 치의 어긋남도 없는 사실이다. 부정적인 말 한 마디만으로도 배우자의 영혼을 죽일 수 있으며 긍정적인 표현을 통해서 생명을 줄 수도 있다. 서로 세워주는 말이야말로 결혼생활의 기본으로 삼아야 할 덕목이다. 격려를 소화기처럼 취급해서는 안 된다. 급하면 꺼냈다가 다 쓰고 나면 즉시 한쪽 구석으로 치워버릴 게 아니라 아예 삶의 일부로 삼으라.

격려하는 말은 온유한 마음가짐에서 나온다. 내 경우에는, 아내에게 따뜻한 마음을 전하고 싶으면 그녀의 장점들을 떠올리고 손을 덜어줄 만한 일을 찾아 한다. 그러면 긍정적인 말들이 저절로 마음에 떠오른다. 상대방을 깎아내리거나 원망하는 말은 부정적인 자세에서 비롯된다. 배우자의 모자라는 구석이나 기대에 미치지 못하는 면들을 찾아보라. 부정적인 말들이 마음에 그득해질 것이다. 긍정적이고 인정하는 말들로 배우자에게 생기를 불어넣으라. 지혜롭고 유익한 말은 만족을 가져온다고 성경은 말한다. 격려는 놀라운 변화를 일으킨다.

격려하는 법을 공부하라

119

> 무릇 더러운 말은 너희 입 밖에도 내지 말고 오직 덕을 세우는 데 소용되는 대로 선한 말을 하여 듣는 자들에게 은혜를 끼치게 하라 엡 4:29

격려하는 재주를 가지고 태어나는 사람은 없다. 그러므로 어떻게 하면 세워주는 말을 잘 할 수 있을지 연습해야 한다. 말에 힘을 더하는 데 도움이 될 만한 지침들을 몇 가지 소개하려고 한다.

첫째, 단순하게 이야기하라. 개중에는 화려한 말잔치를 벌여야 격려가 되는 줄 아는 이들이 있다. 자신만의 고유한 표현을 써서 솔직담백하게 전달하는 편이 훨씬 낫다. 둘째, 진심을 담으라. 없는 얘길 지어내거나 말을 보태서라도 배우자에게 자신감을 주는 게 인정하고 지지하는 건 아니다.

셋째, 자신이 아니라 배우자에게 초점을 맞추라. 상대방이 "와, 이 영역에서는 당신이 나보다 한결 낫네요"라며 칭찬하더라도 정중하게 그 찬사를 되돌려주는 게 좋다. 격려는 남을 도우려는 것이지 스스로 돋보이자는 게 아니다. 에베소서 4장 29절은 의미심장한 도전을 던진다. '선한 말을 하여 듣는 자들에게 은혜를' 끼치라는 것이다. 우선 집 안에서부터 실천하라. 소망과 기쁨이 가득해질 것이다.

지지하는 법을
훈련하라

120

> 마지막으로 말하노니 형제들아 기뻐하라 온전하게 되며 위로를 받으며 마음을 같이하며 … 하나님이 너희와 함께 계시리라 거룩하게 입맞춤으로 서로 문안하라 고후 13:11

오늘은 인정하고 지지하는 법에 관한 지침을 두 가지 더 살펴보기로 하자. 첫째, 격려할 때는 역설적인 표현을 자제하는 게 좋다. 즉, 빈정거리거나 비꼬는 말투에 따듯한 마음이 가려지지 않게 하라는 것이다. 예를 들어, 음식을 꼭꼭 씹어 먹는 습관을 들이려고 애쓰는 배우자에게 "와, 의지가 대단해. 그거 다 먹으려면 이틀은 걸리겠어"라고 말한다 치자. 격려하는 뜻에서 한 말일지라도 그런 표현으로는 마음이 제대로 전달될 수 없다.

둘째, 배우자가 기대했던 모습을 보이지 않더라도 속상해하지 말라. 칭찬에 반응하는 방식은 사람마다 다르다. 무표정하게 돌아보며 "무슨 소릴 하는 거야?"라고 물을지도 모른다. 이런 현상은 특히 서로 격려하는 훈련을 갓 시작한 부부들 사이에서 흔히 볼 수 있다. 낙심할 것 없다. 더 자주 칭찬할수록 반응도 더 나아지는 법이다. 고린도후서 말미에서, 바울은 편지를 받는 이들에게 서로 격려하라는 가르침도 주고 있다. 격려는 하나님을 기쁘시게 하는 일이고, 부부관계를 튼튼하게 만드는 도구이기도 하다.

배우자에게
초점을 맞추라

121

> 형제를 사랑하여 서로 우애하고 존경하기를 서로 먼저 하며
> 롬 12:10

　오랫동안 관찰해본 경험을 토대로 말하자면, 아내가 무얼 필요로 하는지 감조차 잡지 못하는 남편들이 허다하다. 어떤 남편들은, 괜찮은 직장에 다니며 두툼한 월급봉투를 집에 가져다주는 것으로 제몫을 다했다고 믿는다. 아내의 정서적이고 사회적인 욕구를 채워주려는 노력은 눈 씻고 봐도 찾을 수 없다.

　하지만 배우자의 필요를 이해하지 못하기는 여성들도 마찬가지다. 아이들을 잘 간수하고, 맞벌이로 생활비를 보태고, 집안을 지저분하지 않게 관리하면 '훌륭한 아내'라고 믿는다. 남편이 인정과 애정에 목말라한다는 사실에 대해서는 감감하다.

　이런 현상은 초점을 잘못 맞추는 데서 비롯되는 경우가 많다. 연애할 때는 서로에게 시간과 관심을 집중하던 이들도 결혼식만 올리고 나면 바뀐다. 몇 년이 채 지나기도 전에 다른 일들에만 마음을 쏟는 까닭이 뭐란 말인가? 지금이라도 다시 배우자에게 초점을 맞추라.

The One Year Love Language

"하늘이 무너져도 당신과 함께할 거예요"

122

> 그러므로 이제는 여호와를 경외하며 온전함과 진실함으로 그를 섬기라 너희의 조상들이 강 저쪽과 애굽에서 섬기던 신들을 치워 버리고 여호와만 섬기라 수 24:14

대다수 여성들은 안정에 대한 정서적 욕구를 갖고 있다. 일차적으로는 집 안팎의 위험요소로부터 벗어나길 원한다. 하지만 여성들이 더 간절히 소망하는 안전감은 따로 있다. 자신에게 완전히 헌신하는 남편으로 인한 안전감을 누리고 싶어한다. 따라서 이혼 운운하면서 아내를 위협하는 이야기를 함부로 내뱉는 남편은 역기능적인 패턴의 전형이라고 할 수 있다.

이스라엘 백성을 이끌고 약속의 땅으로 들어가면서 여호수아는 주님께 온전히 헌신하라고 도전했다. 케케묵은 우상단지를 끌어안은 채로 하나님을 섬길 수는 없는 일이었다. 어느 한 쪽을 선택해야 했다. 결혼을 앞둔 이들도 비슷한 문제에 부닥친다. 지혜로운 남편은 아내에게 무슨 일이 있어도 함께 있겠다는 뜻을 전달하기 위해 최선을 다한다. 아내가 신체적으로나 정서적으로 어려움을 겪으면 그 곁을 떠나지 않는다. 모든 아내들은 자신 있게 말할 수 있어야 한다. "하늘이 무너져도 남편은 나와 함께 있을 거예요." 물론, 남편들 역시 똑같은 고백을 할 수 있어야 한다.

1단계
– 복도형 대화

123

> 너희 말을 항상 은혜 가운데서 소금으로 맛을 냄과 같이 하라
> 그리하면 각 사람에게 마땅히 대답할 것을 알리라 골 4:6

  남편과 아내 사이의 커뮤니케이션에는 다섯 단계가 있다. 마음에 5단짜리 사다리를 그려보면 쉽게 이해할 수 있을 것이다. 한 계단씩 올라설 때마다 좀 더 질 높은 의사소통이 이뤄진다. 나는 가장 아래 단계를 '복도형 대화'라고 부른다. 예를 들자면, "안녕하세요? 요즘 어때요?" "좋아요. 잘 지내죠?" "그럼요, 고마워요" 같은 말들이 여기에 속한다.

  몇 년 전에 비행기 조종사를 남편으로 둔 여성한테서 이런 얘길 들었다. "남편은 사흘거리로 집에 들어와요. 비행 스케줄 때문이죠. 오랜만에 만나면 반갑게 물어요. '별일 없었어요?' 그럼 남편이 대답해요. '응.' 사흘이나 떨어져 있었는데, '응' 한 마디뿐이에요."

  이런 수준의 대화만 나누는 부부 사이에 친밀감이 떨어지는 건 지극히 당연하다. 골로새서 4장에서 바울은 '항상 은혜 가운데서 소금으로 맛을 냄과 같이' 대화하라고 했다. 의미 있는 대화를 나누라는 것이다.

2단계
—리포터형 대화

124

> 사람은 그 입의 대답으로 말미암아 기쁨을 얻나니 때에 맞는 말이 얼마나 아름다운고 잠 15:23

어제는 의미 있는 커뮤니케이션의 최소 단위인 복도형 대화에 관해 다루었다. 오늘은 한 단 올라가서 '리포터형 대화'를 보자. 이 단계에서는 언제, 어디서, 누가, 무엇을, 어떻게 했다는 사실만을 주고받는다. 예를 들어, 아내가 남편에게 말을 건다. "오늘 아침에 옆집 아주머니랑 얘길 했는데 그 댁 아저씨가 며칠 앓았대요. 몇 가지 검사를 하려고 입원한대요." 남편은 대답한다. "음." 그리고 묻는다. "뒷집 개는 찾았답디까?" 아내가 대답한다. "네. 빈 집에 들어갔다가 문이 잠겼던 모양예요. 주인이 짖는 소리 듣고 구해냈대요." 남편은 고개를 끄덕이고는 밖으로 나간다.

이런 차원의 커뮤니케이션을 통해서는 정보를 나누는 게 전부다. 감정 표현도 없고 의견 제시도 없다. 대화가 늘 이 수준에 머물러 있으면서도 원만한 의사소통이 이뤄진다고 믿는 부부가 적지 않다. 많은 말을 주고받는 건 사실이다. 하지만 친밀감 형성은 거의 불가능하다. 자신을 보여주지 않기 때문이다.

3단계
−지성적인 대화

125

> 명철한 자의 마음은 지식을 얻고 지혜로운 자의 귀는 지식을 구하느니라 잠 18:15

오늘은 세 번째 단, '지성적인 대화'로 올라가보자. "내가 어떻게 생각하는지 아세요?"라고 묻는 방식이다.

아내는 남편에게 말한다. "옆집 아저씨가 백내장에 걸렸대요." 남편이 대꾸한다. "그럼 대학병원에 가보는 게 좋을텐데. 아무래도 수술은 큰 병원에서 받는 게 나아요." 아내는 고개를 젓는다. "내 생각에는 이름난 안과병원에 가는 것도 괜찮을 성 싶은데요. 눈을 전문적으로 보는 의료진이랑 최신 의료기기를 갖췄을 테니까요." 남편은 고집을 부린다. "그래도 대학병원만 하겠어요?" 그리곤 금방 다른 화제로 넘어간다.

남편과 아내는 기본적인 정보를 나눈 뒤에, 각자 그 주제에 관한 자신의 입장을 밝혔다. 이 단계에서는, 어느 한 편이 방어적이 되면 나머지 한 사람은 얼른 말문을 닫고 비교적 안전한 화제로 넘어간다. 이런 식의 커뮤니케이션을 통해서 부부는 생각을 드러내기는 하지만 더 이상의 진전은 없다. 남편과 아내가 서로 교감하면서 영향을 끼치는 수준에 이르지 못했기 때문이다.

The One Year Love Language

4단계
−정서적인 대화

> 내 사랑하는 형제들아 너희가 알지니 사람마다 듣기는 속히 하고 말하기는 더디 하며 성내기도 더디 하라 약 1:19

   네 번째 단계는 정서적인 대화로, "내가 어떻게 느끼는지 얘기해볼게요"라는 식의 의사소통이다. 생각보다 감정을 설명하기가 더 까다롭다고 말하는 이들이 많다. 수많은 부부들이 혹 거절당하면 어쩌나 하는 두려움 때문에 이런 대화를 나누지 못하고 있다. 예를 들어, 남편이 말한다. "당신이 이제는 날 좋아하지 않는 것 같아요." 그러면 아내는 방어적이 되어, 어떻게 그처럼 바보 같은 소릴 할 수 있느냐며 화를 낸다. 상황이 이렇게 되면, 남편으로서는 감정을 솔직히 말한 게 잘못이었다고 생각하게 된다. 아내가 "그런 소릴 들으니 마음이 아프네요. 좀 더 자세히 얘기해줄래요?"라고 물었더라면 좋았을 것이다. 부부가 정서적인 대화를 나누면 어떤 문제든 해결할 수 있다.

   배우자가 감정 고백하는 걸 들으면 불안해지는가? 그렇다면 일차적인 반응을 조절할 필요가 있다. 야고보 사도가 일깨워주듯, 듣기는 빨리 하고 말하기는 더디 해야 한다. 감정을 드러내놓고 공개적으로 이야기하는 것이야말로 부부관계가 성숙해지는 지름길임을 잊지 말라.

5단계
–정직한 대화

127

> 무례히 행하지 아니하며 자기의 유익을 구하지 아니하며 성내지 아니하며 악한 것을 생각하지 아니하며 불의를 기뻐하지 아니하며 진리와 함께 기뻐하고 고전 13:5–6

드디어 커뮤니케이션 사다리의 꼭대기에 이르렀다. 이 단계는, 사랑 안에서 진실을 말한다는 의미에서 '정직한 대화'라고 부른다. 솔직하되 정죄하지 않으며, 속마음을 있는 그대로 드러내지만 자신의 방식을 강요하지 않는 유형이다. 여기에는 고린도전서 13장에 나오는 사랑의 특징들이 고스란히 담겨 있다. 서로 솔직하게 이야기하며, 온유하고, 진실을 기뻐하며, 자신을 따르라고 주장하지 않는다. 더 깊은 사랑과 친밀감을 가장 큰 목표로 삼을 뿐이다.

'누워서 떡먹기' 같은가? 천만의 말씀이다. 불가능하다고 보는가? 그렇지 않다. 수많은 부부들이 이런 차원의 대화를 나누지 못하는 게 현실이지만, 하나님의 도우심에 힘입어 점점 더 많은 남편과 아내들이 정직한 커뮤니케이션에 성공한다.

정기적으로 만나서 대화 유형을 공부하고 서로 점검해 주는 모임에 참석하면 정직한 대화를 나누기가 한결 쉬워진다.

The One Year Love Language

부부가 함께
꾸려가는 살림

128

> 형제들아 내가 우리 주 예수 그리스도의 이름으로 너희를 권하노니 모두가 같은 말을 하고 너희 가운데 분쟁이 없이 같은 마음과 같은 뜻으로 온전히 합하라 고전 1:10

재정을 어떻게 관리하고 있는가? 결혼 전에는 원하는 물건을 사면 그만이었을 것이다. 그러나 일단 살림을 차리고 난 뒤부터는 그런 식으로 구입하는 게 불가능해진다. 각자 마음에 드는 걸 눈에 띄는 족족 사들인다면 얼마 못 가서 신용불량 상태가 되고 말 것이다.

두말할 필요도 없지만, 집세, 공과금, 연료비, 식비 따위로 지출할 비용을 미리 구별해두어야 한다. 매월 하나님의 사역을 위해 어느 정도의 재정을 사용할 것인지에 관해서도 합의를 봐두면 좋겠다. 일단 고정적으로 나가야 하는 비용들과 헌금을 떼어놓으면, 사용할 수 있는 액수가 명확해진다. 여기서 한 가지 제안을 하고 싶다. 매주 적절한 금액을 부부가 나눠 가지고 각자 원하는 일에 쓰라. 나머지 재정은 반드시 남편과 아내가 함께 사용하라.

사도바울은 "같은 마음과 같은 뜻으로 온전히 합하라"고 권면한다. 부부는 재정을 비롯해서 결혼생활의 모든 영역에서 그 가르침에 따라야 한다.

재정 계획을 세우라

129

> 부지런한 자의 경영은 풍부함에 이를 것이나 조급한 자는 궁핍함에 이를 따름이니라 잠 21:5

어떤 부부는 예산이라는 말만 해도 몸서리를 친다. 무언가에 묶인다는 느낌이 싫다는 것이다. 더러는 '하루 벌어 하루 사는' 식으로 자금을 운용한다. 금고는 언제나 텅텅 비어 있다. 심지어 아직 들어오지도 않은 돈을 '미리 당겨 쓰는' 이들도 있다. 자연히 월말이면 청구서 결제하느라 쩔쩔맬 수밖에 없다. 두 가지 방식 모두 결혼생활에 스트레스가 된다. 예산을 세우는 건 선택이 아니라 필수다.

오늘 본문 말씀은, 예산을 세우면 누구나 부자가 될 수 있다고 말하지 않는다. 대신에 평범한 삶의 원리를 짚어준다. 계획을 세우고 대책을 마련하면 '아무 생각 없이 살았을 때'보다는 한결 나은 생활을 할 수 있다는 것이다. 종이에 적어가면서 예산을 세워본 경험이 없는가? 그렇다면 일단 두 달에 걸쳐서 수입과 지출을 기록하라. 그걸 토대로 재정관리 계획을 세우라. 그 후 스스로 묻고 답해보라. "이 예산안이 마음에 드는가?" 마음에 들지 않으면 둘이 머리를 맞대고 아쉬운 부분을 뜯어고치라.

먼저
하나님나라를 구하라

130

> 그런즉 너희는 먼저 그의 나라와 그의 의를 구하라 그리하면 이 모든 것을 너희에게 더하시리라 마 6:33

돈의 쓰임새는 크게 먹고 사는 것, 저금하는 것, 하나님 나라를 위해 드리는 것, 이렇게 셋으로 나눌 수 있다. 개인적으로는 '드리는' 데서 출발하기를 권하고 싶다. 마태복음 6장 33절에서, 예수님은 '먼저' 하나님나라를 추구하면 주님이 필요를 채우실 것이라고 말씀하셨다. 본문에서 '먼저'란 먹고, 입고, 사는 일에 지출하기 '전에'라는 의미다. 하늘 아버지는 자녀들에게 음식과 옷과 집이 있어야 한다는 사실을 잘 알고 계시며, 거룩한 나라를 앞세우면 그런 필요들을 넉넉히 채워주신다.

"네 재물과 네 소산물의 처음 익은 열매로 여호와를 공경하라 그리하면 네 창고가 가득히 차고 네 포도즙 틀에 새 포도즙이 넘치리라"(잠 3:9-10)는 솔로몬의 권유 역시 같은 맥락에서 이해할 수 있다. 모든 게 하나님의 소유라는 의미로 헌금을 가장 먼저 떼어놓으라. 배우자와 상의해서 수입의 몇 퍼센트를 헌금할지 결정하고 기쁘게 드리라. 넉넉하게 드리는 마음가짐은 남편과 아내를 하나로 단단히 묶어주며 은혜가 넘치는 결혼생활로 이끈다.

앞날을 위해 대비하라

131

> 슬기로운 자는 재앙을 보면 숨어 피하여도 어리석은 자는 나아가다가 해를 받느니라 잠 22:3

대비해서 따로 돈을 모아두고 있는가? 잠언 22장 3절이 지적하는 것처럼, 지혜롭다는 말에는 앞날을 내다보고 조심한다는 의미가 담겨 있다. 정기적으로 저축하는 습관은 선한 청지기의 여러 특징 가운데 하나다. 쓰고 남은 돈을 저금하는 것보다는 매월 일정한 금액을 떼어 은행에 맡기는 게 더 좋은 방법이다.

하나님께 드리는 게 첫 번째고 앞날을 위해 준비하는 게 두 번째며, 일상사에 쓰는 게 마지막이다. 이런 원칙을 지키자면 생활수준을 낮춰야 할지도 모르지만, 그걸 불편하게 생각해선 안 된다. 성경은 "지혜 있는 자의 집에는 귀한 보배와 기름이 있으나 미련한 자는 이것을 다 삼켜버리느니라"(잠 21:20)고 말한다. 사노라면 예상치 못한 일들이 터지게 마련이다. 자동차가 갑자기 멈추고 집이 말썽이고 아이들이 병에 걸리기도 한다. 재정적인 준비마저 없이 그런 상황에 부닥치면 무엇보다 부부관계에 스트레스가 된다. 계획을 짜서 저축을 시작하라.

단둘만을 위한 목표 설정

132

> 형제들아 나는 아직 내가 잡은 줄로 여기지 아니하고 … 푯대를 향하여 그리스도 예수 안에서 하나님이 위에서 부르신 부름의 상을 위하여 달려가노라 빌 3:13-14

너나없이 시간에 쫓기는 현실이야말로 결혼생활의 성숙을 가로막는 장애요인이다. "남편이랑 잘 지내고 싶지만 여유가 없다"고 이야기하는 아내들이 수없이 많다. 식사를 준비하고, 자녀를 돌보고, 청소를 하고, 상사의 비위를 맞춰야 한다. 어떻게 하면 이런 일들을 다 하고도 배우자와 함께할 시간을 확보할 수 있을까?

우선, 목표를 설정하라. 단둘이서 주말여행을 가거나 공원 산책하기를 원하는가? 성관계를 자주 갖기를 바라는가? 부부가 마주앉아서 각자의 하루에 대해 조곤조곤 이야기하는 '나눔의 시간'을 갖는 건 어떤가? 서로를 위해 기도하고 격려할 수 있는 방법은 무엇인가? 목표를 제대로 설정하기 위해서는 이런 질문을 던지고 답을 찾아야 한다. 바울은 자신의 궁극적인 목표가 '끝까지 달려가는 것', 다시 말해서 '하나님의 인정'이라는 상을 받는 것이라고 했다. 그것을 위해서 다른 일들은 다 뒤로 미루었다. 결혼생활에서도 바울 같은 일편단심이 필요하다. 목표 설정은 시간의 한계를 극복하는 첫걸음이라는 사실을 잊지 말라.

금쪽 같은 시간을 어떻게 보내는가

133

> 네 눈은 바로 보며 네 눈꺼풀은 네 앞을 곧게 살펴 네 발이 행할 길을 평탄하게 하며 … 좌로나 우로나 치우치지 말고 네 발을 악에서 떠나게 하라 잠 4:25-27

아이러니컬하지 않은가? 시간을 절약해주는 최첨단 장치들이 무수히 늘어났음에도 불구하고 남편과 아내가 서로를 위해 쓸 수 있는 여유는 더 줄어든 것 같다. 전자레인지, 리모컨, 식기세척기 등은 금쪽 같은 시간을 절약해준다. 하지만 그렇게 아낀 시간에 엉뚱한 일들을 하고 있지 않은가? 최소한 그 일부라도 결혼생활에 투자할 수는 없는가? 결혼생활의 목표를 설정했다면 반드시 그래야 한다. 목표를 향해 전진할 시간을 내야 한다는 뜻이다.

오늘 본문에서는, 목표를 달성하기 위해서 현재 위치를 파악하고, 목표에 도달하는 가장 빠른 길을 찾으며, 곁길로 빠지지 말라고 조언한다. 어떻게 여유를 낼 것인가? '나쁘지 않은' 활동을 줄이면 '가장 훌륭한' 일을 할 시간을 벌 수 있다. 돈, 스포츠, 쇼핑, 학위, 사회적 지위 따위는 모두 좋은 것들이지만 인생의 목표가 될 수는 없다. 삶의 궁극적인 가치는 관계에 있다. 우선은 하나님과의 관계이고 다음이 인간 사이의 교분이다.

시간을 아껴
벽을 뛰어넘으라

134

> 그런즉 너희가 어떻게 행할지를 자세히 주의하여 지혜 없는 자같이 하지 말고 오직 지혜 있는 자같이 하여 세월을 아끼라 때가 악하니라 엡 5:15-16

부부의 공동 목표를 달성하는 데 도움이 될 만한 일을 두 가지 더 제안하고 싶다. 책임을 다른 이들과 나누는 것과 배우자와 함께하는 시간을 계획하라는 것이다.

책임을 나누는 일은 자녀들에서부터 시작하라. 설거지, 빨래 정리, 강아지 돌보기 따위를 아이들에게 시키면 어떨까? 혹시 재정적으로 여유가 있다면 가사도우미를 불러 집안일을 맡기라. 누군가에게 일을 넘길수록 결혼생활에 투자할 여유가 늘어난다. 배우자한테서 "당신이 다시 친구로 돌아와서 얼마나 좋은지 모르겠어요"라는 얘길 듣게 되면 대성공이다.

둘째, 시간 계획을 세우려면 먼저 일정표를 꺼내놓고 우선순위를 점검할 필요가 있다. 일주일에 한 번은 단둘이 나가서 외식하는 게 목표라면, 달력에 표시가 되어 있어야 한다. 확실하게 일정을 잡지 않으면 실천을 기대하기 어렵다. 본문 말씀이 가르치는 것처럼, 세월을 아낀다면 시간의 벽을 뛰어넘는 건 그야말로 '시간 문제'다.

선물로
표현하는 사랑

135

리브가가 당신 앞에 있으니 데리고 가서… 여호와께 절하고
은금 패물과 의복을 꺼내어 리브가에게 주고 그의 오라버니와
어머니에게도 보물을 주니라 창 24:51-53

인류학 전공자로서 하는 말인데, 세계 곳곳의 문화를 다 살펴봐도 사랑과 결혼에 선물 주고받는 행위가 포함되지 않은 경우는 단 한 건도 없다. 리브가와 이삭의 약혼 장면을 보여주는 성경 말씀 역시 그런 관행을 따르고 있다. 사랑의 표현으로 선물을 주는 관행은 만국 공통이다.

어떤 이들은 '선물'을 일차적인 사랑언어로 사용한다. 그들에게는 선물이 헌신적인 마음을 전달하는 가장 확실한 방법이다. 결혼 전에는 애인의 마음을 사로잡기 위해 선물 공세를 펴다가 혼인신고와 동시에 딱 멈추는 남성들이 적지 않다. 어느 여성에게서 들은 얘기가 생각난다. "남편은 늘 사랑한다고 말하죠. 하지만 이젠 '사랑해' 소리에 진절머리가 났어요. 구리반지 하나라도 사들고 와서 그런 얘길 해야 하는 거 아닌가요?" 남편은 진심으로 사랑해서 한 말이었겠지만, 아내와 다른 언어를 사용한 게 문제였다. 당신과 똑같다고 생각하는가? 그렇다면 얼른 가서 사랑을 올바르게 표현할 방법을 찾으라.

The One Year Love Language

투자를
아끼지 말라

136

> 그들이 별을 보고 매우 크게 기뻐하고 기뻐하더라…보고 엎드려 아기께 경배하고 보배합을 열어 황금과 유향과 몰약을 예물로 드리니라 마 2:10-11

배우자에게 마지막으로 선물을 준 게 언제인가? 무얼 주었는가? 대답이 금방 떠오르지 않는다면 한동안 잊고 살았다는 뜻이다. 성경 전체를 통틀어 가장 잘 알려진 선물은 두말할 것도 없이 동방박사들이 아기 예수께 바친 예물들이다. 이들은 독생자를 경배하고 장차 만왕의 왕이 될 줄 믿는 마음의 증표로 황금과 값비싼 향료를 드렸다.

선물이 꼭 비쌀 필요는 없다. 꽃 정도는 가까이서도 쉽게 구할 수 있다. 마당에 나가서 한 송이 꺾으면 그만이다. 아이들도 얼마든지 할 수 있는 일이다. 화단에 꽃이 없다고? 옆집에 가서 얻으라. 사정을 말하고 부탁하면 기꺼이 내줄 것이다.

하지만 여유가 있다면 공짜 꽃으로 때우지 말라. 결혼 생활을 풍부하게 하는 데 투자를 아끼지 말라. 적절하다고 생각하는 물건을 사서 선사하라. 잘 모르겠으면 물어보라. 무언가 근사한 걸 사주고 싶다는 뜻을 전하라. 평소에 배우자가 원하는 것들을 목록으로 정리해두면 요긴하게 쓸 수 있다. 선물로 관계를 더 돈독하게 가꾸라.

무슨 일이든 함께 결정하라

137

> 너는 마음을 다하여 여호와를 신뢰하고 네 명철을 의지하지 말라 너는 범사에 그를 인정하라 그리하면 네 길을 지도하시리라 잠 3:5-6

다툼이나 뒷말이 없는 결정을 내린다는 게 가능할까? 개인적으로는 그렇다고 믿는다. 남편과 아내의 생각이 항상 일치할 수는 없다. 의견이 엇갈리는 건 지극히 당연한 일이다. 그러나 상대방을 도무지 이해할 수 없을지라도 존중하는 마음을 가져야 한다.

성경은 두 사람이 한 사람보다 낫다고(전 4:9) 말한다. 하지만 한 사람이 독불장군 식으로 행동한다면 어떻게 시너지를 낼 수 있겠는가? 아내와 상의하지 않고 결정을 내리는 남편은 자기 한계에 갇히고 만다. 얼마나 비극적인가! 하나님은 결혼을 남편과 아내가 한 팀이 되어 일하는 동반자 관계로 설계하셨다.

잠언 3장 말씀은 각자의 제한적인 지혜에 '의지하지' 말라고 가르친다. 결정을 내릴 때는 부부가 함께 하나님께 지혜를 달라고 간구해야 한다. 험난한 인생을 왜 혼자서 헤쳐가려 하는가?

The One Year Love Language

합의를 이루도록 기다리라

138

> 이제 인내와 위로의 하나님이 너희로 그리스도 예수를 본받아 서로 뜻이 같게 하여 주사 롬 15:5

의견일치를 보지 못하면 어떻게 해야 하는가? 기다려야 한다. 기다리는 동안, 남편과 아내는 하나님이 바른 길을 가르쳐주시도록 함께 기도해야 한다. 혹시 하루 뒤에는 한 마음이 될지도 모른다. 그렇지 않으면 다시 기다리라. 뜻을 모으는 게 신속한 결정보다 훨씬 중요하다.

사도바울은 크리스천들이 한 마음 한 뜻으로 조화를 이루게 해달라고 하나님께 기도했다. 이런 자세는 오히려 부부관계에서 더 중요해 보인다. 남편과 아내 가운데 어느 한 쪽이 일방적인 결정을 내린다면, 불협화음이 생기고 관계가 흔들리게 될 것이다. 예를 들어보자. 한 친구가 아내의 반대를 무릅쓰고 오토바이를 샀다. 그 뒤로 5주 동안 부부는 어떤 깨달음을 얻었을까? 오토바이를 팔지 않는 한 단잠을 이룰 수 없다는 것뿐이었다.

합의가 결정보다 중요하다. 왜 기도하며 한 마음이 될 때까지 기다리지 않는가? 서로 뜻을 모아 오토바이를 사면 부부가 함께 즐길 수 있다. 기다리며 합의를 이루는 건 해볼 만한 가치가 있는 일이다.

무책임한 태도에 대처하는 법

139

> 각각 자기의 일을 살피라 그리하면 자랑할 것이 자기에게는 있어도 남에게는 있지 아니하리니 각각 자기의 짐을 질 것이라 갈 6:4-5

무책임하게 사는 남편이나 아내, 또는 부부를 더러 본다. 부부 가운데 어느 한 쪽이라도 일을 하지 않거나, 아이를 돌보지 않거나 하면 문제가 심각해진다. 지금 그런 결혼생활을 하고 있다면, 먼저 문제행동의 이면을 살펴야 한다. 다음과 같은 가능성들이 존재한다.

1. 배우자에 대한 무책임했던 부모를 보고 자라면서 받은 영향.
2. 배우자에 대한 부모가 보여준 모습을 따르지 않으려고 버티는 중.
3. 배우자에 대한 자기중심적인 태도.
4. 배우자에 대한 원망과 서운함의 표현.

어떻게 하면 이면에 감춰진 요인을 정확하게 짚어낼 수 있을까? "아버지와는 어떻게 지냈어요?"라든지 "내 말이나 행동 때문에 속상했어요?" 같은 우회적인 질문을 던지라. 무책임한 배우자를 치료하려면 반드시 이런 과정을 거쳐야 한다.

스스로 달라져야
배우자도 변한다
140

> 그런즉 누구든지 그리스도 안에 있으면 새로운 피조물이라 이전 것은 지나갔으니 보라 새 것이 되었도다 고후 5:17

무책임한 배우자와 더불어 사는 건 즐거운 일이 아니다. 하지만 남편이나 아내가 변화하고 성장하는 과정을 지켜보는 건 분명히 행복한 일이다.

배우자가 변하는 걸 보고 싶다면 자신부터 달라져야 한다. 알다시피 어떤 인간도 완전하지 않다. 자신과 하나님, 그리고 배우자 앞에서 잘못을 인정하면 성숙한 결혼생활로 통하는 탄탄대로가 활짝 열린다. 고린도후서 5장 17절에서, 사도바울은 그리스도께 속한 이들은 누구나 새로운 삶을 시작하는 중임을 분명히 지적하고 있다. 잊지 말라. 하나님은 상대편뿐만 아니라 이편의 마음도 변화시키실 수 있는 분이다.

배우자에게 가서 말하라. "그동안 당신을 비난하기만 했어요. 생각해보니까, 하나님이 원하시는 부부가 되기에는 나도 여러 모로 부족했더군요. 당신에게 힘을 줬어야 했는데 그러지 못했어요. 용서해주세요. 앞으로는 달라지고 싶어요." 말이 끝나기가 무섭게 분위기가 달라질 게 분명하다. 성숙으로 통하는 문이 열리기 시작한 것이다.

변화를 부르는
무조건적인 사랑

141

> 이에 일어나서 아버지께로 돌아가니라 아직도 거리가 먼데 아버지가 그를 보고 측은히 여겨 달려가 목을 안고 입을 맞추니
> 눅 15:20

무책임한 배우자가 성숙해질 수 있도록 자극하는 방법은 무엇인가? 문제행동의 근원을 헤아리고, 이런저런 질문을 던져보라. 다음에는 자신의 잘못을 인정하고 용서를 구함으로써 변화의 길을 열어야 한다. 오늘은 사랑받고 싶어하는 배우자의 욕구를 채워주도록 노력하라는 이야기를 하려고 한다.

배우자의 사랑언어를 구사하기 시작했다면, 아주 긍정적인 진전을 이룬 셈이다. 사랑과 안전감을 느끼면 변화에 더 적극적이 되기 때문이다. 주님은 사랑받을 자격이 없는 우리를 사랑하셨다. 누가복음 15장에 등장하는 탕자의 비유에서 멋진 본보기를 찾을 수 있다. 작은아들이 전 재산을 탕진하고 집에 돌아오자, 아버지는 아들의 마음을 확인하기도 전에 무조건 달려가서 끌어안았다. 배우자를 대하는 데도 그런 자세가 필요하다. 변화의 조짐이 있는지 확인하기 전에 먼저 사랑하는 모습이야말로 변화를 이끌어내는 가장 강력한 수단이다.

그리스도의 마음을 품으라

142

> 너희 안에 이 마음을 품으라 곧 그리스도 예수의 마음이니 그는 근본 하나님의 본체시나…자기를 낮추시고 죽기까지 복종하셨으니 곧 십자가에 죽으심이라 빌 2:5-8

하나님과의 관계가 내 결혼생활에 얼마나 큰 영향을 미치고 있을까? 이루 말할 수 없을 정도다. 나는 본질적으로 자기중심적이다. 결혼생활도 그처럼 이기적인 태도를 고스란히 간직한 채 시작했다. 그런 태도는 부부관계가 성숙해지는 데 걸림돌이 되었다. 변화가 절실하던 시점에 하나님이 상황에 개입해주셨다. 주님은 지금도 개선공사 중이시다.

사도바울은 그리스도 예수의 마음을 품으라고 말한다. 주님은 어떤 마음을 가지셨는가? 그분은 스스로 하늘에서 땅으로 내려오셔서 우리와 똑같이 되셨다. 어떤 성경은 이 부분을 "아무것도 아닌 존재가 되셨다"로 번역했다. 사람이 되셨을 뿐만 아니라 우리를 위해서 목숨을 버리기까지 하셨다. 예수님의 마음은 한마디로 '희생적인 사랑과 섬김'이다. 그런 자세를 가지면 성숙한 결혼생활이 가능해진다. 섬기는 자세를 갖기란 하늘의 별따기라고 생각하는가? 그렇지 않다. 인간의 의지를 변화시키는 하나님의 능력을 과소평가하지 말라.

마음을 변화시키는
하나님의 능력

143

> 수고하고 무거운 짐 진 자들아 다 내게로 오라 내가 너희를 쉬게 하리라…너희 마음이 쉼을 얻으리니 이는 내 멍에는 쉽고 내 짐은 가벼움이라 하시니라 마 11:28-30

하나님이 결혼생활을 변화시켜주실까? 물론이다. 어떻게 하면 그런 역사가 일어날까? 우선 하나님과의 관계를 바로 세워야 한다. 주님은 두 팔을 활짝 벌리고 말씀하신다. "수고하고 무거운 짐 진 자들아 다 내게로 오라 내가 너희를 쉬게 하리라." 아름답고도 감동적인 초대다. 주저하지 않고 그 품에 안기면, 모든 죄를 용서하실 뿐만 아니라 성령님을 보내서 우리 안에 거하게 하신다.

성령님은 태도를 바꿔주신다. 그분이 삶을 지배하기 시작하면 모든 게 달라 보인다. 물질보다 인간이 더 중요하며, 섬김을 받는 것보다 섬기는 편이 훨씬 낫다는 사실을 알려주시기 때문이다. 성령님은 내면에 역사하셔서 사랑, 인내, 온유, 화평 같은 멋진 성품을 갖게 하신다(갈 5:22). 인간의 사고방식과 행동을 그렇게 근본적으로 변화시키실 수 있는 분은 오직 성령님뿐이다. 하나님께 모든 죄를 용서해달라고 요청하고 그분의 눈으로 세상을 보라. 아무것도 그만큼 획기적으로 결혼생활을 바꿔놓을 수 없다.

진리가 너희를
자유롭게 하리라

144

> 너희가 내 말에 거하면 참으로 내 제자가 되고 진리를 알지니
> 진리가 너희를 자유롭게 하리라 요 8:31-32

자신을 어떻게 인식하느냐는 결혼생활에 큰 영향을 미친다. 사람들 중에는 자신을 실패자라고 생각하며 자라는 이들이 있다. 부모는 "넌 누굴 닮아서 이 모양이냐?" 소리를 입에 달고 산다. 왜곡된 자기인식은 평생 속박이 된다. 그런 이들이 사랑에 빠지고 결혼을 하면, 그처럼 뒤틀린 자아상을 품은 채 부부관계를 시작하게 된다.

배우자가 이처럼 왜곡된 자아상을 가지고 있다는 사실을 알았다면, 부디 남편이나 아내에게는 그것을 바꿔줄 힘이 없다는 점을 명심하기 바란다. 그럴 수 있는 존재는 오직 자기 자신뿐이다. 예수님은 진리가 우리를 자유롭게 한다고 말씀하셨다. 죄에서 해방시켜주며 잘못된 사고방식에서 벗어나게 만든다는 것이다. 하나님은 인류를 그분의 형상대로 지으셨고(창 1:27), 무엇과도 비교할 수 없을 만큼 소중히 여기시며(마 10:31), 귀한 은사를 주셔서 하나님나라를 섬기게 하신다(고전 12장, 히 13:20-21). 능력을 찾아서 하나님께 돌려드리라. 부정적인 자아상에서 벗어날 뿐만 아니라 배우자 역시 자유로워질 것이다.

부족한 존재임을
인정한다는 것

145

> 지략이 없으면 백성이 망하여도 지략이 많으면 평안을 누리느니라 잠 11:4

 "문제가 있는 건 당신뿐예요. 상담 같은 건 나한테 필요 없어요." 이런 얘길 들어본 적이 있는가? 자신은 항상 옳다고 믿는 것 자체가 오류다. 인간이라면 누구도 완전하지 않다. 너나없이 도움이 필요하다. 잠언은 '지략이 많으면 평안을' 누린다고 말한다. 어째서 그런가? 어떤 문제는 제3자가 오히려 더 명쾌하게 볼 수 있기 때문이다. 조언을 거부하고 만사를 혼자서 처리하려 드는 사람들은 위태로운 처지에 빠지는 경우가 많다.

 배우자가 그런 부류에 속한다면 어떻게 도울 수 있을까? 무조건적인 사랑을 베풀라. 상대방의 일차적인 사랑 언어를 사용하라. 배우자가 잘하는 일에 초점을 맞추라. 남편이나 아내가 자신을 정말 사랑한다는 걸 알고 안도감을 느끼면, 누가 시키지 않아도 완전하지 못함을 편안하게 인정할 것이다. 배우자는 꼭 완전해야 성공적인 삶을 살 수 있는 게 아니라는 사실을 깨닫고 느긋해질 것이다. 하나님이 계획하신 모습으로 성장해갈 것이다.

The One Year Love Language

스스로
칭찬하는 기술
146

> 너희는 이 세대를 본받지 말고 오직 마음을 새롭게 함으로 변화를 받아 하나님의 선하시고 기뻐하시고 온전하신 뜻이 무엇인지 분별하도록 하라 롬 12:2

자신에 대해 어떻게 설명하겠는가? 배우자는 어떤가? 낙관적인가, 비관적인가? 부정적인가, 긍정적인가? 비판하는가, 칭찬하는가? 배우자는 외향적인가, 내향적인가? 말이 많은 편인가, 조용한 편인가? 참을성이 많은가, 조급한가? 자신과 배우자를 인식하는 방식에 따라 행동양식이 크게 달라지며 결국 결혼생활에까지 영향을 미친다.

이러한 성격 특성들은 대여섯 살 무렵에 완전히 굳어지며 그 이후로는 바꿀 수 없다고 믿는 이들이 많다. 그러나 하나님이 도와주시면 얼마든지 변할 수 있다는 게 성경의 메시지다. 로마서 12장 2절은 뜻을 정하기만 하면 주님이 변화를 일으키신다고 가르친다. 생각을 바꾸고 결국은 마음을 새롭게 하신다는 것이다.

스스로 부정적이며 비판적이라고 생각한다면 칭찬하는 기술을 연습하라. 자신을 추켜세우는 일부터 시작하라. 무슨 일이든 해내고 나면 "잘 했어!"라고 말하라. 이런 과정을 되풀이하면 자존감은 물론이고 배우자와 마음을 나누는 솜씨도 한층 좋아질 것이다.

팀워크의 표본,
하나님을 좇으라

147

> 그 기쁘신 뜻대로 우리를 예정하사 예수 그리스도로 말미암아 자기의 아들들이 되게 하셨으니…그 안에서 또한 믿어 약속의 성령으로 인 치심을 받았으니 엡 1:5, 13

개인적으로는, 하나님을 깊이 알수록 결혼생활도 더 잘 이해하는 법이라고 생각한다. 성부, 성자, 성령 하나님이 어떻게 한 팀을 이루어 역사하시는지 살펴본 적이 있는가? 에베소서 1장을 펼치고 성부 하나님이 구원계획을 세우시고, 성자 하나님이 보혈을 흘려 구원하시며, 성령 하나님이 구원을 확증하시는 모습을 찬찬히 읽으라. 하나님은 한 분인 동시에 세 분이시다.

성경은 결혼을 통해서 남편과 아내는 한 몸이 된다고 말한다. 여기서 한 몸이란, 성질이 전혀 다른 별개의 피조물이지만 공동목표(우리를 향하신 하나님의 뜻)를 달성하기 위해서 둘이 한 팀이 되어 움직인다는 뜻이다. 빨래나 걸레질처럼 일상적인 작업들은 물론이고 무료급식 활동이나 성경공부 인도처럼 특별한 일을 할 때도 남편과 아내는 서로의 부족한 부분을 메워주어야 한다. 아내가 소그룹을 인도하는 동안 아이들을 돌보는 남편은 공동사역을 하고 있는 셈이다.

The One Year Love Language

팀워크의 토대를 놓으라

148

> 나는 심었고 아볼로는 물을 주었으되 오직 하나님께서 자라나게 하셨나니…우리는 하나님의 동역자들이요 너희는 하나님의 밭이요 하나님의 집이니라 고전 3:6-9

팀워크는 성공적인 결혼생활의 필수요소다. 바울은 고린도전서 3장에서 팀워크의 개념을 설명한다. 먼저 둘이 똑같은 방향을 향해 나아가고 있다면, 누가 먼저 목표를 이루느냐는 중요한 문제가 아니라고 지적한다. 자신과 아볼로로서는, 결과는 하나님께 맡기고 복음을 위하여 맡은 일을 묵묵히 해나갈 뿐이라는 것이다. 이것이 팀워크다.

이 개념은 특히 일상적인 일들을 처리하는 데 도움이 된다. 밥을 짓고, 설거지를 하고, 공과금을 내고, 집안팎을 치우고, 다림질하는 게 모두 생활하는 데 없어서는 안 될 일들이다. "누가 할 것인가? 어느 편이 더 자주 할 것인가?"는 팀워크를 이루기 위해 반드시 던져야 할 질문이다. 성을 기준으로 집안일을 구분해선 안 된다. 어떤 남편들은 아내보다 음식을 훨씬 잘 만든다. 남편보다 계산이 빠르고 돈을 잘 관리하는 아내도 부지기수다. 부부는 동료일 뿐, 경쟁자가 아니다. 은사를 최대한 살릴 수 있는 계획을 세워서 협력하라. 서로 적이 아님을 잊지 말라. 남편과 아내는 한 팀이다.

정말 크고자 한다면

149

예수께서 앉으사 열두 제자를 불러서 이르시되 누구든지 첫째가 되고자 하면 뭇 사람의 끝이 되며 뭇 사람을 섬기는 자가 되어야 하리라 막 9:35

위세에 눌려 사는 아내들 가운데 남편을 진정으로 사랑하는 이는 거의 없다. 자신을 노예처럼 대우하는 상대를 사랑하기란 쉬운 일이 아니다. 이런저런 상황에 몰려서 마지못해 시중을 든다면, 진실하게 섬길 자유를 빼앗기고 있는 꼴이다.

성경은 두려움에 쫓겨서가 아니라 스스로 원하는 마음으로 자유롭게 섬기라고 가르친다. 그러한 섬김이야말로 진정으로 위대한 자질이다. 예수님 말씀처럼, 하나님나라에서는 더 훌륭한 지도자일수록 더 잘 섬기는 종의 면모를 보인다.

배우자를 섬기는 건 예수님의 가르침을 실천하는 좋은 방법이다. 가장 가깝고 사랑하는 이조차 돕지 못한다면 도대체 누구를 섬길 수 있겠는가? 주님은 '형제 중에 지극히 작은 자 하나에게 한 것이 곧 내게 한 것'(마 25:40)이라고 하셨다. 섬김을 한층 더 고상한 차원으로 끌어올리는 말씀이다. 아내를 위해 거실을 치우는 남편은 곧 예수님을 섬기는 것이다.

The One Year Love Language

요구하지 말고
그저 섬기라

150

> 이에 대야에 물을 떠서 제자들의 발을 씻으시고 그 두르신 수건으로 닦기를 시작하여…너희에게 행한 것같이 너희도 행하게 하려 하여 본을 보였노라 요 13:5, 14-15

어떤 영역에서든 탁월한 선두주자들일수록 남을 섬기려는 열망이 가득하다. 유명한 의사들은, 의술을 병들고 아픈 이들을 보살피라는 하나님의 부르심으로 파악한다. 뛰어난 정치가들은 스스로 '국민의 심부름꾼'이라고 믿는다. 위대한 교육자들도 학생들이 잠재력을 최대한 발휘할 수 있도록 돕는 데 온힘을 기울인다.

집안에서도 마찬가지다. 멋진 남편들은 아내를 도와서 공동의 목표를 이루는 게 자신의 역할이라고 생각한다. 훌륭한 아내들은 자신을 희생해가며 남편이 성공하도록 지원한다. 서로에게 삶을 내어줌으로써 둘 다 승리자가 된다. 자기 권리를 내세우며 배우자에게 섬겨달라고 요구하는 태도는 성경의 가르침과 정면으로 충돌한다. 누가복음은 "주라 그리하면 너희에게 줄 것이니…너희가 헤아리는 그 헤아림으로 너희도 헤아림을 도로 받을 것이니라"(6:38)고 말한다. 예수님의 본을 좇아 섬기라. 그게 위대해지는 길이다.

침묵 뒤에
숨어버린 남편

151

> 이스라엘 사람 나봇이 아합에게 대답하여 이르기를 내 조상의 유산을 왕께 줄 수 없다 하므로 아합이 … 왕궁으로 돌아와 침상에 누워 얼굴을 돌리고 식사를 아니하니 왕상 21:4

아내가 남편에게, 같은 사무실에 근무하는 여성들과 주말에 1박2일로 바닷가에 가서 놀기로 했다고 말한다. 남편은 입을 꾹 다물고 말이 없다. 그저 침묵뿐이다. 남편이 나흘 동안이나 한 마디도 하지 않자, 아내는 상담실을 찾았다. 결혼생활을 건강하게 이끌어가고 싶다면 무슨 일이 있더라도 침묵 뒤에 숨어서는 안 된다.

사악하기로 이름높은 이스라엘의 아합 왕이 침묵으로 일관했다. 나봇이 포도원을 팔려 하지 않자, 왕은 집으로 돌아가기가 무섭게 벽을 보고 누워버렸다. 명백히 비생산적인 반응이다. 배우자가 그런 반응을 보이면 어떻게 대처해야 할까? 가장 먼저, 상대방이 어떤 경우에 입을 다무는지 알아야 한다. 대화를 시작하고 싶다면, 가능한 한 깊이 생각하고 말을 줄이라. 왜 말을 하지 않느냐고 사랑하는 이를 몰아붙이는 건 침묵기간을 늘일 뿐이다.

The One Year Love Language

침묵의 이유

152

> 내 부모는 나를 버렸으나 여호와는 나를 영접하시리이다 여호와여 주의 도를 내게 가르치시고 내 원수를 생각하셔서 평탄한 길로 나를 인도하소서 시 27:10-11

배우자가 이편의 얘기를 '묵살'하는 데는, 현상적, 정서적, 역사적 요인이 있다. 현상적인 이유는 현재 벌어지고 있는 일 가운데 불만스러운 점을 가리킨다. 어제 사례에 등장한 남편의 경우, 아내의 일방적인 통보가 화근이었다. 정서적인 이유는 사건에서 비롯된 더 깊은 감정들을 포함한다. 앞의 사례에서 남편은 '날 사랑한다면 주말에 가지 않고 함께 있어주겠지' 하고 생각했다. 역사적인 이유는 커뮤니케이션 유형과 관련된 문제들이다. 남편은 말없이 '묵살하는' 반응을 어린 시절에 학습했다. 부모에게서 배웠는가? 거기에 묶여 있을 필요가 없음을 기억하라. 주님께 의뢰하면 새로운 길을 제시해주신다. 배우자가 입을 꼭 다물고 있는가? 다음 세 가지 질문에 답해보라.

- 최근에 배우자가 싫어할 만한 일을 한 적이 있는가?
- 배우자에게 사랑받고 있다는 확신이 있는가?
- 배우자의 개인사나 성장과정 가운데 입을 다물어버리는 습성을 이해하는 데 도움이 될 만한 사실들이 있는가?

침묵을 깨트리는 비결

153

> 오직 말과 행실과 사랑과 믿음과 정절에 있어서 믿는 자에게 본이 되어 딤전 4:12

상대방이 계속 묵살하는 태도를 보이면 속수무책이란 생각이 든다. 하지만 그렇지 않다. 길은 늘 열려 있다. 사랑하는 이의 내면에서 벌어지고 있는 현상을 이해하려고 노력하면서 대화를 시도해야 해결의 실마리를 찾을 수 있다. 감정적인 필요가 충족되지 않으면 이상행동을 보이기 쉬운데, 침묵도 그 가운데 하나다.

앞의 사례에서, 아내는 남편에게 부드럽게 말했다. "여보, 요즘 당신이 왜 말을 하지 않을까 궁금했어요. 어쩌면 내가 당신을 무시한다고 믿는 게 아닌가 하는 생각이 들더군요. 그게 사실이라면 다음부터는 그냥 '사랑 탱크가 텅 비었어! 당신이 나를 정말 사랑하는지 알고 싶어'라고 말해주세요. 확실하게 알려줄게요. 난 당신을 사랑하거든요."

아니나 다를까, 아내가 따듯하고도 솔직하게 요청하자 남편은 입을 열었다. 본문이 가르치는 것처럼, 침묵에 맞서는 언어는 책망하는 차원에 머물러서는 안 되며 사랑하는 마음이 분명히 드러나야 한다.

남편과 아내를
단단히 묶는 결합
154

> 모든 사람은 결혼을 귀히 여기고 침소를 더럽히지 않게 하라
> 히 13:4

창세기는 남편과 아내가 성관계를 가질 때 둘이 '한 몸을'(창 2:24) 이루게 된다고 말한다. 다시 말해서, 두 인생이 하나로 단단히 결합된다는 것이다. 결혼을 약속한 남녀는 증인들 앞에서 예식을 올리고 첫날밤을 치름으로써 공적인 약속을 완성한다. 이처럼 성관계는 남편과 아내의 내적인 결합을 신체적으로 표현하는 행위다.

성경은 결혼한 부부의 성관계만을 축복하고 있다. 이 점에서는 구약과 신약이 한결같은 입장을 보인다. 무작정 혼외관계를 비난하려는 게 아니라 성관계의 본질에 충실하자는 뜻이다. 히브리서 저자는 '침소를 더럽히지 않게 하라'고 명령한다. 성적인 관계를 남편과 아내 사이의 특수한 커뮤니케이션으로 한정하라는 의미다. 독특하게 만들어진 두 몸이 한데 결합하는 것만이 성관계의 실체는 아니다. 성적인 결합은 지성적, 감성적, 사회적, 영적인 영역을 모두 아우른다. 성은 하나님의 작품이며, 결혼은 그 궁극적인 의미를 탐사해나가는 현장이다.

성적 친밀감은
공부하는 부부의 몫

155

> 남편은 그 아내에 대한 의무를 다하고 아내도 그 남편에게 그렇게 할지라 고전 7:3

하나님이 설계하신 성적 친밀감의 원형을 찾으려면 먼저 남성과 여성의 차이를 알아야 한다. 남편은 보고, 만지고, 느끼는 등 주로 신체적인 측면을 강조한다. 반면에 아내는 통상적으로 정서적 측면을 중요하게 생각한다. 사랑받고, 보호받으며, 따듯하게 대접받는다는 느낌만 있으면 성적 친밀감은 순도 백 퍼센트에 육박할 정도로 높아진다.

오늘 본문에서 사도바울은 남편과 아내들에게 서로의 성적 필요를 채우는 것을 목표로 삼으라고 권면했다. 그러자면 의지적인 노력이 필요하다. 부부관계가 다 그렇지만 이 분야 역시 연구가 필수적이다. 부부가 성경험을 사랑의 행위로 받아들이고 서로를 기쁘게 해주려고 최선을 다한다면 틀림없이 성적인 친밀감을 얻게 될 것이다.

둘이 한 몸이 되는 데서 만족을 얻는 유대감은, 기꺼이 시간과 노력을 들여 서로를 깊이 공부하는 부부의 몫이다.

차이를 받아들이라

156

> 내 누이, 내 신부야 네 사랑이 어찌 그리 아름다운지 네 사랑은 포도주보다 진하고 네 기름의 향기는 … 잠근 동산이요 덮은 우물이요 봉한 샘이로구나 아 4:10, 12

남성과 여성은 성적인 영역에서 엄청나게 다르다. 남성은 시각을 통해 자극받는다. 아내가 맨몸으로 침실을 오가는 그림자만 봐도 성적인 욕구를 느낄 수 있다(남성들한테는 안된 일이지만, 아내들은 남편이 아무리 벌거숭이로 돌아다녀도 마음의 동요가 없다).

아내들에게는 부드러운 접촉이나 인정하는 말, 배려가 담긴 행동 따위가 훨씬 자극적이다. 여성들이 "섹스는 침실에서가 아니라 부엌에서, 밤이 아니라 아침에 시작된다"고 입을 모으는 까닭이 여기에 있다. 하루종일 남편이 보여주는 말과 행동은, 밤중에 아내가 느끼는 성적인 친밀감에 지대한 영향을 미친다.

오늘 소개한 아가서 본문은, 배우자를 비밀로 가득한 존재로 인식할 때 얻게 되는 기쁨을 아름답게 표현하고 있다. 남편들이 아내를 '이해하고 함께 살아야'(벧전 3:7, 새번역) 한다는 성경의 권고를 따른다면, 결혼을 설계하실 때 하나님이 감추어두신 성적인 친밀감을 어렵잖게 찾아낼 수 있을 것이다.

주님의 눈으로 바라보라

157

> 오직 너희의 심령이 새롭게 되어 하나님을 따라 의와 진리의 거룩함으로 지으심을 받은 새 사람을 입으라 엡 4:23-24

행동유형은 사고방식과 밀접한 관련이 있다. 똑같이 감방의 쇠창살 너머로 바깥을 내다봐도, 진창을 보는 죄수가 있는가 하면 하늘의 별을 바라보는 이가 있는 법이다. 결혼생활의 어려움을 겪고 있는 부부도 마찬가지다. 저주를 쏟아낼 수도 있고 머리 숙여 기도할 수도 있다.

엉망진창이 된 결혼생활을 하면서 긍정적인 태도를 유지한다는 게 언뜻 불가능해 보이지만, 크리스천에게는 아무 때고 손만 내밀면 도움을 주시는 분이 계신다. 오늘 본문인 에베소서 4장 말씀은 생각과 행동을 새롭게 해주시도록 성령님께 자신을 맡기는 문제를 다루고 있다. 이렇게 기도해보라. "주님의 눈으로 결혼생활을 보도록, 주님의 관점에서 배우자를 바라보도록, 주님과 똑같은 마음으로 상대방을 생각하도록 인도해주십시오." 남편, 또는 아내를 '하나님이 사랑하고 아끼는 존재'로 보기 시작하면 긍정적인 태도가 확실히 자리잡게 될 것이다.

긍정적인 자세를 지키려면

158

> 아무 것도 염려하지 말고 다만 모든 일에 기도와 간구로, 너희 구할 것을 감사함으로 하나님께 아뢰라…무슨 덕이 있든지 무슨 기림이 있든지 이것들을 생각하라 빌 4:6-8

긍정적인 자세를 갖도록 노력하라는 건 하루이틀 된 이야기가 아니다. 바울이 1세기경에 작성한 편지에서도 수없이 되풀이되는 가르침이다. 사도는 빌립보교회 교인들에게 문젯거리를 붙들고 염려하지 말고 기도하라고 권면했다. 기도가 평강과 긍정적인 세계관을 이끌어낸다면, 염려는 근심과 부정적인 언행을 부르기 때문이다.

누구나 자신의 생각에 책임을 져야 한다. 설령 부부관계가 최악으로 치닫는 상황일시라도 입장을 결정할 필요가 있다. 긍정적인 자세를 지키는 데는 기도가 필수적이다. 주님께는 무엇이든 요청할 수 있다. 그렇다면 하나님은 늘 부탁한 대로 응답해주시는가? 그렇지 않다. 하지만 염려를 떨쳐버리고 감사하는 마음을 품으면 하나님의 평강이 마음과 생각을 지배하게 된다. 감정을 가라앉히고 올바른 판단을 내리게 이끌어주시는 것이다.

부부가 함께 살면서 어떤 영역에서 갈등을 겪든지 낙관적인 시각을 갖도록 노력하라. 긍정적인 자세를 가진 이는 문제를 일으키기보다 해결의 실마리를 내놓게 마련이다.

마음가짐이
행동을 바꾼다

159

항상 기뻐하라 쉬지 말고 기도하라 범사에 감사하라 이것이 그리스도 예수 안에서 너희를 향하신 하나님의 뜻이니라 살전 5:16-18

마음가짐을 그토록 중요하게 생각하는 건 언행에 영향을 미치기 때문이다. 병에 걸렸다든지, 배우자가 알코올중독에 빠졌다든지, 거동조차 못 하는 부모님을 모시는 경우처럼, 제 힘으로는 어찌해볼 수 없는 환경 아래 사는 이들이 얼마나 많은가! 하지만 주어진 환경에 대처하는 자세는 온전히 자신의 손에 달려 있음을 명심해야 한다.

데살로니가전서 5장은 긍정적 태도를 갖는 열쇠들을 쥐어준다. 기뻐하고, 끊임없이 기도하며, 모든 여건에 감사하는 게 핵심이다. 어떤 마음가짐으로 살아가고 있는지 알고 싶다면 자신의 말과 행실을 돌아보라. 말투가 비판적이고 부정적이라면 부정적인 자세를 가지고 있음에 틀림없다. 바울은 "모든 일을 원망과 시비가 없이 하라"(빌 2:14)고 한다.

사도의 충고를 좇아 마음을 지키겠다는 결단이야말로 행동을 바꾸는 가장 효과적인 도구다. 달라진 언행은 결혼생활에 커다란 영향을 미치게 될 것이다.

The One Year Love Language

중보기도의 능력

160

> 내가 기도할 때에 기억하며 너희로 말미암아 감사하기를 그치지 아니하고 … 영광의 아버지께서 지혜와 계시의 영을 너희에게 주사 하나님을 알게 하시고 엡 1:16-17

마르틴 루터는 "재단사의 본분이 옷 짓는 일이고 제화공의 직분이 신발 만드는 일이라면, 크리스천의 천직은 기도하는 일"이라고 했다. 중보기도는 특별한 은사가 필요없는 사역이다. 크리스천이라면 누구나 기도할 자격과 능력이 있다.

중보기도는 사역인 동시에 의무다. 사무엘 선지자는 이스라엘 백성에게 '너희를 위하여 기도하기를 쉬는 죄를 여호와 앞에 결단코 범하지'(삼상 12:23) 않겠다고 단언했다. 사도바울은 목회서신을 보낼 때마다, 편지 받는 이들을 위해서 자신이 얼마나 열심히 기도하는지 이야기하곤 했다. 중보기도는 부부가 힘을 모아 감당할 만한 사역이기도 하다. 남편과 아내는 자녀, 부모, 교회와 목회자, 다른 사역들, 그리고 세계선교뿐만 아니라 서로를 위해서도 간구할 필요가 있다. 배우자와 날마다 기도하는 시간을 갖고 있는가? 오늘부터 시작하라. 하루에 5분씩만 함께 주님 앞에 고개를 조아리자고 제안하라. 입 밖으로 소리를 내는 게 어색하면 조용히 아뢰라. 과감히 첫발을 내딛으라.

왜 기도하는가?

161

> 내 이름으로 일컫는 내 백성이 그들의 악한 길에서 떠나 스스로 낮추고 기도하여 내 얼굴을 찾으면 내가 하늘에서 듣고 그들의 죄를 사하고 그들의 땅을 고칠지라 대하 7:14

성경에는 기도하라는 명령이 수없이 등장한다. 역대하 7장 말씀도 그 가운데 하나다. 본문에서 하나님은 죄를 지은 후에라도 겸손히 몸을 낮추고 기도하면 그 간구를 들으시고, 허물을 고치시며, 죄를 용서하고 회복시키시겠다고 말씀하신다.

우리는 하나님을 아버지로 여기고 그 앞에 나아간다. 자녀들에게 가장 좋은 걸 베풀어주실 줄 믿고 머리를 숙이는 것이다. 하지만 그런 선물을 받을 준비를 갖추어야 한다. 그런 뜻에서 예수님도 "구하라 그리하면 너희에게 주실 것이요"(마 7:7)라고 하셨다. 하나님은 무엇이든 우리가 달라는 대로 다 주시는 분이 아니다. 궁극적으로 그 요청이 올바르지 않을 때는 더 나은 길을 제시하신다. 주님의 뜻은 항상 선하고 옳다. 함께 기도할 줄 아는 부부들은 하나님의 초대에 즐겁게 반응한다. 부부가 함께 머리를 숙인다는 건 곧 거룩한 임재와 권능을 사모한다는 의미다. 기도를 통해서 주님은 마음과 행동을 변화시키신다.

The One Year Love Language

이혼은
가장 최후의 카드
162

> 네 심령을 삼가 지켜 어려서 맞이한 아내에게 거짓을 행하지 말지니라 말 2:15

―

서로 갈라선 부부들을 수없이 상담하면서, 이혼이 삶의 기쁨을 적잖이 앗아가며 온갖 불온한 정서를 만들어낸다는 사실을 알게 됐다. 지금 배우자와 헤어지는 걸 고려하고 있다면, 먼저 몇 가지 사실들을 짚어보고 결정하는 게 좋겠다. 이혼한 남성과 여성 가운데 재혼해서 더 행복해졌다고 고백하는 사례는 극소수에 불과하다. 미국의 예를 들자면, 초혼가정의 이혼율은 40퍼센트 정도인 반면, 재혼가정은 60퍼센트에 이른다.

'하늘이 두 쪽 나는 한이 있더라도 이혼은 절대 불가'라는 순진한 소리를 하는 게 아니다. 너무 빨리 이혼을 선택하고 너무 큰 대가를 치르는 부부가 너무도 많다는 점을 지적할 따름이다. 이혼은 마지막 중에서도 마지막 카드가 되어야 한다. 단 한 방울의 가능성도 남아 있지 않다는 속삭임에 속아 넘어가지 말라. 누군가 적절한 정보와 도움을 제공하면 상황은 얼마든지 긍정적으로 변할 수 있다. 말라기서 2장에 기록된 하나님의 가르침을 좇아 마음을 지키라. 배우자 곁을 떠나지 말고 탈출구를 찾으라.

사랑은 선택이다

163

> 새 계명을 너희에게 주노니 서로 사랑하라 내가 너희를 사랑한 것같이 너희도 서로 사랑하라 요 13:34

「5가지 사랑의 언어」라는 나의 책을 읽고 "아직 애틋한 감정이 생기지 않지만, 그럼에도 불구하고 사랑을 표현해야겠다"고 결심한 부부들은 변화되었다. 배우자의 심금을 울리는 사랑언어를 배워서 규칙적으로 사용하기 시작했던 것이다. 사랑을 받은 이들 역시 베푸는 쪽에 대해 따뜻한 감정을 품게 되었다. 그리고 적절한 시점에 이르자, 상대방의 사랑언어를 배우는 것으로 화답했다.

사랑의 정서는 얼마든지 회복할 수 있다. 배우자의 사랑언어를 배워서 자주 사용하기로 작정하는 게 비결이다. 따뜻한 감정은 사랑을 표현하는 행동에서 비롯된다. 예수님은 모든 크리스천들에게 "내가 너희를 사랑한 것같이 너희도 서로 사랑하라"고 명령하셨다. 사랑은 선택이다. 우리가 그 길에 들어서기로 작정할 때 비로소 예수님을 닮아갈 수 있다.

The One Year Love Language

상처를 딛고 사랑한다는 것

164

> 또 네 이웃을 사랑하고 네 원수를 미워하라 하였다는 것을 너희가 들었으나 나는 너희에게 이르노니 너희 원수를 사랑하며 …하늘에 계신 너희 아버지의 아들이 되리니 마 5:43-45

지난날의 실수 때문에 마음속에 상처와 분노, 원망이 가득할 때 어떻게 하면 배우자를 사랑할 수 있을까? 인간의 가장 중요한 본성에서 해답을 찾을 수 있다. 인생은 선택의 연속이다. "원수를 사랑하며 너희를 박해하는 자를 위하여 기도하라"(마 5:44)는 예수님 말씀을 잊어서는 안 된다. 주님이 그렇게 가르치신 까닭은 무엇일까? 사랑은 다른 이들의 마음을 변화시키는 가장 강력한 무기이기 때문이다. 과거의 허물에도 불구하고 사랑하는 쪽을 선택해야 한다. 그래야 하나님이 가르치신 길을 따를 수 있다. 예수님의 표현을 빌자면, '하늘에 계신 아버지의 아들'이 되는 것이다. 생각만 해도 감격스럽지 않은가?

배우자가 주로 사용하는 사랑언어로 애정을 표현하면, 상대방은 정서적으로 '어루만져주는' 느낌을 받게 된다. 이렇게 감정을 건드리는 과정을 거치면 지난날의 실수를 인정하고 행동을 고치기가 한결 수월해진다. 사랑은 과거를 지워주는 게 아니라 미래를 변화시키는 데 초점을 맞추는 법이다.

부부의 사랑 탱크, 빈틈없이 채우기

165

> 이와 같이 남편들도 자기 아내 사랑하기를 자기 자신과 같이 할지니 엡 5:28

나는 아내의 사랑받고자 하는 정서적 필요를 채워주려고 날마다 노력한다. 아내의 사랑언어를 파악해서 사용하면, 사랑 안에서 안전감을 느끼게 해줄 수 있다. 반대로 아내가 똑같은 사랑을 베풀어주면 내 정서적인 갈증도 해소된다. 부부의 '사랑 탱크'가 빈틈없이 채워지는 것이다.

이처럼 정서적으로 만족하는 상태에서는, 넘치는 에너지를 그밖의 유익한 일들에 온전히 쏟을 여유를 갖게 된다. 어떻게 하면 그런 결혼생활을 할 수 있을까? 의지적으로 사랑을 선택하는 게 모든 역사의 출발점이다. 남편들은 아내의 욕구를 채워주는 게 하나님이 주신 책임이라는 점을 인정해야 한다. 에베소서 5장에서 바울은 그 점을 명확하게 못 박고 있다. 자기 몸을 사랑하듯 해야 한다. 대단히 힘든 일이지만 성령님이 도우신다. 우리 부부의 경우, 아내의 사랑언어를 익히고 시시때때로 사용하자 나를 향한 태도와 감정이 긍정적으로 변했다. 이제는 아내 쪽에서도 내 필요를 넉넉히 채워준다.

The One Year Love Language

낯선 사랑언어라도
공부하라
166

사랑을 추구하며 고전 14:1

배우자의 사랑언어에 도무지 익숙해지지 않는다면 어떻게 해야 할까? 대답은 간단하다. 자유롭게 쓸 수 있도록 공부해야 한다. 내 아내의 사랑언어는 '봉사'다. 아내의 언어로 사랑을 표현하기 위해서 가끔씩 집안 청소를 한다. 어린 시절, 어머니는 방 좀 치우라는 말을 입에 달고 사셨다. 특히 토요일에는 청소를 해야 밖에 나가 놀 수 있었다. 그때마다 속으로 생각했다. '어른이 돼 독립해서 따로 살게 되면 쓸고 닦는 일과는 담을 쌓겠어.'

누가 돈을 준대도 청소는 하고 싶지 않다. 그러나 집 안팎을 깨끗이 치우는 나를 보는 순간, 아내는 사랑을 느끼고 무한한 신뢰를 보낸다. 부자연스럽게 느껴지는 일을 기꺼이 해주는 것만큼 커다란 사랑의 표현은 없을 것이다. 성경은 크리스천의 가장 높은 목표가 사랑임을 거듭 일깨운다. 배우자의 사랑언어가 익숙하지 않더라도 즐겨 쓰려고 최선을 다한다면, 멀어만 보이던 목표가 한결 가까워질 것이다. 그건 곧 자신을 위한 일이기도 하다. 사랑 탱크가 가득 차 있는 아내와 함께 사는 기쁨을 누리기 때문이다.

자녀의 결혼, 관계 변화의 출발점

167

> 의인의 아비는 크게 즐거울 것이요 지혜로운 자식을 낳은 자는 그로 말미암아 즐거울 것이니라 잠 23:24

부모는 자식이 태어나서 결혼할 때까지, 독립적인 존재로 살아갈 훈련을 시킨다. 그리고 당당하게 자립해서 하나님의 백성으로 살아가기를 기대한다. 요리하고, 설거지하고, 청소하고, 저축을 하고, 주요한 결정을 내리는 방법 따위를 가르친다. 권위와 개개인의 가치를 존중하는 자세를 심어주려고 노력한다.

아이들이 결혼하는 순간까지, 즉 온전히 의존적일 수밖에 없는 갓난아기 상태에서 백퍼센트 독립적인 존재가 되는 날까지 지원을 아끼지 않는다. 일단 성인이 되면, 특히 결혼을 하고 나면 관계의 양상이 달라져야 한다. 본문에서 솔로몬이 말하고 있는 것처럼, 성숙하고 경건한 어른으로 성장한 자녀들을 지켜보는 건 더할 나위 없이 큰 기쁨이다. 당연히 아이들이 그렇게 되기를 기도해야 한다. 그러나 일단 그 소망이 이뤄지고 난 뒤에는 유연한 자세로 한계를 지키는 게 필요하다.

The One Year Love Language

자녀들을
성인으로 인정하라

168

> 내가 내 자녀들이 진리 안에서 행한다 함을 듣는 것보다 더 기쁜 일이 없도다 요삼 1:4

아들딸이 결혼해서 새 가정을 이루는 순간, 아버지 어머니는 시부모나 장인장모가 된다. 이제 어떤 마음가짐을 가져야 할 것인가? 가장 기본적인 단계에서부터 시작하자. 우선 자녀들을 성인으로 인정해야 한다. 이편의 뜻을 강요해선 안 되며, 동등한 지위를 가진 인격체로 존중해야 한다. 어떤 이들은 벌써부터 힘들어한다. 오랫동안 부모 노릇을 해온 까닭에 아들딸들에게 무엇이 최선인지 누구보다 잘 안다고 생각하기 때문이다. 사사건건 이래라저래라 하고 싶은 마음이 굴뚝 같을 수밖에 없다.

불쑥 솟구치는 충동을 억누르라. 부모-자식이라는 도식에 집착하면 자칫 '골칫거리'로 전락하게 될 공산이 크다. 아들딸들의 발길은 뜸해지고 사위나 며느리와의 관계도 소원해질 것이다. 자녀들이 실수한다고? 그럴지도 모른다. 하지만 진정한 성인으로 거듭나는 중임을 잊지 말라. 사소한 잘못조차 저지르지 않도록 미리 손을 쓰는 것보다는 차츰 성숙해가도록 이끌어주는 게 훨씬 중요하다. 자녀들의 독립을 마음껏 축하해주라.

혼인한 자녀들과의 친밀한 관계

169

> 너희는 모든 악독과 노함과 분냄과 떠드는 것과 비방하는 것을 모든 악의와 함께 버리고…서로 용서하기를 하나님이 그리스도 안에서 너희를 용서하심과 같이 하라 엡 4:31-32

신혼부부들은 양가의 부모들과 원만한 관계를 유지하면서 정서적으로 따듯한 분위기를 느낄 필요가 있다. 그러자면 먼저 부모들 쪽에서 자녀들에게 많은 노력을 기울여야 한다. 하지만 무심코 뱉은 말이 자녀들에게 상처를 입히기도 한다. 이편의 의도를 엉뚱하게 해석해서 벌어진 사단일지라도 어쨌든 관계에는 균열이 생기게 마련이다.

깨어진 관계를 끌어안고 살기에는 인생이 너무 짧다. 잘못을 고백하고 용서를 구하는 건 성경이 가르치는 기본 중의 기본이며, 부부관계뿐만 아니라 결혼한 자녀들과의 관계에도 반드시 적용해야 할 원리다. 에베소서 4장 본문이 명확하게 지적하듯, 상처와 원한은 어느 면에서 봐도 부정적이다. 크리스천 부모들은 가정을 이룬 자녀들과 부드러운 관계를 유지하는 데 적극적으로 나서야 한다. 친절하고, 온유하며, 용서하는 '어른'이 되는 걸 목표로 삼으라. 부모와 결혼한 자녀들의 관계는 서로 자유를 허용하고 상호존중하는 자세가 기본이 되어야 한다.

뒤틀린 분노의
고삐를 죄라

170

나아만이 노하여 물러가며 이르되 내 생각에는 그가 내게로 나와 서서 그의 하나님 여호와의 이름을 부르고 그의 손을 그 부위 위에 흔들어 나병을 고칠까 하였도다 왕하 5:11

상황을 잘못 알고 분통을 터트리는 경우가 있다. 성경에도 그런 사례가 등장한다. 나병에 시달리던 아람의 군대장관 나아만은 먼 길을 여행해서 이스라엘에 당도했다. 엘리야에게 치료를 부탁해보려는 심산이었다. 그런데 하나님의 선지자는 대화를 나누는 건 고사하고 나와 보지도 않았다. 사환을 시켜서 요단강에 일곱 번 들어갔다 나오면 깨끗이 나을 거란 말을 전하는 게 고작이었다. 나아만은 머리끝까지 화가 치밀었다. 하인이 나서서 분노를 지적해주고 나서야 선지자의 지시에 따랐고, 결국 병을 고쳤다.

나아만은 자존심에 상처를 입었다. 누구나 비슷한 경험이 있을 것이다. 배우자의 말 한 마디, 몸짓 하나에 벌컥 화를 내는 경우가 얼마나 많은가! 밖에 나간 아내가 늦도록 돌아오지 않으면 남편은 분노의 엔진을 돌리기 시작한다. '이러니 어떻게 믿고 의지하겠어?' 화가 나는가? 분통을 터트리기 전에 먼저 곰곰이 생각하라. 모든 가능성을 점검하라. 지혜를 구하라. 분노가 왜곡됐다는 사실이 드러날지도 모른다.

비난하지 말고
정보를 전달하라

171

> 이러므로 우리 각 사람이 자기 일을 하나님께 직고하리라 그런 즉 우리가 다시는 서로 비판하지 말고 도리어 부딪칠 것이나 거칠 것을 형제 앞에 두지 아니하도록 주의하라 롬 14:12-13

'뒤틀린 분노'란 스스로 세운 삶의 기준에 배우자가 미치지 못할 때 경험하는 감정을 말한다. 그렇게 왜곡된 정서가 관계를 뒤흔드는 상황에서는 어떻게 대처해야 하는가?

예를 들어보자. 아내가 셔츠를 세탁소에 맡기지 않아서 남편은 화가 났다. 버럭 화를 내며 거친 말을 내뱉을 수도 있다. "뭐 하나 제대로 하는 게 없어!" 이러면 상황은 더 꼬일 뿐이다. "여보, 난 속상해요. 내일 입을 게 없네"라고 말한다면, 아내는 십중팔구 "아, 미안해요. 걱정 마세요. 내일 입을 수 있도록 준비해놓을게요"라고 대답할 것이다.

첫 번째는 비난에 가깝지만, 두 번째는 실망감과 정보를 전달한다. 비난하기보다는 정보를 나누는 편이 훨씬 낫다. 상대방으로부터 건전한 반응을 끌어낼 뿐만 아니라 성경의 가르침에 충실할 수 있기 때문이다. 로마서 14장은 크리스천들에게 서로 비판하지 말라고 충고한다. 몰아세우다 보면, 상대의 마음에 분노와 실망만이 가득 찬다.

해결책을 찾는
성숙한 대화

172

> 의인의 입술은 기쁘게 할 것을 알거늘 악인의 입은 패역을 말하느니라 잠 10:32

　상처를 입고 분노가 치미는가? 그렇다면 배우자와 더불어 긍정적인 방식으로 문제를 해결하라.

　예를 들어 이렇게 대화를 시작하면 어떨까? "난 당신을 사랑해요. 부부 사이에 벽이나 비밀이 있어서는 안 된다고 해서 속으로 끙끙거리고 있는 문제를 나누려고 해요. 지난 몇 달 동안, 문득문득 감정이 상하고, 무시당한다는 느낌이 들었어요. 일주일에 세 번이나 헬스클럽에 가는 것 때문이었어요. 그냥 그런 느낌이 든다는 걸 알아주길 바랄 뿐예요. 함께 해결방법을 찾아보면 좋겠어요."

　이처럼 대화의 목표가 시시비비를 가리는 게 아니라 해결책을 찾는 데 있음을 분명히 드러내는 접근방식이 도움이 된다. 잠언 10장 32절 말씀에 따르면, 경건한 이들은 이렇게 도움이 되는 말을 하게 되어 있다. 개방적이고 긍정적인 자세는 부부 사이에 존재하는 생각의 차이를 좁혀서 관계를 성숙하게 가꿔나가는 디딤돌이다.

구체적으로
사과하라

173

내 죄악을 아뢰고 내 죄를 슬퍼함이니이다 시 38:18

'사과'의 얼굴을 꼽자면 열 손가락이 모자랄 만큼 다양한데, '후회'도 거기에 포함된다. 원인을 제공한 쪽에서는 마음을 아프게 하고 실망시키고 신뢰를 짓밟은 걸 후회한다. 피해자는 자신이 입은 깊은 상처를 상대방이 알고 있다는 증거를 원하며, 그런 심정이 여실히 배어 있는 사과를 듣고 싶어한다.

"미안해요"라는 간단한 말만으로는 예전의 따듯하고 다정한 관계로 돌아가기 어렵다. 구체적인 사과만이 상대방의 마음을 움직일 수 있다. "늦어서 미안해요. 시간 맞춰 나오느라고 쩔쩔맸을 텐데, 내가 보이지 않아서 실망스러웠지요? 정말 할 말이 없군요. 제 시간에 출발하지 못한 게 문제였어요."

구체적인 표현들은 상황의 심각성과 배우자에게 끼친 불편함을 얼마나 깊이 인식하고 있는지를 보여준다. 시편 말씀에서 보는 것처럼, 지은 죄를 하나님께 고백할 때는 소상하게 아뢰고 뉘우치는 심정을 진지하게 표현한다. 배우자에게도 그래야 한다.

The One Year Love Language

책임을
떠넘기지 말라

174

> 이르시되 누가 너의 벗었음을 네게 알렸느냐 내가 네게 먹지 말라 명한 그 나무 열매를 네가 먹었느냐 … 여자가 이르되 뱀이 나를 꾀므로 내가 먹었나이다 창 3:11-13

"잘못했어요. 상처를 입혀서 정말 미안해요"라고 이야기하는 게 후회다. 진심이라면 거기서 끝나는 게 정상이다. "하지만…" 따위의 말은 단 한 줄도 따라붙지 않는다. 남편들은 말한다. "아내도 사과를 하기는 하죠. 하지만 곧장 내가 이러저러한 잘못을 저질러서 자기로서는 그렇게 할 수밖에 없었다는 얘길 덧붙여요. 그러면 사과의 진정성이 느껴지지 않아요." 아내들도 지지 않는다. "남편은 사과를 하고 나서는 금방 자기가 마땅히 해야 할 일을 했을 뿐인데, 내가 어린애처럼 군대요. 세상에 그런 사과가 어디 있어요?" 그렇다. 그건 책임을 떠넘기는 것이다.

책임 전가는 인간의 오래된 습성이며, 뿌리를 찾자면 인류의 조상인 아담과 이브에게까지 거슬러 올라가야 한다. 창세기 3장에는 두 사람이 자신의 허물을 남에게 미루는 모습이 여실히 나타난다. 비난의 화살을 상대방에게 돌리는 순간, 사과는 공격으로 돌변한다. 사과는 "미안합니다"로 끝내라. '하지만'으로 시작되는 말을 잘라버리고 자기 행동에 스스로 책임지는 모습을 보이라.

애틋한 사랑의 재발견

175

사랑은 오래 참고 사랑은 온유하며 시기하지 아니하며 사랑은 자랑하지 아니하며…모든 것을 믿으며 모든 것을 바라며 모든 것을 견디느니라 고전 13:4-7

상담실 문을 두드리는 부부들 가운데는 이혼까지 생각하는 이들이 많다. 왜 헤어지려 하는지 물으면, 제각기 자기 입장을 장황하게 설명하고 나서 "우린 이제 사랑하지 않아요"라는 말로 결론짓곤 한다. 단호하고 결연하다. 그러나 내 생각은 다르다. 로맨틱하고 따끈따끈한 사랑은 잃어버렸을지 몰라도 진정한 사랑은 전혀 별개의 문제다.

성경은 부부의 사랑에 관해서 대단히 강력한 메시지를 전하고 있다. 에베소서 5장 25절은 남편들에게 아내를 사랑하라고 명령한다. 디도서 2장 4절은 아내들더러 남편 사랑하는 법을 배우라고 말한다. 하나님은 무리한 명령을 내리시지 않는다. 고린도전서 13장은 사랑을 '오래 참고, 온유하며, 거만하거나 무례하지 않는 것'으로 설명한다. 아울러 '남의 잘못을 마음에 담아두거나 원한을 품지 않는 일'이기도 하다. 이 모든 내용은 느낌이 아니라 사고방식과 행동양식에 관해 이야기한다. 행동으로 사랑을 실천하는 것이야말로 애틋한 감정이 돌아오게 만드는 가장 빠른 방법이다.

The One Year Love Language

말을 통해
전하는 사랑

176

> 사람은 입에서 나오는 열매로 말미암아 배부르게 되나니 곧 그의 입술에서 나는 것으로 말미암아 만족하게 되느니라 죽고 사는 것이 혀의 힘에 달렸나니 잠 18:20-21

사랑을 표현하는 데는 기본적으로 말과 행동이라는 두 가지 방식이 있다. 오늘은 말에 관해 살펴보기로 하자. 사랑하려면 배우자를 세워주는 말을 써야 한다.

"그렇게 차려입으니까 눈부시게 아름다운데?" "음식물 쓰레기를 버려줘서 고마워요." "와, 정말 맛있어요. 이걸 만드느라 고생 많았죠?" "목요일 밤마다 강아지를 산책시켜줘서 고마워요. 덕분에 한시름 덜었어요." 잠언 8장 21절은 '죽고 사는 것이 혀의 힘에' 달렸다고 말한다. 말에는 그만큼 강력한 힘이 있다. 배우자의 영혼을 죽이는 데는 무시하고 난처하게 만드는 부정적인 말 몇 마디면 충분하다. 반면에 격려하고 인정하고 힘을 주는 긍정적인 말은 생명을 불어넣는다.

칭찬거리가 전혀 없는 인간은 단 한 명도 없다. 훌륭한 점을 찾아서 인정해주면 상대방의 마음속에 더 좋은 사람이 되려는 욕구가 싹튼다. 따듯한 말 한 마디로 배우자의 영혼에 생명의 씨앗을 뿌리고 어떤 열매가 맺히는지 관찰하라.

행동으로
표현하는 사랑

177

> 자녀들아 우리가 말과 혀로만 사랑하지 말고 행함과 진실함으로 하자 요일 3:18

오늘은 행동에 관한 이야기를 나누려고 한다. 오늘 본문 말씀에서 사도요한은 말만이 아니라 행동을 통해서 서로 사랑을 보여야 한다고 지적한다. 말하기는 쉽지만, 그 진정성을 입증하려면 실천이 뒤따라야 한다. 성경은 사랑의 속성으로 친절을 꼽는다(고전 13:4). 그러므로 사랑을 표현하고 싶다면, 상대방이 친절한 대접을 받았다고 느낄 만한 일을 해주라. 배우자가 쇼핑이나 등산을 즐기는 사이에 집에서 아이들을 봐줄 수도 있다. 배우자를 근사한 식당에 데려가서 저녁식사를 대접할 수도 있다. 마지막으로 연애편지를 보낸 게 언제인지 돌아보라.

사랑은 또한 오래 참는다(고전 13:4). 아내의 외출 준비가 다소 늦어질지라도 공연히 방안을 서성이며 재촉하지 말라. 편안히 자리를 잡고 앉아서 성경을 읽든지 기도하라. 사랑은 무례하게 행동하지 않는다. 마치 구애할 때처럼 정중하고 다정하다. 공손한 자세를 가지라. 온몸으로 사랑을 전달하라.

서로의 차이점은
귀한 재산
178

> 몸은 하나인데 많은 지체가 있고 몸의 지체가 많으나 한 몸임과 같이 그리스도도 그러하니라 고전 12:12

배우자와 어떤 점에서 다르다고 생각하는가? 한쪽은 조용한데 다른 한쪽은 말이 많은가? 이편은 물건을 제자리에다 잘 정리해두는데 상대편은 일생의 절반을 현관문 열쇠 찾는 데 소비하는가?

서로 다른 부분을 두고 몇 년씩이나 씨름한 끝에 도저히 함께 살 수 없다고 결론짓는 부부가 얼마나 많은지 모른다. 실제로 이혼하는 부부들 가운데는 성격 차이를 사유로 내세우는 경우가 허다하다. 그러나 30년 넘게 부부 상담을 해본 결과, 그것은 서로 화해하기를 거부하는 핑계에 불과하다는 사실을 깨달았다.

하나님의 눈으로 본다면, 차이점은 감사해야 할 조건이지 갈등의 요인이 아니다. 사도바울은 고린도전서 12장에서 교회의 예를 들어서 그 원리를 설명한다. 교인들은 제각기 다른 역할을 감당한다. 크리스천들이 각각 제몫을 다하면서 한 팀이 되어 움직인다면 훨씬 큰일을 해낼 수 있다. 그 원리를 결혼생활에도 적용하라. 차이점을 빚더미가 아니라 재산으로 파악하는 데서 출발하라.

차이에서 배우라

179

> 그러나 이제 하나님이 그 원하시는 대로 지체를 각각 몸에 두셨으니 만일 다 한 지체뿐이면 몸은 어디냐…또한 머리가 발더러 내가 너를 쓸 데가 없다 하지 못하리라 고전 12:18-21

　배우자의 다른 면에 대해 하나님께 감사해본 적이 있는가? 차이점을 짜증스러운 조건으로 볼 때가 많지 않은가? 틈만 나면 텔레비전을 보는 남편과 쉬지 않고 일하는 아내가 있었다. 아내는 남편을 천하에 다시없는 게으름뱅이라고 생각했다. 남편 역시 아내를 여유라고는 눈꼽만큼도 없는 신경과민 환자쯤으로 여겼다. 그러던 어느 날, 차이는 저주가 아니라 축복이라는 걸 깨닫게 되었다. 그 후 "상대방에게서 무얼 배울 수 있을까?"라고 묻기 시작했다. 아내는 느긋이 앉아서 텔레비전 보는 법을 배웠다. 남편은 집안일을 돕는 한편, 죄책감에서 벗어나는 훈련을 했다.

　크리스천의 결혼생활은 그러해야 한다. 서로 다른 점을 활용해서 최선의 열매를 거둬야 한다. 차이를 허락하신 하나님께 감사하고, 그때부터는 서로 배워야 할 게 무엇인지 가르쳐주시길 구하라. 주님은 깜짝 놀랄 만한 대답을 들려주실 것이다.

The One Year Love Language

합당한 충고를
받아들이라

180

> 모세의 장인이 그에게 이르되 네가 하는 것이 옳지 못하도다 너와 또 너와 함께 한 이 백성이 필경 기력이 쇠하리니…모세가 자기 장인의 말을 듣고 그 모든 말대로 하여 출 18:17-18, 24

남편과 아내는 결혼과 동시에 부모를 떠나 한 몸이 되기 위해 최선을 다해야 한다. 그러나 부모를 떠나야 한다는 말이 어른들의 조언을 깨끗이 무시하라는 뜻은 아니다. 양가 부모의 충고는 요긴할 때가 많다. 출애굽기에서도 그런 모습을 볼 수 있다. 크고 작은 송사에 온종일 매달리는 사위를 지켜보던 이드로는, 그러다간 금방 탈진하고 말 거라며 대표를 뽑아서 권한을 나누는 방안을 제시했다. 모세는 몇몇 지도자들을 세워서 일을 나눠 맡겼다. 그가 내렸던 가장 멋진 결정 가운데 하나였고, 그 개념을 제공한 건 장인이었다.

이드로의 조언을 받아들인 것을 보면, 모세가 얼마나 성숙했는지 알 수 있다. 좋은 생각인 줄 알면서도 단지 장인의 제안이라는 이유로 거부감을 보이지 않았다. 자신이 얼마나 똑똑한지 입증해보이려는 욕심도 없었다. 훌륭한 아이디어라면 출처와 상관없이 기꺼이 받아들일 만큼 안정된 자아상을 가지고 있었던 것이다. 모세처럼 지혜로워지기를 바란다.

부부 갈등,
부모를 찾지 말라

> 네 형제가 죄를 범하거든 가서 너와 그 사람과만 상대하여 권고하라 만일 들으면 네가 네 형제를 얻은 것이요 마 18:15

부모를 떠나야 한다는 결혼의 원칙은, 부부관계에 갈등이 생겼을 때와 깊은 관련이 있다. 부모에게 지나치게 의존하는 아내는 남편과 다툴 때마다 곧장 친정으로 달려가기 쉽다. 그런 행태가 습관으로 굳어지면 처가에서는 사위를 곱지 않은 시선으로 바라보게 마련이고 결국 부부관계에 치명적인 영향을 끼치게 된다.

행복할 때는 물론이고 갈등을 겪는 상황에서도 남편과 아내는 '한 몸'이 되어야 한다는 사실을 잊지 말라. 예수님은 제자들에게 혹시라도 누군가가 해코지를 한다면 직접 찾아가라고 가르치셨다. 결혼생활에도 똑같은 원리를 적용해야 한다. 배우자와 단둘이 탈출구를 탐색하는 게 우선이다. 갈등은 성장의 디딤돌이다. 도움이 필요하다면 목회자나 크리스천 부부상담가를 만나라. 객관적인 입장에서 상황을 분석하여 현명한 결정을 내리게 도와줄 것이다. 반면에 부모는 자식의 입장에 서서 문제를 바라보게 마련이므로 현실적인 판단을 기대하기 어렵다.

The One Year Love Language

한 몸, 한 마음, 한 뜻

182

이는 그들로 마음에 위안을 받고 사랑 안에서 연합하여 골 2:2

사도바울은 오늘 본문에서 그리스도인들이 사랑 안에서 연합하는 게 자신의 비전이라고 고백한다. 특히 결혼한 부부들에게 사랑으로 결속하는 건 대단히 중요한 과제다. 결혼생활을 돌아보라. 다음과 같은 이야기를 자신 있게 할 수 있는가?

우리는 한 팀입니다 / 서로를 잘 알아요 / 서로 깊이 이해합니다 / 서로를 향해 한 걸음 더 다가가려고 노력해요 / 그 무엇도 우리를 갈라놓을 수 없어요 / 우리는 하나예요.

모두가 행복한 부부들의 이야기다. 이러한 일체감은 엄청난 의사소통의 산물이다. 커뮤니케이션은 언제나 두 방향으로 진행된다. 남편이 말하면 아내는 들어야 한다. 아내가 이야기하면 남편은 귀를 기울여야 한다. 배우자와 대화하는 데 하루에 몇 시간이나 투자하는가? 시간을 정해서 하루하루 삶을 나누고 있는가? 약속을 지키기 위해 어떤 노력을 기울이는가?

둘만의 시간을
따로 떼어두라

183

> 하나님이여 사슴이 시냇물을 찾기에 갈급함같이 내 영혼이 주를 찾기에 갈급하니이다…내가 어느 때에 나아가서 하나님의 얼굴을 뵈올까 시 42:1-2

하나님은 아담과 이브를 지으신 뒤에, 둘이 한 몸을 이루라고 하셨다. '한 몸'이 된다는 건 제각기 가진 정체성을 잃어버린다는 뜻이 아니다. 하나가 된 뒤에도 저마다의 성품은 그대로 유지되며 개인적인 목표와 꿈도 변하지 않는다. 결혼을 통해 얻는 '하나 됨'은 '동일함'과 다르다. 떨어져 지내도 '함께'임을 확신하는 내면의 감정상태를 의미한다. 무수한 생각과 감정, 활동, 꿈, 기쁨과 슬픔 등을 나누고 삶을 공유해야 비로소 한 몸이 될 수 있다.

하루 동안의 일을 나누는 시간을 정해두면 일체감을 키우는 데 크게 도움이 된다고 고백하는 부부들이 많다. 시편기자가 아름답게 표현한 것처럼, 하나님과의 관계가 돈독해질수록 더욱 주님을 사모하고 가까이 다가가기를 소원하게 되는 법이다. 배우자와의 관계도 마찬가지다. 생각과 감정, 관심사를 공유하는 데 쓸 시간을 따로 떼어놓으라. 남편과 아내가 서로 이해하고 일체감을 갖는 데는 대화만한 명약이 없다.

The One Year Love Language

서로를 알아가는
나눔의 시간

184

> 여호와여 주께서 나를 살펴보셨으므로 나를 아시나이다 주께서 내가 앉고 일어섬을 아시고 멀리서도 나의 생각을 밝히 아시오며 시 139:1-2

시편 139편 말씀에 따르면, 하나님은 자녀들의 생각을 꿰뚫어보시며 채 입을 열기도 전에 무슨 말을 할지 아신다. 주님은 특별히 애쓰지 않아도 우리보다 우리를 더 잘 아신다. 하지만 남성과 여성이 서로를 알아가는 데는 시간이 필요하다.

배우자의 이야기를 귀 기울여 듣지 않는 한, 그 생각과 감정, 욕구를 알 길이 없다. 이른바 '나눔의 시간'이 결혼생활에 있어서 내단히 중요하다고 말하는 까닭이 여기에 있다. 일체감을 키우려면 부부가 규칙적으로 만나서 서로 흉금을 터놓는 과정이 반드시 필요하다.

'나눔의 시간'은 오직 서로 말하고 듣기 위해 마련해둔 여유를 말한다. 어떻게 운을 떼어야 할지 막막하다면 이렇게 이야기해보라. "오늘 어떤 일이 있었고 무슨 생각을 했는지 세 가지만 이야기해주세요." 처음에는 10분을 못 넘길지 모르지만 조만간 30분을 가지고도 모자라게 될 것이다. 중요한 건 지속성이다. 의사소통이 제대로 이뤄지지 않는 부부치고 행복하게 사는 걸 본 적이 없다.

동반자 의식을 가지라

185

> 두 사람이 한 사람보다 나음은 그들이 수고함으로 좋은 상을 얻을 것임이라 … 홀로 있어 넘어지고 붙들어 일으킬 자가 없는 자에게는 화가 있으리라 전 4:9-10

하나님은 동반자를 갖고자 하는 인간의 욕구를 충족시켜주기 위해 결혼제도를 만드셨다. 주님은 아담에게 "혼자 사는 것이 좋지 아니하니 내가 그를 위하여 돕는 배필을 지으리라"(창 2:18)고 말씀하셨다. 하지만 결혼생활을 하면서도 여전히 외로운 삶을 사는 이들이 있다.

외로움을 끌어안고 고통스러운 삶을 살 필요가 없다. 몇몇 조처들을 취하는 것만으로도 얼마든지 불필요한 고독을 정리할 수 있다. 멀리 내다보지 말라. 이미 얼마나 엉망이 됐는지 곱씹지도 말라. 그저 지금보다 조금 더 낫게 만드는 데 집중하라. 친절한 행동으로 침묵을 깨트리라. 꽃다발을 안겨주며 말하라. "문득 당신 생각이 나서 샀어요." 배우자의 훌륭한 점을 찾아보고 고마움을 전하라. 입을 맞추고 고백하라. "당신이 도와주면 신혼 시절로 돌아갈 수 있을 것 같아요." 전도서를 보면, 성경이 동반자의식을 얼마나 유익하게 여기는지 알 수 있다. 마주보고 한 걸음씩만 내딛으라. 외로움은 온데간데없이 사라질 것이다.

결혼생활 속에서 느끼는 외로움

> 또 두 사람이 함께 누우면 따뜻하거니와 한 사람이면 어찌 따뜻하랴 한 사람이면 패하겠거니와 두 사람이면 맞설 수 있나니 세 겹 줄은 쉽게 끊어지지 아니하느니라 전 4:11-12

외로움은 정서적인 유형과 사회적인 유형으로 나뉜다. 정서적인 외로움은 배우자에게 친밀감을 느끼지 못하는 경우다. 한마디로 말해서, 남이랑 한 지붕 아래 사는 것 같은 기분이다. 사회적인 외로움은 부부가 함께 하는 활동이 전혀 없는 데서 비롯되는 고립감을 가리킨다.

정서적인 외로움을 치료하는 과정은 상대방을 비난하지 않고 부드럽게 대화를 유도하는 데서 시작된다. 간단한 질문에서 출발하라. "오늘은 뭘 맛있게 먹었어요?" "하루 중에서 언제가 가장 즐거웠어요?" 이야기가 좀 진전됐다 싶으면 더 중요한 이슈로 넘어가라. "당신이 더 신나게 살 수 있도록 내가 앞으로 어떻게 도우면 좋을까요?" 사회적인 외로움을 치료하기 위해서는 함께 할 만한 일을 찾아서 실천해야 한다. 배우자가 흔쾌히 참여할 만한 일들을 골라 함께 하라. 긍정적인 행동이 부정적인 불만보다 백번 낫다. 전도서 말씀이 지적하듯, 둘이 하나보다 나은 이유를 꼽자면 열 손가락이 모자란다. 각오를 새롭게 하고 배우자와 더 깊은 동료애를 나누라.

무엇을 위해 일하는가?

187

> 사람이 만일 온 천하를 얻고도 제 목숨을 잃으면 무엇이 유익하리요 사람이 무엇을 주고 제 목숨과 바꾸겠느냐 마 16:26

노동은 고상한 수고다. 하지만 지나치게 일하는 건 괜찮을까? 십계명은 하루를 온전히 떼어서 주님을 섬기는 데 전념하라고 명령한다. 우주를 모두 지으시고 일곱째 날에 안식하셨던 창조주의 모범을 따르라는 것이다. 본문에서 보듯, 예수님도 제자들에게 세상적인 성취와 영적인 유익을 저울질해보라고 하셨다. "사람이 만일 온 천하를 얻고도 제 목숨을 잃으면 무엇이 유익하리요?"

결혼생활을 희생해가면서까지 출세하려고 노력하는 게 과연 가치 있을까? 성경은 관계(우선은 하나님, 그 다음은 가족을 비롯한 사람들과의 관계)에서 삶의 의미를 찾아야 한다고 말한다. 곰곰이 생각해보라. 생활방식을 바꾸는 게 정말 불가능할까? 배우자와의 관계가 점점 멀어지고 있지는 않은가? 서로에게 좀 더 시간을 낸다면 경제적으로는 다소 부족할지라도 훨씬 행복해지지 않을까? 자녀들이 생각하는 아빠엄마는 일하는 사람일까, 사랑하는 사람일까?

일과 가정, 균형을 잡으라

188

> 하나님이 해 아래에서 네게 주신 모든 헛된 날에 네가 사랑하는 아내와 함께 즐겁게 살지어다 그것이 네가 평생에 해 아래에서 수고하고 얻은 네 몫이니라 전 9:9

일과 가정 사이에서 균형 잡는 문제를 토의하다 보면 언제나 일을 줄이는 쪽으로 결론내리게 된다. 하지만 경우에 따라서는 가족과 일을 통합시키는 것도 해법이 될 수 있다. 출장이 잦은 일을 하고 있다면, 가족을 데려가는 건 어떤가? 생각지도 못했던 미니 휴가가 될 것이다. 한편으로는 일하는 모습을 보여줌으로써 감사의 마음을 갖게 하는 효과도 기대할 수 있다. 집에 있는 시간을 더 알차게 사용하는 방식으로도 변화를 일으키는 게 가능하다. 오늘 밤에는 식구들과 색다른 프로그램을 가지라. 일상에서 벗어나라. 소극적으로 따라가지 말고 앞장서서 이끌라.

그러한 행동에는 중요한 메시지가 담겨 있다. "나는 이 관계를 소중히 생각하고 그대와 더불어 즐거움을 나누면 좋겠어요." 전도서 9장 9절은 아내를 일컬어 '선물(새번역)'이라고 했다. 하나님은 배우자라는 선물로 열심히 일한 수고를 갚아주셨다. 이 진리를 기억하고 거기에 맞춰 우선순위를 세운다면, 결혼생활은 생기를 잃지 않고 나날이 성장해갈 것이다.

지배적인 배우자에게
대응하는 법

189

> 뭇 사람을 공경하며 형제를 사랑하며 하나님을 두려워하며 왕을 존대하라 벧전 2:17

남편, 또는 아내가 지나치게 지배적이면 결혼생활에 수많은 문제들이 발생한다. 사사건건 명령하는 배우자와 함께 사는 영혼은 질식할 것 같은 기분을 느끼게 된다. 둘이 하나보다 낫다고 성경은 말한다. 그러나 누군가가 모든 일을 혼자 결정한다면 둘의 가치는 소멸되고 만다.

지배적인 배우자에게 대응하는 데는 일반적으로 다툼과 복종이라는 두 가지 방식이 있다. 하지만 그 어느 쪽도 진정한 연합을 이루지 못한다. 무슨 일이든 제 뜻대로 휘두르려는 인물과 다투는 건 시간 낭비다. 그런 배우자에게서 양보를 이끌어내기란 하늘의 별따기만큼 어렵다. 그래서 어떤 이들은 복종을 택한다. '집안이 조용하려면 그냥 맞춰주는 게 낫다'고 생각하는 것이다. 그러나 복종은, 한 인격체를 종으로 전락시키는 것으로 결국 그도 반기를 들게 된다. 성경이 말하는 결혼은 기꺼이 서로의 필요를 채워주려고 노력하는 두 인격체의 관계를 말한다. 사랑, 존중, 배려는 크리스천 가정의 대표적인 특징들이다.

The One Year Love Language

친절하지만 단호하게 맞서라

190

> 혹 위로하는 자면 위로하는 일로 구제하는 자는 성실함으로 다스리는 자는 부지런함으로…선에 속하라 형제를 사랑하여 서로 우애하고 존경하기를 서로 먼저 하며 롬 12:8-10

지배적인 배우자의 마음을 움직여서 변화를 이끌어낼 수 있을까? 물론이다. 의도는 인정하되 그 뜻에는 휘둘리지 않아야 상대방에게 영향을 미칠 수 있다.

남편이 사전에 상의 한 번 하지 않고 덜컥 새 냉장고를 배달시켰다고 치자. 아내로서는 무시당했다는 느낌이 들 수밖에 없는 상황이다. 자, 이제 어떻게 해야 할까? 이렇게 이야기해보라. "날 위해 냉장고를 계약하고 왔다니, 참 고마워요. 기왕이면 나한테 먼저 물어보지 그랬어요? 당신이랑 함께 골랐더라면 정말 신났겠다 싶어요. 그래서 하는 말인데, 배달을 좀 미뤄달라고 전화해줄 수 있어요? 아니면 내가 해볼까요?" 버럭 화를 내면서 거절해도 다투지 말라. 직접 전화해서 다른 모델을 고르면 그만이다. 지배적인 성품은 하루아침에 바뀌지 않는다. 하지만 온유하면서도 확고한 자세로 대하면 결국 달라지게 만들 수 있다. 바울의 가르침대로 사랑하고, 다정하게 대하고, 존중하는 마음을 지키라. 선한 일에 초점을 맞추라. 배우자의 심경에도 차츰 변화가 일어나기 시작할 것이다.

아이들의 사랑언어로 말해주라

191

> 모든 겸손과 온유로 하고 오래 참음으로 사랑 가운데서 서로 용납하고 엡 4:2

자녀들은 아빠엄마로부터 사랑받는다는 느낌을 갖고 있는가? 아들딸을 사랑하는지 묻는 게 아니다. 자식을 사랑하지 않는 부모가 어디 있겠는가? 하지만 자녀들에게 그런 확신을 심어주려면 진실한 마음만으로는 부족하다. 아이들의 사랑언어로 말해줄 필요가 있다는 뜻이다.

어떤 아이들은 주로 '함께하는 시간'이라는 사랑언어를 사용한다. 그런 경우에는 인정하는 말을 해주고, 신체적인 접촉을 늘이고, 선물을 주고, 부지런히 섬긴다 하더라도 소용이 없다. 함께 시간을 보내지 않는 한 사랑받는다고 느끼지 못한다. 자녀가 이런저런 일들을 같이 하자고 조를 때가 많다면, 함께하는 시간이 사랑언어일 가능성이 크다. 쉴 새 없이 보채는 게 귀찮겠지만 에베소서 4장 말씀처럼 온유하고 인내하는 마음으로 용납해주어야 한다. 꼬맹이들을 참을성 있게 대하며, 실수를 너그럽게 품어주고, 그 이면에 어떤 욕구가 숨어 있는지 살피라. 주의 깊게 관찰하며 행동 변화를 지켜보라.

The One Year Love Language

감정에 기댄
행동을 조심하라

192

> 또 주의 종에게 고의로 죄를 짓지 말게 하사 그 죄가 나를 주장하지 못하게 하소서 … 여호와여 내 입의 말과 마음의 묵상이 주님 앞에 열납되기를 원하나이다 시 19:13-14

감정은 삶을 풍성하게 만드는 하나님의 선물이다. 긍정적인 감정과 부정적인 감정, 둘 다 주님을 바라보게 만든다. 감정 자체는 나쁜 게 아니지만 거기에 토대를 둔 행동은 죄가 될 수도 있다. 시편 19편에서 다윗 왕은 '고의로' 죄를 짓지 않도록 지켜주셔서 늘 정직하게 해달라고 하나님께 요청했다. 느낌은 저절로 일어나는 것이어서 의도가 섞일 수 없다. 고의가 개입되어 옳고 그름을 가리게 되는 건 그 느낌에 기댄 행동들뿐이다.

예를 들어보자. 행복한 결혼생활을 하고 있는 부부라 해도 배우자가 아닌 이성에게 '짜릿함'을 느낄 수 있다. 마음이 끌리는 건 죄가 아니지만 그걸 행동으로 옮긴다면 얘기가 다르다. 그 느낌을 하나님 앞에 내려놓으라. 배우자를 향한 열정의 불씨를 되살려서 바른 길을 지키고 즐거움을 누릴 수 있는 지혜를 구하라. 다른 이성에게 눈길이 간다는 사실은 곧 결혼생활을 점검해볼 필요가 있다는 신호다. 감정을 통해서 하나님을 바라보라. 주님의 뜻을 찾으라. 그분의 가르침을 따를 때, 감정은 제몫을 다하게 된다.

부정적인 느낌을 인정하라

193

> 웃을 때에도 마음에 슬픔이 있고 즐거움의 끝에도 근심이 있느니라 잠 14:13

부정적인 느낌을 받아들이지 못하는 크리스천들이 있다. 분노, 두려움, 실망, 외로움, 좌절, 우울, 슬픔 따위의 감정은 거룩한 자녀의 삶과 어울리지 않는다고 생각하는 까닭이다. 그런 감정이 생기면 외면하고 무시하려 안간힘을 쓴다. 하지만 솔로몬이 지적하는 것처럼, 부정적인 느낌은 감춰질 수 있는 게 아니다. 모르는 체 할 수는 있을지언정 떨쳐버리지는 못한다.

그보다는 실체를 정확히 파악하고, 현실로 인정하고, 하나님의 지도를 구하는 편이 훨씬 생산적이다. 주님은 지혜를 주셔서 적절한 조치를 취하게 하신다. 어찌해볼 수 없는 형편일 때는 위로를 베푸신다. 그러므로 어떤 감정이든 하나님께 고백하고 인도하심을 요청해야 한다. "주님, 이러저러한 느낌이 듭니다. 어떻게 하면 좋을까요?"라는 고백과 질문을 하면 자신을 더 정확하게 꿰뚫어보고, 배우자의 마음을 더 깊이 헤아리며, 더 지혜로운 결정을 내릴 수 있다. 결혼생활도 날로 성숙해질 것이다.

'속풀이 만남'으로
갈등을 해결하라

194

> 마른 떡 한 조각만 있고도 화목하는 것이 제육이 집에 가득하고도 다투는 것보다 나으니라 잠 17:1

혹시 외계인과 결혼한 건가 싶었던 적이 있는가? 연애할 때는 마음이 딱딱 맞았는가? 막상 결혼하고 나니 딴판이 됐는가? 현실세계에 들어온 걸 환영한다. 외계인이 아니라 인간과 결혼했다는 사실을 기억하라. 인간의 생각과 감정은 백이면 백, 모두 다르다. 인간관계란 애초부터 갈등의 씨앗을 품고 있다는 뜻이다. 따라서 갈등이 생겼을 때 건설적인 해결책을 찾는 게 무엇보다도 중요하다.

갈등을 풀고 싶은가? '짬짬이' 토론을 벌이는 대신, 갈등을 해소하는 시간을 따로 떼어놓으라. 일주일에 한 번, '속풀이 만남'을 갖는 게 좋다. 나머지 시간은 결혼생활의 즐거움에만 초점을 맞추고 배우자에게 긍정적인 말을 하라. 따로 떼어놓은 시간에는, 우선 건전한 분위기를 만든 후 갈등 요인들에 관해 의견을 나누라. 별도로 시간을 정해놓고 다툼을 처리하면 집안에서 분노와 실망의 말들이 계속 오가는 걸 막을 수 있다. 관계를 망가뜨리지 않으면서 갈등의 매듭들을 하나씩 풀어가려면, 평화를 되찾을 수 있는 여지를 마련해두는 게 상책이다.

잘 듣고 확인하고 이야기하라

195

> 생명의 경계를 듣는 귀는 지혜로운 자 가운데에 있느니라 훈계 받기를 싫어하는 자는 자기의 영혼을 경히 여김이라 견책을 달게 받는 자는 지식을 얻느니라 잠 15:31-32

가정상담과 결혼세미나를 해온 지난 30년 동안 수많은 부부들을 만났지만, 의견 차이가 전혀 없는 경우는 단 한 번도 보지 못했다. 더러는 문제 해결법을 알고 있었지만, 가정이 망가지는 걸 속수무책으로 보고만 있는 이들도 수없이 많았다. 어제는, 별도의 시간을 마련해서 '속풀이 만남'을 갖는 게 좋다는 이야기를 했다. 이때 대화는 순서를 정해서 하라. 처음에는 발언 시간을 5분으로 제한하고, 성이 찰 때까지 돌아가면서 얘기하라. 배우자의 말을 끊거나 끼어들지 말라. 차례를 기다리라.

이해하기 어려운 점이 있으면 재차 물으라. 예를 들자면 이런 식이다. "그러니까 지난 토요일에 가족과 시간을 보내지 않고 혼자 골프를 치러 가서 속상했다는 말이죠? 혹시 골프에서 손을 떼는 게 좋겠다는 뜻인가요?" 잘 들었으면 이번에는 내 입장을 이야기할 차례다. 그 후 둘 다 만족할 수 있는 대안을 찾아보라. 갈등을 해결하려면 잘 듣고 서로 이해하려고 노력하는 자세가 필수적이다.

차이를 인정하고
대안을 찾으라

196

> 내가 주께 감사하옴은 나를 지으심이 심히 기묘하심이라 주께서 하시는 일이 기이함을 내 영혼이 잘 아나이다 시 139:14

배우자에게 자신과 똑같은 눈으로 세상을 보라고 강요하는 것이야말로 남편과 아내들이 저지르는 가장 흔한 실수 가운데 하나다. "적어도 생각이라는 걸 하고 산다면 다른 얘길 할 수 없을 거예요. 어느 모로 보든 내 방식이 옳으니까요." 문제는, 누군가의 눈에 타당해 보인다고 해서 다른 이들도 그렇게 보리라는 보장이 없다는 점이다. 시편 139편 말씀이 명확하게 지적하듯, 하나님은 한 사람 한 사람을 독특하게 지으셨다. 그러므로 서로 다르다는 사실에 낙심할 게 아니라 찬양해야 한다. 그리고 다른 사고와 욕구를 인정하고 받아들여야 한다.

갈등을 풀려면 배우자의 생각과 감정을 비난하지 말고 존중하는 태도가 필요하다. 잘못을 묵인하자는 게 아니라 둘이 한 팀으로 인식하고 움직일 수 있는 '마음의 교차점'을 찾아내려는 것이다. 한 마음이 되기 위해서 상대방의 말에 무조건 동의해야 하는 건 아니다. 차이를 인정하는 범위 안에서 실행 가능한 대안을 찾으면 그만이다. 차이보다 해결에 초점을 맞추라.

영적으로
더 가까워지라

너희가 짐을 서로 지라 그리하여 그리스도의 법을 성취하라
갈 6:2

정서적으로나 성적으로 긴밀해져야 한다는 이야기는 자주 하지만 영적인 친밀감을 언급하는 경우는 드물다. 그러나 영적인 친밀감은 관계 전체에 큰 영향을 미친다. 감정을 서로 나눌 때 정서적으로 가까워지는 느낌이 드는 것처럼, 영적인 친밀감은 하나님과 동행하는 과정을 공유하는 데서 비롯된다. 심령의 상태가 어떠한지 배우자와 솔직하게 나누어야 한다.

"오늘은 하나님이 통 가깝게 느껴지지 않아요." 남편이 이렇게 고백한다면 어떻게 할까? 아내가 "더 자세히 얘기해봐요"라고 한다면 영적인 친밀감은 더 깊어진다. 그러나 "하나님과 당신 사이의 문제를 누가 도와줄 수 있겠어요?"라고 반응한다면 얘기는 더 이상 진전될 수 없다. 사도바울은 짐을 서로 나누라고 도전한다. 여기서 말하는 짐에는 메마른 영성과 영적인 장애도 포함된다. 남편과 아내 사이에 영적인 친밀감이 형성되려면 설교하지 말고 귀 기울여 들어주는 자세가 반드시 필요하다.

The One Year Love Language

영적인 갈급함의 모델이 되라

198

> 이는 곧 내가 너희 가운데서 너희와 나의 믿음으로 말미암아 피차 안위함을 얻으려 함이라 롬 1:12

어떤 여성이 찾아와서 하소연했다. "남편과 영적인 문제를 좀 더 깊이 나누고 싶어요. 그런데 애 아빠는 다른 얘기는 다 하면서 교회나 하나님, 성경 소리만 나오면 입을 다물거나 방으로 들어가 버려요. 어떻게 하면 좋을까요?"

나는 이렇게 말해주었다. "포기하지 말고 기회가 있을 때마다 이야기하세요. 하나님과의 관계는 인간의 삶에서 가장 중요한 문제입니다. 금방 좋아지지는 않을 거예요. 남편이 부탁한다면 모를까, 나서서 설교하려고 하지 마세요. 그저 도움이 되었던 말씀이나 격려가 되었던 구절을 들려주세요. 그러다 보면 남편도 갈급함을 느끼게 되고, 자연스럽게 그러한 주제들을 다루고 싶어할 거예요."

믿음으로 서로 격려하는 건 대단히 소중한 체험이다. 사도바울 같은 거인도 로마교회의 크리스천들을 만나서 믿음으로 격려받고자 했다. 남편과 아내가 각자의 영적인 성공과 갈등을 고백하고 함께 대화하는 수준에 이른다면, 큰 은혜 가운데 결혼생활의 기쁨을 누릴 수 있을 것이다.

적극적인 경청의 기술

199

> 너희들은 내 말을 분명히 들으라 내가 너희 귀에 알려 줄 것이 있느니라 욥 13:17

양질의 대화를 나누기 위해서는 적극적인 경청이 필수다. 욥기를 읽어보면, 앞다퉈 얘기하는 벗들 때문에 욥은 점점 더 낙담한다. 마침내 "너희는 나의 변론을 들으며 내 입술의 변명을 들어보라"(욥 13:6)고 외쳤다. 경청의 비결 몇 가지를 소개하고 싶다.

- 대화하는 내내 배우자와 눈을 맞추라. 잡생각이 드는 걸 방지하고 온전히 주의를 기울이고 있다는 사실을 배우자에게 전달할 수 있다.
- 배우자가 입을 여는 즉시 모든 일을 내려놓으라. 자신의 이야기를 중요하게 생각한다는 인상을 줄 수 있다.
- 감정 표현을 놓치지 말라. 아울러 들은 내용을 되풀이해주라. 상대방이 잘 듣고 있음을 확인하고 감정과 욕구들을 자유롭게 드러내게 된다.
- 보디랭귀지에 주목하라. 꽉 움켜쥔 주먹, 손 떨림, 눈물 따위를 보면 얼마나 강한 느낌을 갖고 있는지 알 수 있다.

The One Year Love Language

경청을 통해
친밀감을 쌓으라

200

> 너희가 온 마음으로 나를 구하면 나를 찾을 것이요 나를 만나리라 이것은 여호와의 말씀이니라 렘 29:13-14

경청은 배우자의 마음과 생각으로 이어지는 통로다. 우리 입장에서, 주님이 어떤 마음을 가지셨고 무슨 생각을 하시는지 어떻게 알 수 있을까? 본문 말씀은 온 마음으로 하나님을 구하면 찾을 것이라고 분명하게 말한다. 이스라엘은 주님 말씀을 귀 기울여 들어야 했다.

배우자의 생각과 감정을 파악하기 위해 어떤 노력을 기울이고 있는가? 경청은 올바른 커뮤니케이션의 기본이자 핵심이나. 속을 털어놓지 않는다고 닦달하지 말라. 질문을 던지고 대답을 잘 듣는 게 훨씬 현명하다. 처음에는 몇 마디만 하고 말지 모른다. 하지만 진심으로 듣고 싶어하는 걸 알게 되면 기꺼이 깊은 수준까지 자기 생각을 나누기 시작할 것이다. 재미있어하거나, 도전받는 인상을 주거나, 깊이 빠져드는 모습을 보이면 더 많은 이야기를 풀어놓게 마련이다. 하나님의 음성에 귀 기울이면 그분의 마음에 더욱 가까워지게 된다. 배우자의 이야기를 경청할 때도 똑같은 현상이 벌어진다.

말하기보다 듣는 데 투자하라

201

> 무릇 있는 자는 받아 넉넉하게 되되 없는 자는 그 있는 것도 빼앗기리라 마 13:12

귀 기울여 듣는 태도만으로도 "우리의 관계를 소중하게 생각합니다. 당신을 잘 알고 싶어요"라는 메시지를 전달할 수 있다. 입을 열기가 무섭게 지적하고 헐뜯는다면 누구라도 금방 입을 다물어버리고 말 것이다. 반응이 너무 빠르면 커뮤니케이션에 방해가 된다. 말하는 시간의 곱절을 듣는 데 투자하라. 예수님은 제자들에게 잘 듣는 데서 지식이 생긴다고 가르치셨다(마 13:12). 주님의 가르침은 어김없는 사실이며 배우자와 대화할 때도 반드시 적용해야 할 원칙이다.

배우자가 말을 시작하면 '거룩한 시간'이 왔다고 여기라. 사랑하는 이가 자아를 드러내려고 하는 참이다. 모든 걸 내려놓고 집중해서 들으라. 고개를 끄덕여서 공감을 표시하라. 우스갯소리를 하면 밝게 웃으라. 괴로움을 호소하면 눈으로 걱정스러운 마음을 전하라. 가벼운 질문으로 경청하고 있음을 알리라. 적극적이고 능숙한 경청은 훌륭한 의소통의 촉매가 된다.

지혜롭고 친절한
아내 되기

202

> 누가 현숙한 여인을 찾아 얻겠느냐 그의 값은 진주보다 더 하니라 그런 자의 남편의 마음은 그를 믿나니 … 지혜를 베풀며 그의 혀로 인애의 법을 말하며 잠 31:10-12, 26

어떻게 해주길 기대하는지 남편한테 여러 번 분명히 전달했음에도 불구하고 요지부동이라면 어떻게 해야 할까? 다른 방식으로 접근해보라. 남편은 달라질 생각이 없으므로 아내부터 변하면 어떨까? 자신의 행동을 자세히 들여다보고 질문을 던지라. '하지 말아야 할 일을 한 건 아닌가? 해서는 안 될 이야기를 한 적은 없는가?' 남편을 통제하려 했거나, 불친절한 말을 했거나, 쓰라린 감정을 품었었는지 점검하라. 떠오르는 것들이 있거든 하나님께 고백한 뒤에 남편에게도 털어놓으라. 설령 상대의 잘못이 95퍼센트라 해도 자신에게 책임이 있는 5퍼센트부터 처리하라.

남편을 일당주고 고용한 도우미로 여긴 부분이 있었다면 먼저 사과하라. "마당을 쓸자마자 헛간을 청소해달라고 했다는 생각을 이제야 하게 됐어요. 그러고 보니 할 일을 산더미같이 디밀었더군요. 미안해요. 오늘 아침에 여러 일들을 해줘서 고마워요." 분위기는 한결 누그러질 것이다. 잠언 31장에서 말하는 대로 남편에게 지혜롭고, 친절하며, 유익을 끼치는 '현숙한 아내'가 되도록 최선을 다하라.

부드럽고 따뜻한
남편 되기

203

이와 같이 남편들도 자기 아내 사랑하기를 자기 자신과 같이 할지니 자기 아내를 사랑하는 자는 자기를 사랑하는 것이라
엡 5:28

　더 사랑스러운 아내와 살고 싶은가? 이렇게 해보라. 우선, 아내의 됨됨이 가운데 마음에 드는 점을 찾아서 감사의 뜻을 전하라. 이틀쯤 지나서 다시 한 번 이야기하기를 몇 차례 반복하라. 이렇게 칭찬하는 습관을 기르면 머지않아 깜짝 놀랄 만한 변화가 찾아온다. 둘째, 부드럽게 말하라. 부정적인 감정을 갖고 있다 해도 가능한 한 따뜻한 느낌을 실어 표현하라. "유순한 대답은 분노를 쉬게 하여도 과격한 말은 노를 격동하느니라"(잠 15:1)는 성경말씀을 기억하라. 셋째, 명령하지 말라. 이래라저래라 하는 태도는 불편한 느낌을 준다. "이거 저녁까지 해놔요" 대신 "바쁘겠지만 틈 날 때 이것 좀 처리해줄 수 있어요? 그러면 정말 고맙겠는데…"라고 말하라. 아내에게 말하는 태도만 바꿔도 세상이 달라진다.

　무엇보다도 남편에게는 아내를 자기 몸처럼 사랑할 의무가 있다는 사실을 잊지 말라. 상대방의 반응과 상관없이 잘 보살피고 존중하는 마음으로 대해야 한다는 뜻이다.

사랑, 주는 데 초점을 맞추라

204

> 형제를 사랑하여 서로 우애하고 존경하기를 서로 먼저 하며
> 롬 12:10

인간의 심리에는 로맨틱한 사랑을 동경하는 감정이 깊이 뿌리내리고 있다. 대중잡지를 보면 최소한 한 페이지씩은 '식지 않는 사랑을 간직하는 법'에 대한 글을 싣는다. 그럼에도 불구하고 대부분의 부부들은 변함없는 사랑을 이어가지 못한다. 결혼한 뒤로도 사랑을 이어가는 비결을 깨달은 이들이 왜 그렇게 드물까? 개인적으로는, 사랑을 주기보다 받는 데 집중하기 때문이라고 확실히 믿는다.

배우자가 무엇을 해줄 것인지에만 초점을 맞추는 한, 비난하고 비판하는 실수를 피할 수 없다. 다른 접근방식을 써보면 어떨까? "도와줄 거 없어요? 어떻게 하면 당신이 조금 더 편안하게 생활할 수 있지요? 멋진 배우자가 되고 싶은데, 묘안이 없을까요?"라고 물으라. 사도바울은 로마서 12장에서 제대로 사랑하려면 '우애하고 존경하기를 서로 먼저' 해야 한다고 지적했다. '집안일' 말고도 사랑하는 이에게 주어야 할 게 많지 않을까? 진실한 애정을 품고 있다면 섬김도 기쁨이 될 수 있다. 사랑을 베풀수록 관계는 새록새록 깊어진다.

화해를 추구하라

205

> 너희는 여호와를 만날 만한 때에 찾으라 가까이 계실 때에 그를 부르라 … 그리하면 그가 긍휼히 여기시리라 우리 하나님께로 돌아오라 그가 너그럽게 용서하시리라 사 55:6-7

배우자가 떠나버리면 결혼은 끝인가? 천만의 말씀이다. 별거란 부부관계에 도움이 필요하다는 표시에 불과하다. 성경은 화해를 이상적인 대안으로 본다. 회복할 뜻이 있는데 그 과정이 두렵고 막막하다면 하나님이 친히 보여주신 본보기를 따르라고 권하고 싶다.

성경은 거룩한 백성과 화해하려고 애쓰시는 하나님의 모습으로 가득 차 있다. 주님은 잘못을 고치고 다시 친하게 지내자고 줄기차게 호소하셨다. 그러나 죄를 눈감아주겠다고 하신 적은 단 한 번도 없다. 오늘 본문에서, 이사야 선지자는 죄를 버리고 주께로 돌아서라고 부르짖고 있다. 하나님은 용서해줄 준비를 완벽하게 갖추신 채 가까이에서 기다리신다.

회개가 빠진 화해는 있을 수 없다. 부부 사이에는 서로 회개하는 게 필요하다. 관계가 흔들리는 건 양쪽 모두의 책임이기 때문이다. 각각 자기 허물을 처리하는 게 화해의 첫걸음이다.

회복시키시는
하나님의 능력
206

> 우리 가운데서 역사하시는 능력대로 우리가 구하거나 생각하는 모든 것에 더 넘치도록 능히 하실 이에게 엡 3:20

부부관계에 만족하지 못하고 별거에 이르는 요인은 다음 세 가지로 압축된다. 첫째, 하나님과 친밀한 교제를 나누지 못했다. 둘째, 배우자와 친밀한 관계를 형성하지 못했다. 셋째, 자신을 깊이 이해하고 용납하지 못했다. 첫째와 셋째 요인은 혼자 힘으로도 바로잡을 수 있지만 두 번째 문제는 부부가 서로 협력하지 않으면 해결할 수 없다.

하나님과의 교제를 회복하고 자신을 제대로 이해하는 과정을 시작했다면, 배우자와의 관계 회복에 착수해도 좋다. 상대편이 적극적인 반응을 보이지 않더라도 상관없다. 하나님과 자신을 새로운 시각에서 인식할 수 있도록 목회자, 상담가, 친구들의 도움을 받으라. 주께 나가서 배우자와의 관계를 되돌리기 위해 어떻게 해야 하는지 깨닫게 해달라고 요청하라. 스스로 달라지는 순간, 화해로 통하는 문은 활짝 열리는 법이다. 사도바울은 에베소서 3장에서 하나님은 자녀들의 간구나 기대를 훌쩍 뛰어넘는 분이심을 강조한다. 제아무리 끔찍하게 망가진 결혼이라도 주님은 얼마든지 회복시키실 수 있다.

봉사를 통해
사랑을 전달하라

207

> 그러므로 우리는 기회 있는 대로 모든 이에게 착한 일을 하되
> 더욱 믿음의 가정들에게 할지니라 갈 6:10

 개중에는 말보다 행동이 앞서는 사람들이 있다. 이들의 일차적인 사랑언어는 봉사일 가능성이 높다. 누군가가 섬겨줄 때 사랑받고 있다고 느끼는 것이다. 행동이 뒤따르지 않는다면 "사랑해요"라는 말은 금방 빛을 잃고 만다.

 봉사를 일차적인 사랑언어로 사용하는 이들에게는 밥을 짓거나, 설거지를 하거나, 어질러진 방을 치우거나, 개수대를 막고 있는 머리카락을 뽑아내거나, 음식물 쓰레기를 내다버리거나, 아기 기저귀를 갈아주거나, 화단을 정리하거나, 블라인드에 걸레질을 하는 등의 일들이 모두 사랑을 표현하는 방법이 될 수 있다. 갈라디아서에서 바울은 기회 있는 대로 다른 크리스천들에게 착한 일을 하라고 권면한다. 배우자를 위해서는 두말할 것도 없다. 위와 같은 일들을 해주라. 배우자는 사랑받고 있다는 느낌을 갖게 될 것이다. 그렇지 않으면 하루 종일 "사랑해요"라고 읊조려 봐야 아무 소용이 없다. 사랑하는 마음을 전달하고 싶다면 배우자의 사랑언어를 찾아서 정확하게 구사하라.

The One Year Love Language

섬김의 본을
보여주신 예수님

208

> 너희 중에 누구든지 크고자 하는 자는 너희를 섬기는 자가 되고 너희 중에 누구든지 으뜸이 되고자 하는 자는…자기 목숨을 많은 사람의 대속물로 주려 함이니라 마 20:26-28

예수님은 제자들의 발을 씻겨주시는 행동을 통해 '봉사'라는 사랑언어의 본보기를 보이셨다. 발을 닦아주는 건 통상적으로 종들의 몫이었다. 따라서 존경하는 스승이 손수 발을 씻겨주는 건 충격적인 일이었다. 베드로가 처음에 손사래를 치며 주님의 섬김을 받아들이지 않았던 건 그런 까닭이었다. 그러나 예수님은 그걸 선택 사항이 아니라 생활방식으로 삼으셨다.

'두루 다니시며 선한 일을' 행하셨다는 사도행전 10장 38절 말씀은 주님의 삶이 어떠했는지를 함축적으로 보여준다. 그리스도의 삶을 통틀어 '섬김'은 핵심 주제였다. 주님이 보여주신 섬김의 절정은, 목숨을 버림으로써 하나님께 용서받을 길을 열어놓으신 사건이다.

배우자의 일차적인 사랑언어가 봉사라면, 예수님의 모범을 좇으라. 복음서를 다시 읽으면서 주님이 어떻게 사람들을 섬기셨는지 살펴보라. 그리스도의 마음을 품고, 남편 또는 아내를 사랑으로 섬기게 해달라고 간구하라.

성에 관하여 솔직하게 나누라

209

> 무릇 더러운 말은 너희 입 밖에도 내지 말고 오직 덕을 세우는 데 소용되는 대로 선한 말을 하여 듣는 자들에게 은혜를 끼치게 하라 엡 4:29

성적으로 하나가 되기 위해 꼭 필요한 기술 하나를 고르라면 커뮤니케이션을 꼽아야 할 것이다. 성 문제를 두고 대화할 때는 사도바울이 지적하는 것처럼 서로 세워주는 데 도움이 되도록 해야 한다. 의사소통하는 능력에 따라 얻을 수 있는 성적 만족감이 크게 달라진다.

아내가 언제 가장 큰 쾌감을 얻는지 가르쳐주지 않으면 남편으로서는 그걸 터득할 방도가 없다. 성에 대해 공개적으로 이야기하지 않는 부부치고 서로 만족스러운 성관계를 갖고 있는 사례를 본 적이 없다. 무엇이 문제인지조차 모르는데 어떻게 해결책을 찾을 수 있겠는가? 출발점을 찾는 데 도움이 될 만한 아이디어를 소개하고 싶다. 종이 한 장을 꺼내놓고 맨 위에 "성적인 영역에서 부부관계를 돈독하게 하기 위해 해야 할 일과 하지 말아야 할 일"이라고 적으라. 각자의 생각을 적고 나서 함께 나누라. 정보는 성장의 지름길이다. 서로 기쁨을 나누는 게 성관계의 목표임을 잊지 말라.

소리는 부드럽고
얼굴은 아름답구나

210

> 내가 네 얼굴을 보게 하라 네 소리를 듣게 하라 네 소리는 부드럽고 네 얼굴은 아름답구나 아 2:14

결혼생활에서 성관계가 그토록 중요한 까닭은 무엇인가? 하나님이 인간을 성적인 존재로 설계하셨기 때문이다. 성의 일차적인 목적은 종족 유지에 있지만, 그게 유일한 의미는 아니다. 두 번째 목적은 동반자의식이다. 하나님은 이브를 지으시고 결혼 제도를 확정하셨다. '남자가 부모를 떠나 그의 아내와 합하여 둘이 한 몸을'(창 2:24) 이루라는 말씀은 문자적으로든 비유적으로든 진리다. 성관계를 통해서 부부는 하나가 된다. 깊은 차원의 친밀감과 동반자의식이 둘 사이에 존재한다.

세 번째 목적은 쾌락이다. 아가서는 남편과 아내가 성적인 관계에서 얻는 기쁨을 되풀이해 묘사하고 있다. 현대를 살아가는 우리 눈에는 낯선 표현일지 모르지만, 그 속뜻만큼은 여전히 명쾌하다. 결혼을 통해서 남성다움과 여성다움을 마음껏 누리라는 것이다. 성관계는 신혼 초에만 사용하다가 장롱 깊은 곳에 잘 보관하도록 만들어진 게 아니다. 하나님은 결혼을 설계하시면서 남편과 아내가 오래도록 성적인 사랑을 나누게 하셨다.

마음가짐을
스스로 결정하라

211

내 영혼아 네가 어찌하여 낙심하며 어찌하여 내 속에서 불안해하는가 너는 하나님께 소망을 두라 그가 나타나 도우심으로 말미암아 내가 여전히 찬송하리로다 시 42:5

앞으로 며칠 동안은 결혼생활에 변화를 몰고 올 만한 진실들을 나누려고 한다. 첫 번째로 할 얘기는 "어떤 마음가짐을 가질 것인지 스스로 결정해야 한다"는 것이다.

두 가정의 가장이 꽤 오래 일자리를 구하지 못했다. 한쪽 남자의 아내가 말했다. "텔레비전 케이블을 끊을 수밖에 없었는데, 덕분에 대화하는 시간이 늘어났죠. 배운 것도 많아요. 다들 꼭 있어야 한다고 생각하는 것들 가운데 정말 필요한 건 드물다는 사실을 깨달았어요." 또 다른 남자의 아내는 이렇게 말했다. "차를 팔아버린 건 물론이고 이제 전화도 끊어졌어요. 먹을 것도 넉넉지 않아서 입에 풀칠이나 하는 정도죠. 이런 집구석에서 사는 게 이제 지긋지긋해요." 똑같은 어려움 앞에서, 암울한 현실을 원망할 수도 있고 먹구름 뒤의 무지개를 바라볼 수도 있다. 시편 42편 기자는, 실망스러운 일을 당했을 때 하나님이 베푸시는 소망에 눈길을 주기로 작정했다. 인생의 좋은 면들을 바라본다면 마음가짐은 얼마든지 바꿔나갈 수 있다.

어떤 마음가짐을
가질 것인가

212

> 자기(엘리야) 자신은 광야로 들어가 하룻길쯤 가서 한 로뎀 나무 아래에 앉아서…지금 내 생명을 거두시옵소서 나는 내 조상들보다 낫지 못하니이다 왕상 19:4

오늘은 두 번째로 "마음가짐이 행동에 영향을 미친다"는 진실을 살펴보기로 하자. 병이나 알코올중독을 앓는 배우자, 마약에 빠진 자녀, 실직, 노쇠한 부모 같은 환경이나 당면 과제들을 통제하는 건 불가능할지라도 주어진 조건 속에서 어떤 말과 행동을 하느냐는 오롯이 본인의 책임이다. 그리고 어떤 마음가짐을 갖느냐에 따라서 행동은 크게 달라질 것이다.

엘리아 선시사는 좋은 본보기다. 왕비 이세벨의 추격을 받게 된 엘리야는 절망의 구렁텅이로 굴러떨어졌다. 패배주의에 빠진 나머지 은신처에 몸을 숨기고 차라리 생명을 거둬달라고 간구한다. 그의 마음가짐이 행동을 좌우하는 걸 볼 수 있다. 크리스천들도 마찬가지다. 부정적인 측면에 초점을 맞추면, 배우자에게 부정적이고 원망하는 말을 하기 쉽다. 행동도 그렇게 나오게 될 것이다. 반면 바람직한 면에 집중하면 긍정적이고 서로 인정하는 대화를 할 뿐만 아니라, 각자의 삶을 발전시키는 데 도움이 될 일들을 찾아 하게 된다.

긍정적인 영향을 주는 언행

213

> 그러므로 사랑을 받는 자녀같이 너희는 하나님을 본받는 자가 되고 그리스도께서 너희를 사랑하신 것같이 너희도 사랑 가운데서 행하라 엡 5:1-2

"인간은 인간을 변화시킬 수 없다"는 말을 들어본 적이 있는가? 사랑하는 이를 바꿔놓을 수 없는 건 사실이지만 날마다 조금씩 영향을 미치는 건 얼마든지 가능하다. 이것이 결혼생활의 세 번째 진실이다. 혹시 배우자를 개조하려고 안간힘을 쓰는 중이라면 스스로 '조종자'가 아닌지 점검해볼 필요가 있다. 그렇다면, 좌우지하는 데는 성공할지 몰라도 결국 원망이 더 깊어질 것이다.

오히려 긍정적인 영향을 미치는 방법을 선택하는 편이 훨씬 낫다. 배우자가 무슨 일을 잘 하는지 봐두었다가 칭찬해준다면 바람직한 방법으로 영향력을 행사할 수 있다. 상대방의 필요를 파악해서 채워줄 때도 배우자를 존중하고 사랑하는 마음을 가지고 대하라. 상대편에서도 지체 없이 그 모범을 따르게 될 것이다. 바울은 그리스도의 본보기를 좇아 사랑을 품고 살라고 가르친다. 주님을 따라 하다 보면 감동을 주게 된다. 결혼생활에 어려움을 겪고 있는가? 긍정적인 영향을 주는 접근방식을 사용해보라. 엄청난 효력을 실감하게 될 것이다.

The One Year Love Language

감정에
휩쓸리지 말라
214

> 자기의 마음을 제어하지 아니하는 자는 성읍이 무너지고 성벽이 없는 것과 같으니라 잠 25:28

오늘은 네 번째로 "감정에 휩쓸려 행동하지 말아야 한다"는 이야기를 나누어보자. 지난 30여 년을 돌아보건대, 현대 문화는 지나치리만치 감정을 강조해왔다. 갈등이 심한 부부에게 이 시대의 사조를 적용하면 "사랑하는 느낌이 사라지는 즉시 보따리를 싸라"거나 "상처나 분노를 품고 있는 상태에서 배우자에게 친절을 베푸는 건 위선"이라고 조언할 수밖에 없다. 이것은, 감정보다 사람이 소중하다는 평범한 진실을 놓쳐버린 사고에 불과하다.

감정이 긴요한 건 분명하지만 마음가짐, 가치관, 행동 역시 중요하다. 마음가짐과 가치 기준을 무시하고 느낌을 곧바로 행동으로 옮긴다면, 결혼생활은 파국을 향해 치닫게 된다. 오늘 본문으로 소개한 잠언 말씀은, 절제할 줄 모르는 인간을 성벽이 무너진 성읍에 비교하고 있다. 감정이 삶을 지배하게 방치한다면 중심을 잃고 온갖 유혹과 상처 주는 행동에 노출될 것이다. 감정에 휘둘리지 말라. 멈춰서 생각하라. 바람직한 면을 찾아보고 인정해주라. 긍정적인 영향을 미칠 수 있는 일을 찾아서 실행하라.

잘못을 인정하라

215

> 만일 우리가 죄가 없다고 말하면 스스로 속이고 또 진리가 우리 속에 있지 아니할 것이요…죄를 사하시며 우리를 모든 불의에서 깨끗하게 하실 것이요 요일 1:8-9

"불완전함을 인정하는 건 자신이 실패자임을 인정한다는 뜻이 아니다." 이것이 바로 부부관계를 변화시키는 다섯 번째 진실이다. 어려움을 겪는 부부들의 삶을 들여다보면, 오랜 세월 동안 쌓아올린 돌담이 둘 사이에 있다. 돌덩이 하나하나는 지난날 서로에게 실수했던 사건들을 상징한다. 남편들은 불평한다. "내가 뭘 해도 마누라는 트집을 잡아요." 아내들도 가만있지 않는다. "남편은 일이랑 결혼했나 봐요. 아이들이나 나한테 잠시도 짬을 주지 않아요." 이런 상처와 실망의 벽은 부부의 연합을 가로막는다.

무너진 부부관계를 재건하려면 먼저 이 감정의 벽을 허물어버려야 한다. 장벽을 세우는 데 한몫했음을 인정한다고 해서 실패자가 되는 건 아니다. 스스로 인간으로서의 면모를 가졌음을 받아들이는 의미일 뿐이다. 사도요한은 "나는 절대로 실수하지 않는다"고 말하는 이들은 자신을 속이는 것이라고 지적한다. 배우자에게 과거 잘못을 털어놓는 건 성숙한 결혼생활로 들어가는 첫 번째 관문이다.

The One Year Love Language

상처를 통해서
사랑언어를 발견하라

216

> 하나님이여 나를 살피사 내 마음을 아시며 나를 시험하사 내 뜻을 아옵소서 내게 무슨 악한 행위가 있나 보시고 나를 영원한 길로 인도하소서 시 139:23-24

배우자가 어떤 말이나 행동을 할 때 가장 깊은 상처를 받는가? 그걸 잘 들여다보면 일차적인 사랑언어를 파악할 수 있다. 상처는 상대방이 이편의 사랑언어를 구사하지 못하는 데서 비롯되기 때문이다. 어떤 여성이 했던 이야기가 생각난다. "남편은 집에 돌아오면 손가락 하나 까딱하지 않아요. 내가 집안일을 하느라 종종거리며 뛰어다니는데도 텔레비전에 넋을 놓고 있죠. 말로는 사랑한다면서 어떻게 그럴 수 있는지 모르겠어요." 어떤 남편은 말한다. "아내가 할 줄 아는 거라곤 바가지 긁는 일뿐이죠. 그럴 거면 왜 나랑 결혼했는지 모르겠어요. 날 사랑하지 않는 게 분명해요." 누군가를 사랑한다면 당연히 친절하고 부드럽게 이야기할 거라는 게 그 남성의 생각이다.

배우자의 사랑언어를 발견하고 싶은가? "내가 무슨 말을 할 때, 또는 어떤 말을 해주지 않을 때 가장 속이 상해요?"라고 물어보라. 시편 139편은 하나님이 가르쳐주신다고 말한다. 배우자와 이 문제를 이야기할 때 통찰력을 달라고 기도하라.

성적 친밀감은
존중받는 아내로부터

217

> 남편들아 이와 같이 지식을 따라 너희 아내와 동거하고 그를 더 연약한 그릇이요 또 생명의 은혜를 함께 이어받을 자로 알아 귀히 여기라 벧전 3:7

아내가 자신의 생각을 자유롭게 말하기 어려워하거나 자기 의사가 존중받지 못한다고 느끼고 있다면, 남편과 성적으로 친밀한 관계를 맺기 어렵다. 도리어 비난받고 거절당할지 모른다는 불안감 때문에 반응이 둔해진다. 남편의 사랑을 느끼지 못하는 여성은 그 정서적인 거리감 때문에 좀처럼 성적인 친밀감도 누리지 못한다. 이러한 사실을 새카맣게 모르는 남편으로서는 아내가 성관계에 관심이 없다고 불평이다. 그러나 문제는 관심이 아니다. 둘 사이의 정서적인 장벽이 문제다.

사도바울은 남성들에게 아내를 존중하며 이해하고 배려하는 마음으로 대하라고 권면했다. 하나님이 그렇게 명령하셨으므로 남편들은 이 원칙을 무엇보다 심각하게 받아들여야 한다. 그렇게 하는 게 자신들에게도 유익하다. 지혜로운 남편이라면 아내가 한 인격체로서 인정받고 사랑받는다는 걸 실감할 수 있도록 노력한다. 그렇지 않고는 성적인 친밀감으로 통하는 문을 열 수 없기 때문이다.

The One Year Love Language

듣고 나서 반응해도 늦지 않다

218

> 누구든지 나의 변명을 들어다오 나의 서명이 여기 있으니 전능자가 내게 대답하시기를 바라노라 나를 고발하는 자가 있다면 그에게 고소장을 쓰게 하라 욥 31:35

한 조사에 따르면, 현대인들은 일반적으로 70초를 넘기지 못하고 말허리를 자르며 끼어든다고 한다. 욥기에는 바람직하지 못한 경청의 사례가 여러 번 나온다. 욥은 친구들의 다그침에 넌더리가 났다. "누구든지 나의 변명을 들어다오"라는 말에서는 깊은 좌절감이 느껴진다.

경청할 줄 아는 사람은 상대방의 말을 충분히 이해하기 전에는 절대로 자기 생각을 드러내지 않는다. 남편과 아내가 대화를 나눌 때도 반드시 이 원칙을 지켜야 한다. 묻고, 대답을 듣고, 이해한 내용을 정리해서 말한 뒤에 다시 물으라. "제대로 알아들은 거예요?" 배우자가 "맞아요. 그게 바로 내 생각과 느낌이에요"라고 확인해주어야 비로소 다음 단계로 넘어갈 준비가 된 것이다. "마음을 열고 고백해줘서 고마워요. 당신 마음을 이제 깨달았어요. 그때 내가 왜 그랬는지 얘기해도 될까요?" 이쯤 되면 상대방은 귀를 기울이게 될 것이다. 이편에서 먼저 충분한 시간을 가지고 배우자가 하는 얘기를 경청해주었기 때문이다.

소중한 관계들에 우선순위를 두라

219

> 우리에게 우리 날 계수함을 가르치사 지혜로운 마음을 얻게 하소서 시 90:12

크리스천들은 '관계'에서 궁극적인 삶의 의미를 찾아야 한다. 첫째는 하나님과의 관계고 둘째는 사람들 사이의 관계다. 하나님은 인간관계 중에서 남편과 아내 사이를 가장 가깝도록 설계하셨고, 부모 자식 간의 친밀감이 그 뒤를 잇게 하셨다. 그러나 현대인들은 이러한 관계들과 아무 상관없는 일들을 하느라 눈코 뜰 새 없이 분주하다.

꼭 필요한 일이지만 여유가 없어서 못 한다는 게 사실일까? '꼭'이라는 말은 도덕적인 원칙, 양심, 의무감과 관련 있다. 그러므로 '꼭 해야 할 일'을 하지 못하고 있다면 시간을 제대로 쓰고 있는지 점검해보아야 한다. 본문을 비롯해서 수많은 성경말씀은 시간을 잘 써야 하는 가장 기본적인 이유로 '인생의 유한성'을 꼽는다. 방법은 하나, 가장 소중한 관계들을 가꿔나가는 일에 우선순위를 두어야 한다. 소중한 일에 시간을 투자한다는 건 상대적으로 덜 중요한 일들을 사절한다는 뜻이기도 하다.

'안 돼'를 외치라

220

> 그런즉 너희가 어떻게 행할지를 자세히 주의하여 지혜 없는 자같이 하지 말고 오직 지혜 있는 자같이 하여 세월을 아끼라 때가 악하니라 엡 5:15-16

　남편과 아내가 더욱 가까워지려면 어떤 일을 해야 한다고 생각하는가? 날마다 '나눔의 시간'을 갖는 게 유익하다고 보는가? 일주일에 한 번씩 '심야 데이트'를 나가는 게 좋다고 보는가? 부부세미나에 참석하는 건 어떤가? 결혼생활에 도움이 될 만한 일을 찾고 시간을 내서 실천하라.

　여기서 '시간을 내다'라는 단어를 쓴 건 일정표에 넣어두지 않으면 실행가능성이 제로에 가깝기 때문이다. 소중한 일들에 "오케이"를 외치려면 덜 중요한 일들에 대해서는 "안 돼!"를 부르짖어야 한다. 예를 들어, 날마다 배우자와 단둘이 대화하는 시간을 가지려면 밤마다 재미있게 보던 텔레비전 프로그램 하나를 포기해야 한다. 일주일에 한 번씩 심야 데이트를 즐기려면 아이 봐주는 사람에게 줄 수고비를 떼어놓아야 한다. 에베소서 5장의 본문은 한정된 시간을 지혜롭게 사용해서 최상의 성과를 거두라고 가르친다. 시간과 돈은 귀중한 자산이다. 중요한 일을 해내기 위해서는 세심하게 관리하는 자세가 필수적이다. 반드시 해야 한다고 믿는 일부터 차근차근 실행하라.

사랑의 감정을 되찾는 길

221

> 자녀들아 우리가 말과 혀로만 사랑하지 말고 행함과 진실함으로 하자 요일 3:18

사랑에 빠지는 건 일시적인 경험이다. 그런데, 사랑이 일시적이고 순간적인 현상이라는 걸 인식하지 못하는 이들이 수두룩하다. '사랑에 빠지는' 체험은 사랑받고자 하는 욕구를 일시적으로 충족시켜준다. 누군가 따듯하게 보살펴주고 인정하며 칭찬해준다는 느낌을 누릴 수 있다. 다른 사람이 자신을 최고로 여긴다는 생각에 둥둥 떠다니는 것 같은 기분이 든다. 메말랐던 마음의 대지가 잠시나마 촉촉해진다.

그러나 치솟았던 감정이 가라앉고 나면 공허감이 찾아온다. 대부분 상처, 실망, 분노가 따라온다. 부부관계 속에 다시 사랑의 감정을 끌어들이려면 상대방의 일차적인 사랑언어를 찾아서 능숙하게 구사해야 한다. 사도요한은 첫 번째 편지에서, 말로 사랑을 표현한 뒤에는 행동으로 그 진실성을 보여야 한다는 소중한 진리를 소개한다. 배우자의 사랑언어를 배워서 틈틈이 사용하라. 둘 사이에 다시 사랑의 감정이 싹틀 것이다.

The One Year Love Language

날마다 새롭게
사랑하려면
222

> 주께서 너희 마음을 인도하여 하나님의 사랑과 그리스도의 인내에 들어가게 하시기를 원하노라 살후 3:5

"당신을 사랑한다는 걸 알잖아요? 뻔히 아는 얘길 왜 되풀이해야 하는 거죠?"라고 묻는 남편들이 있다. "지난 생일에 선물을 줬잖아요? 고작 두 달밖에 안 됐는데, 벌써 잊었어요? 그런데도 받은 게 없다니, 나 원 참 기가 막혀서"라며 한숨을 쉬는 이들도 있다. 이런 부류의 남성들은, 사랑 표현이 생활의 일부가 되어야지 가끔씩 주고받는 행위가 되어서는 안 된다는 사실을 알아야 한다.

배우자의 일차적인 사랑언어를 배워서 구사하는 게 사랑의 감정을 지키는 가장 좋은 방법이다. 상대방이 '봉사'라는 사랑언어를 주로 사용한다면 밥을 짓고, 집 안팎을 치우고, 마당을 쓸어주면서 사랑 탱크의 수위가 올라가는지 잘 관찰하라. '인정하는 말'을 자주 쓴다면 칭찬 한 마디로도 사랑받고 있다는 느낌을 줄 수 있다. '함께하는 시간'이라면 소파에 나란히 앉아서 배우자의 이야기에 귀 기울여주라. '육체적인 접촉'이라면 어깨를 감싸 안아주라. '선물'이라면 책이나 카드, 특별한 이벤트를 선사하라. 날마다 남편, 또는 아내를 사랑하기로 작정하라.

변화의 소망을 놓치지 말라

223

> 너희는 이 세대를 본받지 말고 오직 마음을 새롭게 함으로 변화를 받아 하나님의 선하시고 기뻐하시고 온전하신 뜻이 무엇인지 분별하도록 하라 롬 12:2

안타깝게도 결혼생활 중에 절박한 처지에 몰려서 괴로워하는 부부들이 허다하다. 최근에 한 남성이 찾아왔다. "어찌해야 할지 모르겠습니다. 사랑하는 감정이 완전히 식었고 동정심과 분노가 그 자리를 차지했습니다. 아내를 다시 사랑하고 싶습니다. 하지만 도무지 방법을 모르겠습니다." 수많은 이들이 이 말에 공감할 것이다.

아직도 가능성이 남아 있는 것일까? 그렇다. 하지만 출발점은 이편이 되어야 한다. 먼저 긍정적인 마음가짐이 필요하다. 우선, 하나님이 여전히 인생을 변화시키고 계신다는 사실을 인정해야 한다. 로마서 12장 2절에 따르면 주님은 우리를 철저하게 바꿔놓으실 수 있는 분이다. 돌이키기만 하면 하나님은 자녀들의 생각을 바꾸시며, 달라진 인식은 곧장 행동의 변화로 이어진다.

소망을 잃지 말라. 이렇게 기도해야 한다. "주님 손에 해답이 있음을 압니다. 어떻게 해야 할지 알려주십시오." 이렇게 해결책에 집중하면 하나님이 이끌어주신다.

The One Year Love Language

갈등을 통해서도
영광 받으시는 하나님

224

> 우리가 알거니와 하나님을 사랑하는 자 곧 그의 뜻대로 부르심을 입은 자들에게는 모든 것이 합력하여 선을 이루느니라
> 롬 8:28

우리 부부도 결혼 초에는 무던히 다퉜다. 툭하면 '결혼을 잘못한 거 아닌가?'라는 생각에 시달리곤 했었다. 암담한 시절이었지만, 아무도 결혼생활에 관한 책을 알려주거나 가정상담 전문가를 소개해주지 않았다. 극심한 갈등 후에 결국 하나님은 서로 용서하고 다시 사랑하는 법을 알려주셨다. 그로부터 지금까지 무조건적인 사랑의 열매를 만끽하며 산다. 다시는 그 시절로 돌아가고 싶지 않다. 하지만 주님은 그 경험을 통해 다른 이들의 괴로움을 어루만지는 사역을 하게 해주셨다.

지난날이든 지금이든, 부부관계 가운데 벌어지는 온갖 어려운 일들을 되짚어보라. 비슷한 처지에 있는 이들을 돕기 위하여 하나님은 그걸 어떻게 사용하시는가? 로마서 8장 말씀에 따르면, 주님은 최악의 상황까지도 자녀들에게 유익이 되게 하시고 거룩한 목적을 이루는 데 활용하신다. 시간이 흐른 뒤에 돌아보면, 굵직굵직한 갈등들이 관계의 전환점이 되었음을 알 수 있다. 하나님은 어떠한 상황을 통해서도 영광 받으신다.

달라지게 해주시길 간구하라

225

> 그러므로 너희 죄를 서로 고백하며 병이 낫기를 위하여 서로 기도하라 의인의 간구는 역사하는 힘이 큼이니라 약 5:16

다음 명제가 참인지 거짓인지 생각해보라. "부부관계가 극도로 나빠지면, 체념하고 끔찍한 삶을 받아들이든지 보따리를 싸서 집을 나가든지 둘 중 하나를 택해야 한다."

고통의 수렁에 빠져 허우적거리는 부부가 한둘이 아니다. 상황을 개선해보려고 안간힘을 쓰지만 번번이 실패한다. 결국은 관계를 정리하고 새 출발하거나, 상황을 받아들이고 지겨운 생활을 지속해야 한다는 이분법적 사고를 수용한다. 하지만 제3의 대안이 존재한다는 걸 잊어선 안 된다. 하나님의 손에 자신을 맡기라. 형편이 어떠하든지 배우자에게 긍정적인 영향을 주어서 변화를 이끌어낼 수 있을 것이다.

성경에는 하나님께 간구하고 응답받았던 사례가 무수히 등장한다. 간절히 기도하면 놀라운 일이 벌어진다고 약속한다(약 5:16). 어떻게 하면 거룩한 도구가 되어 배우자에게 영향을 미칠 수 있을지 알려달라고 간청하라. 주님은 그 기도에 응답하시며 그 뜻에 따를 힘을 주신다.

참다운 용서보다
진실한 고백을

226

> 내가 주께만 범죄하여 주의 목전에 악을 행하였사오니 주께서 말씀하실 때에…나를 정결하게 하소서 내가 정하리이다 나의 죄를 씻어 주소서 내가 눈보다 희리이다 시 51:4, 7

항상 친절하고 사려 깊으며 사랑이 넘치는 남편이 되고 싶었다. 불행하게도 꿈은 이뤄지지 않았다. 도리어 이기적이고 분별없으며 냉정하기 일쑤였다. 한마디로, 성경이 말하는 이상적인 남편으로 사는 데 철저하게 실패했다. 그럼 결혼생활도 실패할까? 그렇지 않다. 단, 내 잘못을 인정하고 아내가 용서해주는 게 전제되어야 한다.

용서는 상대방의 실수를 그저 눈감아주거나 무시하는 걸 의미하지 않는다. 주님의 용서를 모델로 삼으라. 하나님은, 잘못을 못 본 체 외면하시거나 모든 이들을 무차별적으로 사해주시는 게 아니다. 죄를 고백하고 용서를 간청할 때 속죄의 역사가 일어난다. 다윗이 죄를 지은 직후에 쓴 시편 51편은 진정으로 잘못을 뉘우치는 모습이 어떠해야 하는지 잘 보여준다. 왕은 죄를 자백하고, 하나님의 정의로우심을 인정했으며, 허물을 용서해주시길 간청했다. 참다운 용서보다 진실한 고백이 먼저다. 인간관계라고 해서 다를 게 없다. 꾸준히 성장하는 결혼생활을 위해서는 서로 잘못을 솔직하게 고백하고 용서해야 한다.

용납할 수 있는 것 용서해야 하는 것

227

> 오늘 우리에게 일용할 양식을 주시옵고 우리가 우리에게 죄 지은 자를 사하여 준 것같이…시험에 들게 하지 마시옵고 다만 악에서 구하시옵소서 마 6:11-13

　용납과 용서 사이에는 미묘한 차이가 있다. 배우자에게 마음에 들지 않는 부분들(짜증스럽게 만드는 습관들)이 있다 해도 웬만하면 용납할 수 있을 것이다. 건강한 부부관계를 위해서는 그런 마음가짐이 반드시 필요하다. 하지만 부당하고, 불공평하며, 성경이 죄라고 가르치는 행동들은 용납의 대상이 아니다. 죄에는 용서가 필요하다. 남편과 아내 가운데 어느 한쪽이라도 지속적으로 죄를 지으면 관계가 흔들릴 수밖에 없다. 그럴 때는 잘못을 범한 쪽에서 죄를 고백하고 용서를 구하는 게 가장 이상적이다. 그러나 배우자가 잘못을 고백하지 않고 똑같은 짓을 되풀이한다면 어떻게 해야 할까? 자신의 분노와 더불어 상대방을 하나님의 손에 맡겨야 한다.

　성경은 하나님이 용서하신 것같이 우리도 서로 용서하라고 도전한다. 예수님은 제자들에게 '주님의 기도'를 가르치시면서 그 진리를 쉽게 설명하셨다. "서로 용서하기를 하나님이 그리스도 안에서 너희를 용서하심과 같이 하라"(엡 4:32)는 바울의 메시지도 같은 개념이다.

죄가 가려진 자는
복이 있도다

228

> 허물의 사함을 받고 자신의 죄가 가려진 자는 복이 있도다 시 32:1

건강한 부부관계에는 서로 지은 죄를 고백하고 용서하는 과정이 필수적이다. '고백'이란, 잘못을 입 밖에 내어 말하고 상대방에게 알리며 마음에 새기는 걸 말한다. 죄를 고백하면 하나님은 용서하신다. 성경은 하나님의 용서가 완벽하고 철저하다고 설명한다. 오늘 본문으로 소개한 시편 32편 말씀은 '가려졌다'는 표현을 썼다. 히브리서에서도 하나님이 자녀들의 죄를 깨끗이 잊어주신다는 메시지를 들을 수 있다(히 10:17).

남편, 또는 아내가 배우자에게 죄를 저지르면 상처, 더 나아가서 분노를 자극하게 된다. 그런 일을 당하면 한바탕 퍼붓고 싶은 마음이 굴뚝 같겠지만, 성경은 사랑으로 맞서라고 가르친다. 상대방이 잘못을 인정하고 뉘우치면 용서해야 한다. "깊은 상처가 났는데 어떻게 용서할 수 있습니까?"라고 묻고 싶은가? 용서는 느낌이 아니다. "뼈아픈 상처를 입었지만 용서하기로 결정했습니다"라고 말하는 것이다. 감정에 충실하되 용서하기로 결정하라. 그래야 가장 사랑해야 할 상대를 미워하지 않을 수 있다.

용서, 다짐인가 느낌인가

229

> 너희 염려를 다 주께 맡기라 이는 그가 너희를 돌보심이라 벧전 5:7

   용서와 망각은 엄연히 다르다. 어떤 여성이 이런 말을 했다. "남편을 용서했어요. 하지만 내게 한 일이 생각나면 다시 속이 뒤집히는 듯, 괴로워요." 용서는 기억을 잠재워 주지 않는다. 기억에 이끌려 과거의 사건으로 돌아가면 아프고 고통스러운 상처가 고스란히 되살아난다. 하지만 명심하라. 용서는 느낌이 아니다. 남이 저지른 죄를 더 이상 끌어안고 살지 않겠다는 다짐이다.

   기억이 되살아나고 통증이 느껴지면 어떻게 해야 할까? 하나님 앞에 내려놓고 말씀드려야 한다. "아버지, 내가 무얼 기억하는지, 어떤 고통을 느끼는지 아십니다. 그리고 주님이 이미 그 죄를 사해주셨음을 압니다." 기억이 행동을 지배하도록 방치하지 말라. 적절한 때가 되면 아픔은 사라지고 긍정적인 새 기억들이 그 빈자리를 채울 것이다. 기억에 걸려 넘어지지 말라. 베드로전서 5장 7절 말씀은 염려를 다 주께 맡기라고 가르친다. 주님이 상처를 치료해주시고 용서할 수 있는 힘을 주실 것이다.

The One Year Love Language

해가 지도록
분을 품지 말라

230

> 웃을 때에도 마음에 슬픔이 있고 즐거움의 끝에도 근심이 있느니라 잠 14:13

결혼생활을 하면서 기쁨의 불씨가 사위었다면, 삶의 열정이 식었다면, 쉽게 흥분해서 남편이나 아이들을 매섭게 몰아붙인다면, 만성적인 분노에 시달리고 있을 가능성이 높다. 사소한 일에도 과민반응을 보이는 건 내면에 분노가 쌓여 있다는 신호다. 누적된 분노는 결국 대폭발을 일으킨다. 그러나 워낙 뜬금없이 분통을 터트리는 탓에 다들 "무슨 일이 있어?"라는 눈길을 주고받으며 의아하게 생각한다. 그 사람의 내면에서는 몇 년씩이나 분노가 무럭무럭 자라고 있었지만 아무도 눈치채지 못한 것이다.

분노를 단단히 끌어안고 있으면 압력이 점점 높아진다. 솔로몬은 잠언 14장 13절에서, 청산하지 못하고 내면에 감춰둔 감정들의 폐해를 예리하게 지적했다. 성경이 '분을 내어도 죄를 짓지 말며 해가 지도록 분을 품지'(엡 4:26) 말라고 가르치는 이유도 거기에 있다. 분노를 가능한 한 신속하게 정리하라. 그러지 않으면 만성적인 분노를 품고 살게 된다. 언제고 폭발할 수 있는 폭탄을 껴안고 지내는 셈이다. 그런 결혼생활이 평탄할 리가 없다.

지난날의 상처들을 인정하라

231

> 미련한 자는 죄를 심상히 여겨도 정직한 자 중에는 은혜가 있느니라 잠 14:9

　분노를 평생 묻어두고 살 수는 없다. 픽픽 새는 소리를 내며 끓어오르는 압력솥을 지켜보는 듯 아슬아슬한 느낌이 드는가? 폭발적인 분노는 배우자에게 아픔을 주며 경우에 따라서는 맹렬한 반발을 불러일으킨다. 그걸 보면 이편의 감정은 더 솟구치게 된다. 이런 악순환을 끊어버리고 평온한 삶을 살고 싶지 않은가?

　지난날 상처와 아픔을 주고받았던 사람들이 모두 기억나게 해주시길 하나님께 간구하라. 목록과 명단이 만들어지면 주님 발 앞에 내려놓고 기도하라. 당사자들을 찾아가서 용서를 구할 용기를 달라고 요청하라. 잠언 기자가 본문에서 말하는 것처럼, 지혜롭고 경건한 이들은 스스로 잘못을 인정할 줄 안다. 그것이 마땅히 해야 할 올바른 일이기도 하려니와 화해의 지름길이기 때문이다. 먼저 미안한 뜻을 전하면 상대방 역시 사과로 화답할 것이다. 양쪽이 서로 용서하면 분노는 말끔히 사라진다. 부부 사이에서도 이런 화해가 가능하며, 그때마다 관계가 한층 깊어진다.

The One Year Love Language

사랑이라는 이름의 주춧돌

232

> 하나님이 우리를 사랑하시는 사랑을 우리가 알고 믿었노니 하나님은 사랑이시라 사랑 안에 거하는 자는 하나님 안에 거하고 하나님도 그의 안에 거하시느니라 요일 4:16

개인적으로는 "사랑이 세상을 움직인다"고 확실히 믿는다. 어떻게 감히 그렇게 말할 수 있느냐고? 하나님은 사랑이시기 때문이다. 한 사람 한 사람의 삶에 의미를 부여해주는 것 역시 주님의 사랑이다. 요한일서 4장 말씀의 핵심은 단순명료하다. 하나님이 우리를 얼마나 사랑하시는지 깨닫게 되면, 그 감동이 너무도 커서 거룩한 사랑에 깊이 의지할 수밖에 없다는 것이다.

이러한 사실은 결혼생활과 어떤 연관이 있을까? 창조주는 인간이 외롭고 우울하게 지내지 않도록 하시려고 결혼제도를 만드셨다. 하나님은 남자와 여자가 서로 사랑하게 하셨다. 남편과 아내는 한 팀이 되어 서로 협력하고 각자를 향한 하나님의 뜻을 발견하여 그 목적을 이뤄가도록 지음 받았다. 그런 결혼생활의 열쇠는 무엇일까? 한마디로 '사랑'이다. 서로 사랑한다는 건 자녀들을 굽어보시는 하나님의 눈으로 배우자를 바라보는 걸 말한다. 주님이 우리를 통해 거룩한 사랑을 표현하시도록 맡겨드린다는 의미이기도 하다.

사랑 안에는
두려움이 없다
233

> 사랑 안에 두려움이 없고 온전한 사랑이 두려움을 내쫓나니
> 요일 4:18

우리에게는 안전감과 자존감, 의미 있는 삶을 살고 있다는 느낌이 필요하다. 이런 욕구들은 남성과 여성이 만나서 서로 사랑할 때 모두 채워진다. 예를 들어, 아내의 사랑을 깨닫는 순간 그런 동반자가 존재한다는 사실 자체가 안전감을 준다.

사도요한은 '온전한 사랑이 두려움을 내쫓나니'(요일 4:18)라고 했다. 이 말씀은 "주님이 우리를 사랑하시고 구원하셨다는 사실을 마음에 새기면 심판을 두려워할 필요가 없다"는 의미다. 다시 말해서 세상 무엇과도 용감하게 맞설 수 있다는 뜻이다. 진정한 사랑은 인간관계 속에서도 비슷한 영향력을 지닌다.

배우자의 사랑을 받으면 인생이 소중해지면서 세상에 기여하고 싶은 마음이 든다. 사랑을 주고받으면 됨됨이가 달라진다. 사랑은 서로의 삶을 풍요롭게 한다. 주님의 사랑을 세상에 보여주는 것이 크리스천이 맡은 일이다. 멀리 갈 것 없다. 가정에서부터 시작하라.

뛰어난 존재가 되도록
서로 격려하라
234

서로 돌아보아 사랑과 선행을 격려하며 히 10:24

―

   결혼은 남편과 아내에게 서로 돌볼 수 있는 기회를 부여한다. 상대방을 있는 그대로 받아들이면서, 뛰어난 존재가 될 수 있도록 격려하고 기운을 북돋우라. 하나님은 한 사람 한 사람을 향한 계획을 갖고 계신다. 그 거룩한 뜻이 이뤄지도록 돕는 것이다. 누구나 삶의 의미를 느끼는 건 아니다. 개중에는 "넌 똑똑한 편이 아니야. 도대체 커서 뭐가 되려고 그러니?"라는 부정적 메시지를 들으며 자란 이들도 있다. 하나같이 잘못된 얘기들이지만 밤낮 그런 소리를 듣다보면 어느새 세뇌되게 마련이다.

   남편, 또는 아내의 일차적인 사랑언어를 파악해서 시시때때로 구사하면 사랑 탱크를 가득 채우는 동시에 자존감에도 영향을 준다. 하나님의 심부름꾼이 돼서 상대가 사랑을 느끼도록 도우라. 배우자를 격려해서 하나님의 계획을 이뤄가게 돕는 것보다 더 중요한 일은 없다. 히브리서 기자가 초대교회 크리스천들에게 보내는 편지에 쓴 것처럼, 어떻게 하면 서로 격려해서 더 깊이 사랑하고 섬길 수 있을지 연구해야 한다.

돈 문제에서 비롯된 다툼

몸은 하나인데 많은 지체가 있고 몸의 지체가 많으나 한 몸임과 같이 그리스도도 그러하니라 고전 12:12

　돈 때문에 다퉈본 적이 있는가? 한 연구조사에 따르면, 재정문제로 자주 갈등을 빚는 부부가 64퍼센트에 이른다고 한다. "돈이 죄다 어디로 간 거지?" "혹시 나한테 얘기 안 하고 물건 산 거 있어요?" "카드 긁고서 깜빡 잊어버린 거 없죠?" 어디서 많이 듣던 소리들인가? 어떻게 하면 부부가 한 마음으로 살림을 잘 꾸려갈 수 있을까?

　'왜'와 '무엇'을 구분하는 데서 시작하자. 왜 카드를 쓰고서 깜박 잊어버리는가? 성격의 문제다. 이런 성향을 가진 이들에게는 세세한 사항 따위가 중요하지 않다. 해결책은, 정리를 잘하는 쪽에서 수입과 지출을 확인해주는 것뿐이다. 불평하지 말고 본래 내 일이려니 하라. 하나님이 한 사람 한 사람에게 다른 은사를 주셨다는 고린도전서 12장 말씀에 밑줄을 긋고 암송하라. 일반적으로 부부는 서로 다른 장점을 가지고 있게 마련이다. 그러므로 부족한 점을 보완해주며 협력하는 게 중요하다.

한 마음으로 이끌어가는
가정 경제

236

> 각각 자기 일을 돌볼 뿐더러 또한 각각 다른 사람들의 일을 돌보아 나의 기쁨을 충만하게 하라 빌 2:4

어떻게 하면 조화롭게 재정을 운용할 수 있을까? 지름길은 없다. 대화하고 귀 기울여 들으면서 '내 방식'이나 '당신의 방법'이 아닌 '우리의 대안'을 모색하여, 가장 합당한 방법을 찾아내야 한다. 겉으로 나타나는 언행 뒤에 숨겨진 진정한 이유를 파악해야 한다. 예를 들어, 아내가 5백만 원짜리 적금을 붓자고 한다. 그만한 돈이 있으면 설령 돌발 사태가 생긴다 해도 최소한 아이들을 굶기지는 않겠다 싶은 것이다. 그런데 남편은 주식에 투자하자고 주장한다면 어떻게 될까? 매월 일정한 금액을 꼬박꼬박 통장에 넣는 건 자원낭비라고 생각하는 것이다.

서로의 감정과 생각을 이해할 때까지, 남편과 아내는 거듭 다툴 수밖에 없다. 하지만 빈 통장이 아내에게 미치는 정서적 영향을 파악하는 순간, 남편은 다툼을 멈추고 아내의 욕구를 인정하게 될 것이다. 남편의 욕구는 어떻게 할 것인가? 다른 데서 투자할 자금을 마련하려고 노력해야 한다. 이렇게 양쪽의 필요가 채워지면 다툼은 저절로 사라진다.

커뮤니케이션 통로를
항상 열어두라

237

면책은 숨은 사랑보다 나으니라 친구의 아픈 책망은 충직으로 말미암는 것이나 원수의 잦은 입맞춤은 거짓에서 난 것이니라
잠 27:5-6

결혼생활을 하는 중에, '이렇게 신경쓰며 살 필요가 있을까?'라고 묻는 순간이 어느 부부들에게나 온다. 하지만 실수하지 말라. 남편과 아내 사이의 커뮤니케이션은 한 번 끊어지면 복구하기가 여간 힘든 게 아니다. 배우자와 지속적으로 의견을 나누는 데는 상당한 인내와 끈기가 필요하다. 갈등을 해결하려고 안간힘을 쓰느니, 입을 다물어버리거나 싸늘하게 외면하는 편이 낫겠다는 생각은 꿈에서도 하지 말라. 전혀 사실이 아니기 때문이다.

오늘 본문으로 소개한 잠언 말씀은 감정을 묻어두는 것보다 면전에서 진심을 드러내는 편이 훨씬 낫다고 지적한다. 진솔한 반응은 고통스러울지 몰라도 치유와 진정한 의사소통을 가져온다. 남편과 아내가 서로 교감하면서 의견차이를 해소하기 위해 적극적으로 노력하는 한, 희망은 사라지지 않는다. 대화를 멈추는 순간 소망도 숨을 거둔다. 관계를 가장 소중하게 여기라. 잠시라도 한눈을 팔았다가는 친밀감에 치명적인 타격을 입게 될 것이다. 한 팀이 되어 함께 일하는 법을 배우는 길은 대화와 경청뿐이다.

The One Year Love Language

자녀들에게 사랑을 보여주라

238

> 보라 자식들은 여호와의 기업이요 태의 열매는 그의 상급이로다 시 127:3

남편들이여, 행복해하는 아내를 보고 싶은가? 그럼 자녀를 깊이 사랑하라. 아이들을 대화에 끌어들이라. "오늘 학교에서 어땠어?"라고 묻는 데서 시작하라. 이런저런 사건들을 장황하게 늘어놓더라도 말허리를 끊지 말라. "미술 시간에는 어떤 느낌이 들었어?"라는 식의 질문을 던져서 더 깊은 얘기를 끌어내라. 이렇게 묻고 답하는 과정을 통해서 아이들의 생각과 감정을 충분히 파악할 수 있다.

아이들은 개방형 질문에 가장 잘 반응한다. "동물원 구경은 재미있었어?"보다는 "동물원을 구경하면서 뭐가 가장 좋았어?"라고 물으라. 첫 번째 질문에는 "예"나 "아니요"라는 대답이 고작이어서 생각과 감정에 관해 알 수 없다. 대답을 들은 뒤에는 자신의 경험을 나누라. 격식에 매이지 말고 자유롭게 질문하고 답을 들으라. 대화는 성공적인 자녀양육의 필수요소다. 자녀들과 깊이 의사소통하는 남편의 모습은 아내를 기쁘게 한다. 성경은, 자식이야말로 주님이 주신 축복이자 선물이라고 말한다. 그 값진 보배를 조심스럽게 다루라.

감춰진 욕구를 꿰뚫어보라

239

모든 겸손과 온유로 하고 오래 참음으로 사랑 가운데서 서로 용납하고 엡 4:2

인간의 행동에는 항상 동기가 있게 마련인데, 대개는 감춰진 욕구들이 행위를 유발한다. 행동은 겉으로 드러나지만 그 뒤에 깔린 동기는 눈에 보이지 않는다는 뜻이다. 따라서 누군가를 이해하려면 한 꺼풀 젖히고 이면을 들여다보아야 한다.

이 내적인 욕구의 정체는 무엇인가? 크게 신체적인 영역과 정서적인 영역으로 나눌 수 있다. 갈증, 허기, 수면 같은 신체적 욕구는 쉽게 알아낼 수 있다. 정서적인 욕구들은 감지하기가 상대적으로 까다롭지만 영향력은 훨씬 더 큰 편이다. 예를 들어, 누군가 인정하는 말을 해주거나 진정으로 염려해주면, 그 사람과 함께 시간을 보내고 싶은 마음이 생긴다. 배우자의 욕구를 파악하는 게 성숙한 부부 관계에 그토록 중요한 까닭이 여기에 있다. 에베소서 4장 말씀처럼, 배우자의 행동을 이해할 수 없을 때는 인내심을 가지고 겸손하게 반응하라. 그 이면에 어떤 욕구가 감춰져 있는지 생각해보라.

The One Year Love Language

감춰진
동기들을 파악하라
240

> 사람의 영혼은 여호와의 등불이라 사람의 깊은 속을 살피느니라 잠 20:27

배우자의 행동 이면에 감춰진 동기들을 파악한다면 좀 더 긍정적인 관계를 만들어가는 데 큰 도움이 된다. 다음 질문들에서 시작하자. '배우자의 행동에는 어떤 동기가 있는가?' '어떤 동기들이 내 행동을 유발하는가?'

인간 행동은 수수께끼가 아니다. 행동의 포장을 들추고 동기를 찾아야 한다. 남편이 난데없이 조기축구회에 들어간 동기가 소속감을 가지려는 욕구 때문이었음을 깨닫는다면, 설령 봉사활동을 하는 게 더 낫다고 생각할지라도 그 행동을 있는 그대로 인정해줄 수 있을 것이다. 동기를 알면 서로 도울 방법을 찾아내기도 한결 쉬워진다. 잠언기자가 말하는 것처럼, 오직 하나님만이 인간의 '깊은 속'과 모든 일의 동기를 꿰뚫어보신다. 배우자의 행동을 이해할 수 있도록 이끌어주실 수 있는 분도 주님뿐이다. 동기를 모르면 배우자의 행동을 비난할 수밖에 없고 결국 친밀감에도 균열이 생기게 될 것이다. 반면에 동기를 깨닫게 되면 경쟁자가 아닌 동반자가 될 수 있다.

방어적인 태도와
싸우라

241

그러므로 너희는 변명할 것을 미리 궁리하지 않도록 명심하라
눅 21:14

　방어적인 자세는 부부 사이에서 이뤄지는 의사소통의 흐름을 끊어놓는다. 아내가 "어서 쓰레기 좀 비워줘요. 그냥 뒀다간 파리들이 직접 가져다 버리겠어요"라고 이야기했다 치자. 심사가 뒤틀린 남편은 입을 꾹 다물고 다른 방으로 피해버리거나, 퉁명스러운 말투로 아내의 속을 긁어 놓을 수도 있다. 아내의 말 가운데 어떤 부분이 남편의 자존심에 상처를 냈는가? 어쩌면 어려서 어머니에게 늘 듣던 "무책임한 녀석!"이란 소리가 떠올랐는지도 모른다. 그래서 방어적인 자세로 격한 반응을 보인 것이다. 하지만 아내는 적이 아니다. 맞서 싸울 상대는 아내의 말이다.

　예수님은 제자들에게 장차 고소를 당하고, 심한 박해를 받게 되겠지만 어떻게 방어할지 염려할 필요가 없다고 하셨다. 어째서일까? 성령님이 필요한 말씀을 입에 담아주시기 때문이다. 부부간에 합당한 반응을 주고받는 과정에서도 하나님을 의지할 필요가 있다. 싸워야 할 적을 정확하게 구별하라.

The One Year Love Language

뇌관을 찾아내라

242

> 그러므로 너희는 하나님이 택하사 거룩하고 사랑 받는 자처럼 긍휼과 자비와 겸손과 온유와 오래 참음을 옷 입고 … 주께서 너희를 용서하신 것같이 너희도 그리하고 골 3:12-13

방어적인 태도에는 부부관계를 세우거나 아예 무너뜨릴 힘이 있다. 누구에게나 정서적으로 아주 예민한 영역이 있게 마련이다. 배우자가 그런 부분을 건드리는 말이나 행동을 하게 되면 즉시 방어적이 된다. 자존감에 위협을 느끼기 때문이다. 처음에는 의식하지 못할 수도 있다. 하지만 잘 살펴보면 예민한 반응을 일으키는 부분이 드러난다.

너무 거칠게 운전하지 말라는 배우자의 한마디가 뇌관을 때릴지 모른다. 외모에 관한 이야기를 듣는 순간 분통을 터트릴 수도 있다. 거기가 바로 예민한 자리다. 무심히 지나치지 말라. 감정을 가라앉히고 스스로 물으라. "왜 이렇게 방어적이 될까?" 십중팔구는 어린 시절의 경험이나 자존감과 관련이 있다. 근원을 파헤치고 그 결과를 배우자와 나누라. 바울이 골로새서 3장에서 가르치는 것처럼, 크리스천은 서로 연약한 부분을 참아주며 친절하고 온화하게 대해야 한다. 둘이서 함께 예민한 영역들을 차근차근 점검해보라. 어떻게 하면 자존감을 해치지 않는 방식으로 대화할 수 있을지 허심탄회하게 의견을 나누라.

사랑하는 이의
성공을 도우라

243

> 복 있는 사람은 악인들의 꾀를 따르지 아니하며 죄인들의 길에 서지 아니하며 … 그 잎사귀가 마르지 아니함 같으니 그가 하는 모든 일이 다 형통하리로다 시 1:1-3

성공이란 무엇인가? 백인백색, 사람마다 생각이 다를 것이다. 가까운 친구 하나는 성공을 '하나님께 받은 재능을 최대한 발휘하는 것'으로 풀이했다. 개인적으로는 그 정의가 아주 마음에 든다. 누구나 이 세상에 긍정적인 영향을 미칠 잠재력을 가지고 있다. 시편 1편은, 깊이 뿌리를 내려 흔들리지 않고 무럭무럭 자라며 풍성한 열매를 맺는 시냇가의 나무에 성공한 사람을 빗대어 설명한다. 하나님 안에 든든히 뿌리를 내리는 게 중요하다. 그래야 주님이 우리를 사용해서 세상을 크게 바꾸실 수 있다. 주어진 자원과 기회를 어떻게 사용하느냐가 성공을 재는 잣대다.

결혼관계에서도 마찬가지다. 남편이 하나님과 세상을 위하여 선한 일을 하도록 시간과 에너지를 쏟아 돕는 아내야말로 성공한 여성이다. 마찬가지로 아내를 도와서 똑같은 열매를 거두게 하는 남편은 성공한 남성이다. 배우자가 성공하도록 도우면 결국 승리자와 함께 만족감과 목적의식을 갖고 살게 된다. 결코 손해나는 일이 아니다.

부모를 떠나
한 몸을 이루라

244

> 네 부모를 공경하라 그리하면 네 하나님 여호와가 네게 준 땅에서 네 생명이 길리라 출 20:12

최근에 어느 여성에게 들은 얘기다. "결혼한 지 얼마 안 돼서부터 시어머니 때문에 속상한 일이 많았어요. 그때마다 남편에게 눈물바람을 했지요. 그런데 점점 노쇠해지시는 모습을 보면서 '부모를 공경한다는 것'의 의미를 조금씩 알아가게 됐어요. 그건 선택이 아니라 의무더군요. 그래서 그 명령에 따르기로 했어요. 시어머니가 변했느냐고요? 전혀 아녜요." 이 여성이 지적한 깃처섬 하나님은 "네 부모를 공경하라"고 명령하셨다. 하지만 그 가르침을 따른다는 건 만만한 노릇이 아니다.

잘잘못은 있을지언정 양가 부모가 우리 삶의 일부라는 건 엄연한 사실이다. 그렇다면 신혼부부든 '제법 노련한' 부부든 어른들과 어떤 관계를 맺어야 할 것인지 생각해보아야 한다. 사실, 양가 부모의 따듯한 관심과 지혜는 필요하다. 그렇다고 지배를 받아야 하는 건 아니다. 부모와 결혼한 자녀 사이에는 자유와 상호존중이라는 원칙이 있다. 성경에서 말하는 '부모를 떠나는' 원칙과 '한 몸을 이루라는' 명령이 조화를 이루어야 한다.

최종판단은
부부가 내리라

245

> 예수께서 대답하여 이르시되 사람을 지으신 이가 본래 그들을
> 남자와 여자로 지으시고…하나님이 짝지어 주신 것을 사람이
> 나누지 못할지니라 마 19:4-6

창세기 2장은 '남자가 부모를 떠나 그의 아내와 합하여 둘이 한 몸'을 이루라고 가르친다. 마태복음 19장에서 보는 것처럼, 예수님은 이 말씀을 인용하여 이혼에 대한 바리새인들의 질문에 대답하셨다. 결혼에는 충성의 대상을 바꾸는 과정이 포함된다. 새 가정을 이루기 전까지는 충성의 일차적인 대상이 부모였지만, 혼인과 동시에 배우자로 바뀐다. 배우자와 부모 사이에 갈등이 생기면 남편, 또는 아내의 입장에 서는 게 당연하다.

특히 무엇이든 결정을 내릴 때는 '부모를 떠나는' 게 대단히 중요하다. 양가 부모들은 심각한 결단을 앞둔 자녀들에게 이런저런 조언을 해주고 싶어하신다. 조언 하나하나 진지하게 받아들이라. 그러나 결국 최종판단을 내리는 건 부부가 되어야 한다. 언젠가는 "가르침을 주셔서 고맙습니다. 하지만 이 문제는 이렇게 하기로 했어요. 이해해주세요"라고 이야기할 수밖에 없는 순간이 온다. 친절하지만 단호한 태도가 관건이다.

The One Year Love Language

부모를 공경한다는 것

246

> 너를 낳은 아비에게 청종하고 네 늙은 어미를 경히 여기지 말지니라 잠 23:22

어떻게 하면 결혼한 뒤에도 줄곧 양가 부모를 공경하면서 휘둘리지 않을 수 있을까? 양가 부모들이 여러 모로 존경스러우며 자녀들의 삶에 간섭하지 않으신다면 어려울 게 없다. 그러나 그렇지 않을 경우 이 계명에 순종하기가 어려워진다.

어떤 여성은 말한다. "우리 엄마는 평생 엉망으로 살았어요. 그런데 이제 우리 가정마저 킹킹으로 만들려 하는군요. 이런 양반을 어떻게 공경하라는 거죠?" 공경한다는 건 '존중하는 마음'을 보인다는 뜻이다. 물론 존경하기 어려운 경우가 있지만, 그래도 부모라는 지위를 존중해야 한다. 친절하게 대하고 힘닿는 데까지 도우라. 하지만 불안감을 조성해가며 지배하려 하신다면 반드시 물리쳐야 한다. 잠언 23장 22절은 부모를 공경하는 구체적인 방법 두 가지를 제시한다. 하나는 귀 기울여 듣는 태도고, 두 번째는 무시하지 않고 보살피는 자세다. 공경한다는 게 부모의 요청을 모두 받아들여야 한다는 뜻은 아니다.

공감하는 자세로
대화하라

247

미련한 자는 명철을 기뻐하지 아니하고 자기의 의사를 드러내기만 기뻐하느니라 잠 18:2

공감할 줄 아는 이들은 늘 "무슨 생각을 하고 어떤 느낌이 드는지 정말 알고 싶어요"라는 자세로 대화에 임한다. 하지만 안타깝게도 이런 이들을 찾아보기가 쉽지 않다. 모두들 자기중심적이다. 다시 말해서 "세상은 나를 중심으로 돌아가지. 내 생각과 감정이 가장 중요해"라는 말을 무의식적으로 되뇌며 사는 것이다.

그러므로 공감하는, 즉 사랑하는 이의 생각과 감정을 정직하게 이해하려고 노력하는 자세를 키우기로 결심했다면 성숙으로 통하는 길에 본격적으로 들어선 셈이다. 오늘 소개한 잠언 말씀은 자신의 의견만 내세우는 건 어리석은 짓이라고 노골적으로 지적한다. 사도베드로는 남편들에게 아내를 "생명의 은혜를 함께 이어받을 자로 알아 귀히 여기라"(벧전 3:7)고 했다. 이는 비단 남편들뿐만 아니라 아내들에게 주는 도전이기도 하다. 공감하는 자세로 귀를 기울이려면 먼저 배우자의 생각과 감정을 존중하는 마음을 가져야 한다.

The One Year Love Language

판단을 미루고
충분히 들으라

248

> 사연을 듣기 전에 대답하는 자는 미련하여 욕을 당하느니라
> 잠 18:13

"잘못을 바로잡아주겠다"는 마음가짐으로 배우자의 이야기를 들으면, 절대로 상대방의 속내를 이해할 수 없으며 대화 역시 십중팔구 다툼으로 끝난다. 아내가 "여보, 나는 직장을 그만두고 싶어요"라고 이야기했다. 그런데 남편이 숨 쉴 틈도 없이 "말도 안 되는 소리! 당신이 보태지 않으면 안 되는 거, 잘 알잖아요. 그리고 부담이 되더라도 큰 집을 사자고 우긴 게 바로 당신이란 사실을 잊지 말아요"라고 받아친다면 어떻게 될까? 한바탕 부부싸움을 하거나 입을 꼭 다문 채 서로를 원망할 게 뻔하다.

본문에서 솔로몬은 충분히 들어보지도 않고 대답부터 꺼내는 것은 부끄럽고 미련한 짓이라고 직격탄을 날린다. 남편이 판단을 유보한 채 "오늘 몹시 힘들었나보구려. 얼른 자세히 얘기해봐요"라고 대응했더라면 상황이 얼마나 달라졌겠는가. 아내는 깊이 공감해주는 남편을 보면서 마음이 편해졌을 테고, 둘이 함께 지혜로운 결정을 내릴 수 있었을 것이다. 판단을 미루고 사연을 충분히 들으라. 대화의 흐름을 막지 말라.

예수님처럼
기꺼이 섬기라

249

그들의 발을 씻으신 후에 옷을 입으시고 다시 앉아 그들에게 이르시되…내가 너희에게 행한 것같이 너희도 행하게 하려 하여 본을 보였노라 요 13:12, 14-15

예수님이 보여주신 가장 위대한 섬김의 모범은, 제자들의 발을 씻는 종의 역할을 하신 것이다. 반드시 필요하지만 아무도 하려 들지 않는 일을 하심으로써, 주님은 겸손과 사랑, 진정한 리더십의 본보기가 되셨다. 남편들에게 묻고 싶다. 자신을 낮추고 즐거운 마음으로 아내를 섬기는가? 아내에게도 똑같은 질문을 던져보자. 겸손한 마음으로 기꺼이 남편을 섬기는가? 신학적으로 고상한 주제를 설명하자는 게 아니다. 온 마음으로 예수님을 따르자는 얘길 하고 있을 따름이다.

마가복음 10장 45절에서도 예수님은 말씀하셨다. "인자가 온 것은 섬김을 받으려 함이 아니라 도리어 섬기려 하고 자기 목숨을 많은 사람의 대속물로 주려 함이니라." 높아지려면 낮아져야 한다. 가정에서부터 이 원리를 적용해보자. 내 경우, 아내를 섬기는 게 얼마나 즐거운 일인지 깨닫기까지 꽤 긴 시간이 걸렸다. "뭘 도와주면 좋을까?"라고 질문하는 데서 시작하라.

섬김의 길을
먼저 걸어가라

250

> 우리가 아직 연약할 때에 기약대로 그리스도께서 경건하지 않은 자를 위하여 죽으셨도다…하나님께서 우리에 대한 자기의 사랑을 확증하셨느니라 롬 5:6-8

　부부 사이가 냉랭하고 거칠어졌는가? 소망을 잃었는가? 결혼생활에 활기를 불어넣고 싶은가? 태도를 바꾸라. 부정적인 눈으로 관계를 바라보면 겨울 같은 비관적이며 차갑고 무정한 결혼생활을 벗어날 수 없다. 어느 날, 하나님께 짤막한 기도를 드렸던 기억이 난다. "주님, 그리스도의 마음을 갖게 해주세요. 예수님이 제자들에게 하셨던 것처럼 저도 아내를 섬기고 싶습니다." 결혼식을 올린 이후, 부부생활과 관련해서 주께 드린 간구 가운데 가장 중요한 기도였다. 상대방 섬길 길을 먼저 찾기 시작하자 아내의 태도도 바뀌기 시작했다.

　자신이 어떤 대접을 받느냐에 따라 배우자를 대하는 자세도 달라지는 게 인지상정이다. 하지만 하나님은 인류가 아직 죄인임에도 불구하고 사랑을 베풀어주셨다. 인간들의 행동이 달라질 때까지 기다리지 않으셨다. 먼저 찾아오셔서 압도적인 사랑과 은혜를 선사하셨다. 그러므로 우리 역시 소망이 없어 보이는 순간에도 사랑하며 섬길 수 있다. 무조건적인 사랑보다 강력한 무기는 없다.

먼저 가서
배우자와 화해하라

251

> 그러므로 예물을 제단에 드리려다가 거기서 네 형제에게 원망 들을 만한 일이 있는 것이 생각나거든…가서 형제와 화목하고 그 후에 와서 예물을 드리라 마 5:23-24

인간은 억울한 대접을 받으면 상처와 분노를 느낀다. 그릇된 언행은 마음의 장벽을 만든다. 남편과 아내 사이에는 긴장이 높아지고 일체감이 흔들린다. 한쪽에서 사과하고 다른 한편에서 관용을 베풀지 않으면 예전과 같은 관계로 돌아갈 길이 없다.

누군가의 잘못으로 관계에 균열이 생기면 내면에서 화해를 부르짖는 목소리가 터져나온다. 친밀한 관계일수록 화해의 욕구가 더 크게 마련이다. 예수님은 하나님 앞에 겸손히 머리를 숙이는 것보다, 상처를 입힌 이들에게 가서 자신을 낮추고 잘못을 고백하는 게 먼저라고 가르치셨다. 남편한테 부당한 대접을 받은 아내는 통상적으로 두 가지 반응을 복합적으로 드러낸다. 한편으로는 상대방이 합당한 대가를 치르길 바라면서 다른 한편으로는 화해를 기대한다. 그러므로 남편이 진심으로 사과하면 화해가 이뤄진다. 좋은 관계를 맺고 유지하는 데는 사과가 필수적이다.

용서보다
고백이 먼저다

252

> 내 이름으로 일컫는 내 백성이 그들의 악한 길에서 떠나 스스로 낮추고 기도하여 내 얼굴을 찾으면 내가 하늘에서 듣고 그들의 죄를 사하고 그들의 땅을 고칠지라 대하 7:14

사과 없이도 용서할 수 있는가? 용서를 '자신의 상처와 분노를 하나님께 맡기고 가해자를 풀어주는 것'으로 정의한다면 그럴 수 있다. 하지만 용서를 '화해'로 생각한다면 사과는 필요조건이 된다. 성경은 만일 우리가 죄를 자백하면 하나님은 용서를 베푸신다고 가르친다(요일 1:9). 역대하 7장에서 주님은, 백성이 겸손하게 기도하며 뉘우치면 허물을 덮어주겠다고 말씀하셨다. 고백하고 회개하지 않아도 무조건 용서하시겠다는 구절은 성경을 통틀어 단 한 곳도 없다.

자신이 저지른 잘못들을 배우자가 그냥 깨끗이 잊어주길 바랄 때가 있다. 그러면서도 구체적으로 이야기하고 사과할 생각은 하지 않는다. 저절로 사라지길 기대하는 것이다. 하지만 세상 무엇도 '그냥' 없어지는 법은 없다. 사과는 자신의 책임을 받아들이고 후회의 감정을 표현하는 행위다. 배우자에게 저지른 실책이 장벽이 되었음을 인정하고 이제 장벽을 허물기 원한다는 사실을 보여주어야 한다. 진심으로 사과한다면 용서를 받는 건 시간 문제다.

하나님이
설계하신 성

253

> 내게 입 맞추기를 원하니 네 사랑이 포도주보다 나음이로구나
> 아 1:2

　의외로 많은 크리스천들이, 성관계는 죄이고 세속적인 행위이므로 양식 있는 크리스천은 성에 관한 얘기를 입에 올려선 안 된다는 관념을 갖고 있다. 진실과는 거리가 먼 얘기다. 성을 만든 분은 하나님이시다. 주님은 남성과 여성을 만드시는 것으로 창조 작업을 마무리하셨으며 썩 만족스러워하셨다(창 3:1).

　창조주께서는 대다수 피조물들에게 성을 주셨다. 하지만 인간의 성은 종족 번식만을 위한 게 아니었다. 성경의 가르침에 따르면, 남편과 아내는 성관계를 통해서 '한 몸'이 된다. 성행위를 통해서 두 생명이 하나로 단단히 결합하게 되는 것이다. 단순히 몸과 몸이 만나는 걸 가리키는 게 아니라 정서적, 영적, 지성적, 사회적 연합을 의미한다. 전인적인 결합인 셈이다. 깊고, 지속적이며, 친밀한 관계로 두 인격체를 융합시키는 게 하나님이 설계하신 성의 실체다. 오직 결혼을 통한 성관계만이 진정한 의미의 일체감과 쾌감, 그리고 즐거움을 선사한다.

성, 사랑과 헌신의 표현

254

> 남편은 그 아내에 대한 의무를 다하고 아내도 그 남편에게 그렇게 할지라…남편도 그와 같이 자기 몸을 주장하지 못하고 오직 그 아내가 하나니 서로 분방하지 말라 고전 7:3-5

배우자의 성적인 필요를 어떻게 충족시키고 있는가? 고린도전서 7장은 남편과 아내들에게 서로의 성적인 욕구를 채워주라고 도전한다. 서로 물리치지 말라는 게 성경의 가르침이다. 부부의 몸은 서로를 위한 선물이다. 언제든지 성적인 기쁨을 나눌 수 있어야 한다는 뜻이다. 그것이 하나님의 계획이다.

하지만 서로 만족하는 성경험을 갖기가 왜 그토록 힘든 것일까? 아마도 사랑이라는 핵심요소를 잊었기 때문이 아닐까 싶다. 사랑은 자신이 아니라 상대방의 유익을 구하는 행위다. "어떻게 하면 즐거울 것 같아요?"가 기본 질문이 되어야 한다. 사랑은 자기 방식을 고집하지 않는다. 밀어붙이거나 조급해하지 않으며 파트너를 기쁘게 해줄 궁리를 한다. 사랑과 진심으로 위해주는 마음이 사라진 성관계는 공허한 몸짓에 불과하다. 성관계는 서로를 향한 깊은 사랑과 지속적인 헌신의 표현이어야 한다. 그것이 하나님 설계하신 성의 진면목이기 때문이다. 여기서 조금이라도 빠진다면 주님이 의도하신 성이 아니다.

배우자와 단둘이 마주앉으라

255

하나님이여 주는 나의 하나님이시라 내가 간절히 주를 찾되 물이 없어 마르고 황폐한 땅에서 내 영혼이 주를 갈망하며 내 육체가 주를 앙모하나이다 시 63:1-2

하루 중 배우자와 얼마나 오랜 시간 함께 보내는가? 잠들었을 때를 제외한다면, 떨어져 지내는 시간이 더 길 것이다. 함께 있을 때는 얼마나 오래 대화를 나누는가? 웬만한 부부라면 대화시간이 30분에도 못 미칠 것이다. 그나마도 "아이를 몇 시에 데려와야죠?" 같은 기계적인 질문을 주고받는다. 그렇다면 어느 틈에 욕구, 좌절, 기쁨 따위에 관한 생각을 나눈다는 말인가?

하루에 15분씩 시간을 내보면 어떨까? '부부의 시간' 정도로 이름을 붙이라. '대화의 시간' 또는 '소파의 시간'도 괜찮다. 뭐라고 부를지는 중요하지 않다. 핵심은 남편과 아내가 나란히 앉아서 무언가를 말하고 귀 기울여 들으면서 질적인 시간을 보낸다는 데 있다. 크리스천들은 하나님과 교제하는 시간은 중요시 하면서 배우자에게는 짬을 내려 하지 않는다. 하나님과 교제하는 시간은 영혼을 새롭게 하는 반면, 배우자와 지내는 시간은 정서적이고 관계적인 영역에 생기를 불어넣는다.

The One Year Love Language

함께하는 시간은
사랑하는 시간

256

> 형제를 사랑하여 서로 우애하고 존경하기를 서로 먼저 하며
> 롬 12:10

함께하는 시간을 일차적인 사랑언어로 사용하는 이들은, 배우자와 함께 다정한 시간을 보낼 때 소중한 대접을 받는다는 느낌을 갖는다. '함께하는 시간'이란 무얼 말하는가? 남편과 아내가 서로에게 온전한 관심을 쏟는 시간을 말한다. 단순히 한 방에 앉아 있는 차원을 넘어서 둘이 마주보고, 깊이 공감하는 가운데 대화하며, 무인가를 같이 한다는 뜻이다. 무슨 일을 하느냐는 중요하지 않다. 활동이 아니라 존재에 포인트가 있기 때문이다.

배우자의 일차적인 사랑언어가 '함께하는 시간'인데 그 언어를 써본 지 오래됐다면, 틀림없이 불평을 들었을 것이다. "같이 하는 게 아무것도 없군요. 옛날에는 곧잘 산책도 다니곤 했는데, 지난 2년 동안은 단 한 번도 그러지 못했어요." 방어적이 되기보다는 문제를 인정하고 긍정적으로 대처하라. 얼른 대답하라. "당신 말이 맞아. 당장 오늘 밤에 산책하러 갈까요?"

장성한 자녀가
집을 떠날 때

257

네 헛된 평생의 모든 날에…네가 사랑하는 아내와 함께 즐겁게 살지어다 그것이 네가 평생에 해 아래에서 수고하고 얻은 네 몫이니라 전 9:9

중년 부부와 상담할 때 자주 듣는 얘기가 있다. "아이들이 떠났어요. 이젠 뭘 하죠?" 자녀들이 독립한 뒤에는 관계를 어떻게 유지해야 하는가? 텅 빈 둥지를 보면 지난 20년 동안 어디에 초점을 맞추었는지가 분명하게 드러난다. 오직 아들딸들에게만 집중했다면, 맨 밑바닥으로 돌아가서 부부관계를 다시 쌓아올리기 시작해야 한다. 반면에 아이들이 성장하는 동안에도 서로에게서 눈길을 떼지 않았던 부부들은, 한결 풍족해진 시간을 함께 누리며 또 다른 차원에서 만족스러운 결혼생활을 이어나갈 것이다.

상황에 상관없이, 바로 지금이 부부관계를 점검해보고 성장을 향해 큰 걸음을 떼어놓을 때다. 주말을 이용해서 성숙한 결혼생활에 도움이 될 만한 강좌를 찾아서 들어보라. 남편과 아내가 더불어 행복하게 사는 법을 다룬 책을 일주일에 한 장씩 읽고 주말마다 토론하는 시간을 가지라. 부부관계에 초점을 맞추라. 흔들리지 말고 뜻을 세우라.

The One Year Love Language

하나님과 나누는 커뮤니케이션

258

> 예수께서 대답하시되 첫째는 이것이니 이스라엘아 들으라 주 곧 우리 하나님은 유일한 주시라…네 자신과 같이 사랑하라 하신 것이라 이보다 더 큰 계명이 없느니라 막 12:29-31

관계를 쌓아가는 기본적인 구성요소는 대화, 곧 쌍방향 커뮤니케이션이다. 일정 기간 동안 대화를 거듭하면 서로를 잘 알 수 있다. 그런데 왜 그토록 커뮤니케이션이 어려운 것일까? 미국의 경우, 이혼하는 부부의 86퍼센트가 '말이 안 통해서'를 사유로 꼽는다고 한다. 확인해두고 싶은 게 있다. 부부 사이의 대화가 끊어지기 훨씬 전에 하나님과의 커뮤니케이션이 단절되지 않았는가? 주님과 날마다 대화를 나누면, 그분이 배우자에 대한 생각과 태도를 바꿔주시기 때문이다. 하나님은 거룩한 자녀들이 점점 더 예수님을 닮아가게 하겠다고 분명히 약속하셨다(롬 8:29). 그분의 역사에 적극적으로 협력하기만 하면, 배우자와의 의사소통은 물 흐르듯 원활해진다.

마가복음 12장에서 예수님은, 가장 중요한 계명으로 전심으로 하나님을 사랑하고 이웃을 제 몸처럼 사랑하라는 두 가지를 가장 중요한 계명으로 꼽으셨다. 하나님을 사랑하며 그분이 원하시는 일에 초점을 맞추면 자연스럽게 다른 이들을 사랑하게 되기 때문이다.

가장 큰 유익을
끼치는 길을 찾아서

259

> 그들은 잠시 자기의 뜻대로 우리를 징계하였거니와 오직 하나님은 우리의 유익을 위하여 그의 거룩하심에 참여하게 하시느니라 히 12:10

어린 시절에 "널 사랑하기 때문에 벌을 주는 거야"라는 소리를 들어봤을 것이다. 오늘 본문이 설명하는 것처럼, 하나님도 거룩한 자녀들을 그렇게 대하신다. 주의 형상을 닮아가게 하려면 징계가 필수적이기 때문이다. 하지만 결혼생활에는 부모가 없으며 단지 파트너가 있을 따름이다. 남편과 아내는 서로를 징계할 수 없다. 다만 서로 사랑하며 하나님이 주신 잠재력을 배우자가 최대한 발휘하도록 도울 뿐이다.

문제는 사랑의 행동을 어떻게 구별하느냐이다. 예를 들어, 어느 알코올중독자의 아내는 친정에 가 있다가 남편이 발작을 일으켰다는 소식을 듣고 부리나케 집으로 돌아왔다. 본인은 그걸 사랑이라고 불렀지만, 정신과 의사는 '상호의존'(피보호자와 보호자가 정서적으로 지나치게 의존하는 성향 – 역주)으로 진단했다. 효과적으로 사랑하는 법을 배워야 한다. 그러므로 경우에 따라서는 단호하고 강한 입장을 취하라.

The One Year Love Language

부드러운 사랑과
단호한 사랑

260

> 모든 것을 참으며 모든 것을 믿으며 모든 것을 바라며 모든 것을 견디느니라 고전 13:7

상담실을 찾은 한 여성은 이렇게 고백했다. "지난 6년 동안, 남편은 네 번이나 직장에 들어갔다 그만두기를 되풀이했습니다. 안정된 직업을 갖는다든지, 가족의 생계를 책임지는 일 따위에는 아무 관심이 없어요. 내가 보기에는 일할 마음이 아예 없는 것 같아요. 매일 인터넷 서핑을 하고 친구들이랑 어울려서 야구시합을 하는 게 전부예요."

이 여성에게 "당장 그 게으름뱅이하고 헤어지세요"라고 충고하고 싶은가? 심정은 이해하지만, 바울은 그렇게 가르치지 않았다. 고린도전서 13장에서 사랑은 절대로 포기하지 않으며 항상 소망을 갖는다고 했다. 배우자의 일차적인 사랑언어를 배워서 일주일에 한 번씩 사용하라. 정서적인 수준의 교감을 나눌 수 있을 때까지 꾸준히 노력하라. 그럼에도 불구하고 별다른 변화가 없다면 한계를 설정하고 단호한 사랑을 가동해야 한다. 상황이 거기에 이르면 배우자 쪽에서도 뭔가 중요한 걸 잃어버릴 처지에 몰렸음을 인식하게 된다. 부드럽든 단호하든, 사랑은 최선의 길이며 최고의 해법이다.

언어폭력에
대처하는 법

261

> 주께서 내 마음을 시험하시고 밤에 내게 오시어서 나를 감찰하셨으나 흠을 찾지 못하셨사오니 내가 결심하고 입으로 범죄하지 아니하리이다 시 17:3

한 남성은 하소연한다. "아내는 나더러 '등신'이래요. 툭하면 혼자 사는 게 백번 나았을 걸 괜히 결혼했다고 하죠. 제때에 쓰레기를 내다버리지 않았다고 그러는 거예요. 뭘 어떻게 해야 하죠?" 언어폭력의 뿌리에는 낮은 자존감이 도사리고 있다. 가해자들은 대부분 똑같은 폭력 아래서 성장한 피해자들이기도 하다.

그런 배우자를 돕고 싶다면, 그의 필요는 인정하되 그릇된 행동은 단호하게 거부해야 한다. 언어폭력을 일상으로 받아들여서는 안 되며 성급하게 방어적인 태세를 취하는 것도 금물이다. 경건하지 못한 말을 입에 담지 말라. 시편 기자의 표현을 빌자면 '입으로 범죄하지' 말라. 이렇게 말해보라. "당신이 그런 소리를 할 때마다 상처를 받게 돼요. 마음이 좀 가라앉은 후 이 문제를 차근차근 이야기해보면 좋겠어요." 자존감, 사랑, 용납 따위를 갈망하는 배우자의 필요를 인정하라. 그건 잘못이 아니다. 승리가 아니라 해결을 추구하라.

The One Year Love Language

성경이 말하는 친밀감

262

> 여자가 그 나무를 본즉 먹음직도 하고 보암직도 하고 지혜롭게 할 만큼 탐스럽기도 한 나무인지라…무화과나무 잎을 엮어 치마로 삼았더라 창 3:6-7

성경은 결혼생활을 통해 누리는 친밀감을 어떻게 설명하고 있는가? 창세기 2장 25절 말씀을 보라. "아담과 그의 아내 두 사람이 벌거벗었으나 부끄러워하지 아니하니라." 부부 사이의 친밀한 감정을 이처럼 잘 보여주는 예가 또 있을까? 두 인격체는 동등한 가치를 지녔으며, 서로에게 한 점 감추는 게 없었고, 자신이 노출되는 걸 두려워하지도 않았다. '친밀감'이라는 단어를 사용할 때는 이처럼 개방, 관영, 신뢰, 감격 따위의 개념이 포함된다.

죄가 세상에 들어오기 전까지는 이런 친밀감이 존재했다. 금지된 과일을 따먹은 뒤에 아담과 이브가 보인 첫 번째 반응은 부끄러워하며 몸을 가린 것이었다. 흥미롭지 않은가? 죄가 나타나자 옷이 그 뒤를 따라왔다. 둘 사이에 무언가가 끼어들었고 투명성은 사라졌다. 상대방에게 자신을 드러내지 않게 되었다. 현대인들도 종종 자기 실체를 가리고 싶어한다. 친밀한 관계를 맺었다가 자칫 비난과 거절을 당할 가능성이 있는 까닭이다. 그런 두려움을 극복하려면 배우자와 서로 신뢰하는 관계를 맺어야 한다.

죄로 인한 분리를
극복하라

263

> 그 때에 베드로가 나아와 이르되 주여 형제가 내게 죄를 범하면 몇 번이나 용서하여 주리이까…일곱 번뿐 아니라 일곱 번을 일흔 번까지라도 할지니라 마 18:21-22

―

사랑은 자연스럽게 일어나고 진행되는 정서적 체험이다. 사랑에 빠지는 사건은 예나 지금이나 똑같은 성분을 지니고 있다.

서로에게 소속감을 느낀다 / 천생연분이라는 생각이 든다 / 상대방을 더 깊이 알고 싶은 갈망이 생긴다 / 하나님이 만나게 하셨다고 믿는다 / 자신을 드러내며 깊은 비밀을 나눈다

그런데 결혼하고 나면 어떻게 되는가? 똑같은 일이 아담과 이브에게도 일어났다. 우리는 죄를 짓고 죄는 인간을 분리시킨다. 문제 해결의 열쇠는 고백과 회개, 그리고 용서에 있다. 고백은 잘못된 말과 행동을 인정하는 작업이다. 회개는 의지적으로 죄에서 돌이켜 바른 길을 걷는다는 뜻이다. 용서는 상대방의 고백과 회개를 받아들이고 다시 내 삶 가운데 맞아들이는 걸 의미한다. 남편과 아내가 잘못을 그렇게 처리한다면 놀라우리만치 친밀한 관계를 지켜나갈 수 있을 것이다.

The One Year Love Language

믿음의 본을 보이라

264

> 내가 내 자녀들이 진리 안에서 행한다 함을 듣는 것보다 더 기쁜 일이 없도다 요삼 1:4

자녀들이 진리 안에서 성장해가는 걸 보는 것보다 더 큰 기쁨이 없다. 요한이 보낸 마지막 목회서신에서도 그런 마음을 엿볼 수 있다. 사도로서 제자들의 믿음이 성장하도록 돌보는 역할을 해왔기 때문에, 요한은 초대교회 크리스천들을 모두 '자녀'로 여겼다. 저마다 신실하게 그리스도를 섬기는 모습을 보면서 몹시 기뻐했다.

부모가 자녀의 신앙에 깊은 영향을 줄 수 있는 시기는 대개 여덟 살까지다. 꼬맹이들은 아빠엄마의 이야기에 귀를 기울이며 행동을 유심히 관찰한다. 부모의 행실이 평소에 들려주던 메시지와 부합될수록 자녀들은 어른들의 신앙을 존경하게 된다. 아이들이 성장하는 동안 신앙을 심어주지 못했다면 어떻게 해야 할까? 아직 늦지 않았다. 자녀들에게 솔직하게 이야기하라. "너희들이 자랄 때 잘하지 못했던 것이 후회되는구나." 이런 고백과 함께 부부가 생활방식을 바꾼다면 장성한 자녀들에게도 큰 영향을 미칠 수 있다. 과거의 잘못을 청산하는 건 관계를 새로 세우는 첫걸음이다.

배우자를 위한 기도

265

> 우리도 듣던 날부터 너희를 위하여 기도하기를 그치지 아니하고 구하노니 너희로 하여금 모든 신령한 지혜와 총명에 하나님의 뜻을 아는 것으로 채우게 하시고 골 1:9

　배우자를 위한 기도야말로 가장 위대한 사역이다. 무엇이 이보다 더 중요할 수 있겠는가? 야고보서 5장 16절은 "의인의 간구는 역사하는 힘이 큼이니라"고 했다. 성경을 펼치고 중보기도의 놀라운 역사들을 하나하나 살펴보라. 아브라함은 소돔의 백성들을 구해달라고 간구했다. 모세는 금송아지를 만들어 섬긴 이스라엘 백성의 죄를 용서해달라고 매달렸다. 다니엘은 지극히 겸비한 모습으로 음식을 끊고 자신과 민족의 죄를 고백하는 기도를 드렸다.

　배우자를 위해 어떻게 기도하고 있는가? 골로새서 1장 9-14절 말씀에 의지해서 간구하기를 추천한다. 바울은 골로새교회의 크리스천들을 위해 기도하면서 믿음이 더 단단해지고 인내와 끈기로 무장할 수 있게 해달라고 요청했다. 그렇게 기도하라. 그것만으로도 상대방을 향한 마음이 더욱 따듯해지는 걸 느끼게 될 것이다. 중보기도는 상대방을 섬기는 일이다. 배우자를 위해 오늘부터 기도하라. 그리고 결혼생활이 어떻게 달라지는지 지켜보라.

합심기도를
방해하는 마음의 벽
266

> 두세 사람이 내 이름으로 모인 곳에는 나도 그들 중에 있느니라 마 18:20

합심기도를 어려워하는 부부들이 많다. 왜 그럴까? 우선은 서로를 사랑과 존경으로 대하지 않는 탓에 둘 사이에 장애물이 존재하기 때문이다.

장벽을 철거하기 위해서는 고백과 회개가 필요하다. 요한일서 1장 9절은 '만일 우리가 우리 죄를 자백하면 그는 미쁘시고 의로우사 우리 죄를 사하시며 우리를 모든 불의에서 깨끗하게 하실 것'이라고 했다.

두 번째 이유는 누군가와 더불어 간구하는 법을 배우지 못한 까닭이다. 수많은 크리스천들은 기도를 지극히 사적인 신앙 활동으로 여긴다. 남편, 또는 아내를 위해 개인적으로 기도하는 한편, 둘이 함께 간구할 필요도 있다. 처음에는 침묵기도부터 시작하라. 손을 잡고, 눈을 감고, 속으로 기도하라. "아멘"으로 마치고 상대방이 "아멘"으로 마무리지을 때까지 기다리라. 손을 잡고 조용히 기도하는 건 대단히 단순한 방식이지만 결혼생활을 매우 풍성하게 만들어줄 것이다.

부부를 위한 대화식 기도

267

기도를 계속하고 기도에 감사함으로 깨어 있으라 골 4:2

성경은 수없이 기도의 중요성을 강조한다. 사도바울은 골로새서 4장에서 "기도를 계속하라"고 권면한다.

오늘은 대화식 기도를 추천하려고 한다. 방법은 간단하다. 남편과 아내가 돌아가면서 하나님께 아뢰는 것이다. 부부가 각각 한 번씩(그 이상이어도 상관없다) 같은 주제로 기도하고 다음으로 넘어가는 패턴을 반복하면 된다. 예를 들어, 남편이 "하나님, 오늘 퇴근길을 지켜주셔서 감사합니다"라고 고백하면, 아내가 뒤를 이어 "그렇습니다, 아버지. 남편과 아이들을 보호해주셔서 감사합니다"라고 아뢴다. 남편이 다시 "아울러 잘못된 신앙으로 유인하는 이들의 손에서 자녀들을 지켜주시옵소서"라고 기도하면 아내가 "오 하나님, 저희에게 지혜를 주셔서 자녀들에게 하나님의 사랑을 잘 가르치게 도와주십시오"라고 받는다. 대화식 기도는 부부가 함께 하기에 알맞은 기도법이다.

The One Year Love Language

정중하게 개선을 요청하라
268

뭇 사람을 공경하며 형제를 사랑하며 벧전 2:17

———

　일단 신혼생활이 시작되면, 향기롭지 못한 일면들이 속속 드러나게 마련이다. 남편은 천장이 떠나가라 코를 골며 잔다. 아내는 치약 허리를 눌러 짜낸다. 남편은 발톱을 깎은 뒤에 탁자 위에다 증거물을 고스란히 남겨놓는다. 아내는 적어도 일주일에 두 번씩은 저녁으로 라면을 내온다.

　이렇게 짜증나는 상황들을 헤쳐나가기 위해서는 상황을 있는 그대로 보는 게 중요하다. 작은 일을 큰 문제로 부풀리지 말라. 해결책을 찾을 수 있으면 좋겠지만, 못 찾는다 해도 사네 못 사네 할 일이 아니다. 물론 개선을 요구할 수는 있다. 배우자에게 마음에 드는 점 세 가지를 말해주고 나서 한 가지를 바꿔달라고 요청하라.

　개선 요구는 두 주에 한 번 정도만 하라. 이번 주에 남편이 요구하고 아내가 받아들였다면, 다음 주에는 입장을 바꾸라. 물론 존중하는 자세가 기본이 되어야 한다. 공손하고, 사랑하며, 존중하는 태도를 잃지 않으면 머지않아 변화를 실감하게 될 것이다.

결혼, 관계의 출발선

269

> 우리가 선을 행하되 낙심하지 말지니 포기하지 아니하면 때가 이르매 거두리라 갈 6:9

결혼을 관계의 결승선으로 보는 부부가 적지 않다. 식장에 들어가는 순간까지는 온갖 노력을 다 기울이다가 예식이 끝나고 나면 뒤로 물러앉아 '행복한 날들'이 시작되기를 기다린다. 결혼생활은 그렇게 돌아가지 않는다. 오늘 본문에서 사도바울은 꾸준히 서로 섬기며 선한 일을 하라고 격려한다. 하나님과의 관계뿐만 아니라 부부관계를 아름답게 가꿔나가는 데도 꾸준한 노력이 필요하다. 잊지 말라. 결혼은 출발지점이지 도착지점이 아니다. 한결같은 관계를 유지하려면 결혼한 뒤에도 데이트할 때와 똑같은 시간과 에너지, 노력을 투자해야 한다.

데이트할 때 연인에게 어떻게 했는지 떠올려보라. 선물을 주었는가? 멋진 레스토랑에 데려갔는가? 다정한 대화를 나누었는가? 어깨를 두르거나 팔짱을 꼈는가? 자동차 문을 열어주었는가? 배우자에게 물어보라. "데이트할 때 내가 해주었던 일 가운데 어떤 게 가장 마음에 들었어요?" 상대방이 꼽은 일을 다시 해주라.

The One Year Love Language

섬김을 격려하라

270

> 서로 돌아보아 사랑과 선행을 격려하며 히 10:24

결혼생활을 하다 보면, 서로 격려해가며 누군가를 섬기는 일을 통해 하나님께 영광 돌릴 독특한 기회들이 자주 찾아온다. 크리스천의 만족감과 자존감은, 그리스도의 인도하심에 따라 하나님의 원대한 계획에 참여하는 데서 비롯된다. 남편과 아내가 제각기 스스로 소중한 존재임을 깨닫고 힘을 얻으면 부부관계 역시 원만하고 풍성해질 수밖에 없다.

아내가 교회에서 피아노 반주를 하거나 형편이 어려운 학생들을 지도하는 경우, 남편은 누구보다도 든든한 후원자가 돼주어야 한다. 남편이 성경학교 교사를 하거나 노숙자 쉼터에서 봉사활동을 한다면, 아내는 격려를 아끼지 말아야 한다. 배우자가 능력을 발휘해서 남들을 돕도록 용기를 북돋워주라. 묘안을 찾아내서 실행하라. 성경은 서로 격려해서 행동으로 사랑을 표현하며, 남들을 위해 선한 일을 하라고 분명하게 가르친다.

남편, 또는 아내를 격려하라. 그리고 한 발 물러나서 하나님이 어떤 역사를 일으키시는지 구경하라.

사랑으로
이기심을 치료하라

27기

> 소망이 우리를 부끄럽게 하지 아니함은 우리에게 주신 성령으로 말미암아 하나님의 사랑이 우리 마음에 부은 바 됨이니 롬 5:5

어떻게 하면 사랑스럽지 않을 때도 배우자를 사랑할 수 있을까? 30년 넘게 가정상담을 해오면서, 상상을 초월할 만큼 끔찍한 결혼생활을 하는 이들을 수없이 만났다. 한결같은 요인은 바로 '이기심'이며, 근원적인 치료제는 '사랑'이었다. 사랑과 이기심은 상반된 개념이다. 로마서 5장 5절 말씀이 설명하듯, 인간은 태생적으로 이기적인 존재지만 크리스천이 되는 순간 하나님의 사랑을 갖게 된다. 자신을 통해 흐르는 거룩한 사랑을 공유하는 것이야말로 배우자를 위해 해줄 수 있는 가장 소중한 일이다.

여러 해 동안, 허다한 이들에게 던졌던 도전을 함께 나누고 싶다. 여섯 달 동안 무조건적인 사랑을 베풀어보라. 배우자의 일차적인 사랑언어를 배워서 상대편의 반응과 상관없이 최소한 일주일에 한 번씩 6개월 동안 지속적으로 사용하라. 자신을 통해서 하나님의 사랑이 드러나게 하라. 배우자와 결혼생활을 치유하는 일꾼이 될 수 있을 것이다.

이해와 타협으로
합의를 이루라
272

> 명철한 자의 마음은 지식을 얻고 지혜로운 자의 귀는 지식을 구하느니라 잠 18:15

　결혼생활에서 의사 결정은 팀워크가 필요한 영역이며 반드시 그래야 한다. 그렇다면 어떻게 합의를 이룰 것인가? 잘 듣고, 이해하며, 타협할 줄 알아야 한다. 우선, 귀 기울여 듣고 배우자가 무슨 생각을 하는지 알아내라. 잠언 18장 15절 말씀처럼, 지혜로운 이는 새로운 지식을 구하는 법이다. 그러자면 경청하고 분별하는 과정을 반드시 거쳐야 한다. 배우자의 눈으로 세상을 보면 그 생각과 감정을 이해할 수 있다.

　거기까지 성공했으면 이제 타협으로 넘어가라. 부정적인 선입견을 버리라. 제각기 자신의 입장을 설명하고 동의할 수 있는 부분을 찾으라. 기꺼이 양보하고 자신을 바꾸려는 마음가짐이 중요하다.

　동기는 언제나 사랑이어야 한다. 상대방의 이익을 먼저 생각하는 게 사랑이다. 바울은 골로새서 1장 8절에서 '이웃 사랑은 성령님이 그리스도인에게 주신 사명'이라고 했다. 사랑하는 마음이 없으면 결코 합의에 이를 수 없다.

의견 차이를
해소하는 방법

273

> 사람은 입의 열매로 말미암아 복록에 족하며 그 손이 행하는 대로 자기가 받느니라 미련한 자는 자기 행위를 바른 줄로 여기나 지혜로운 자는 권고를 듣느니라 잠 12:14-15

타협점 찾는 법을 배우지 못하면 일생의 상당 부분을 다투며 보낼 수밖에 없다. 타협은 기꺼이 달라질 수 있다는 의사 표현이며, 완고함과 상반되는 개념이다. 솔로몬은 잠언에서 '미련한 자는 자기 행위를 바른 줄로 여기나 지혜로운 자는 권고를' 듣는다고 단언했다. 배우자를 파트너로 인정한다면 당연히 상대방의 입장을 존중해야 한다.

의견 차이를 해소하는 데는 세 가지 방법이 있다. 첫 번째는 '뜻대로 하소서'다. 다시 말해서 "그게 당신에게 얼마나 중요한지 이제 알겠어요. 기쁜 마음으로 당신이 하자는 대로 할게요"라는 마음가짐이다. 두 번째는 '절반씩 물러서기'다. "서로 절반씩 양보하는 선에서 절충합시다"라는 자세다. 세 번째는 '나중에 얘기해'다. 서로 의견이 좁혀지지 않는다면 "진전이 없는 것 같아요. 생각이 많이 다르다는 걸 인정하고 다음 주에 다시 이야기하기로 해요"라고 마무리짓는 것도 좋은 방법이다. 냉각기를 갖는 동안 감정을 정리하라. 친절한 태도를 잃지 말라.

치유의 첫걸음, 용서 구하기

274

> 만일 우리가 죄가 없다고 말하면 스스로 속이고 또 진리가 우리 속에 있지 아니할 것이요…우리 죄를 사하시며 우리를 모든 불의에서 깨끗하게 하실 것이요 요일 1:8-9

"나를 용서해주겠어요?"라고 말하기가 왜 그렇게 힘든가? 관계에 있어서 주도권을 잃어버릴지도 모른다는 두려움 때문일 것이다. 거절당할 수도 있다는 무서움도 작용한다. 어렵게 용서를 구했는데 상대방이 고개를 가로저으면 얼마나 상처가 심하겠는가? 실패자라는 평가를 받게 될 거라는 공포감도 장벽으로 작용한다.

성경말씀을 정확히 이해하면 이 모든 두려움을 내쫓을 수 있다. 로마서 3장 23절(새번역)은 "모든 사람이 죄를 범하였습니다. 그래서 사람은 하나님의 영광에 못 미치는 처지에 놓여 있습니다"라고 말한다. 오늘 소개한 요한일서의 본문 말씀은 '아무것도 잘못한 게 없다고 말한다면 스스로 속이는 것'이라고 노골적으로 지적한다. 그리고 바로 다음 절에서 하나님께 죄를 고백하기만 하면 용서하시고 깨끗하게 해주신다는 약속을 제시한다. 그러므로 잘못을 인정하는 건 단순히 자신이 인간이라는 사실에 동의하는 걸 의미할 뿐이다. 용서를 구하는 건 치유의 첫걸음이다. 하나님과의 관계는 물론이고 인간관계에서도 마찬가지다.

용서, 요청할 뿐 요구할 수 없다

275

> 이러므로 내가 그리스도 안에서 아주 담대하게 네게 마땅한 일로 명할 수도 있으나 도리어 사랑으로써 간구하노라…예수 그리스도를 위하여 갇힌 자 되어 몬 1:8-9

어떠한 상황에서도 용서는 요청하는 게 옳다. 요구하는 게 아니라는 뜻이다. "미안하다고 했으면 됐지, 뭘 더 바라는 거요?"라고 얘기하는 건 요구다. 누구도 그런 태도를 반가워할 리 없다. 바울의 입장에서는 얼마든지 원하는 걸 요구할 수 있었다. 바울은 사도였으며 빌레몬의 신앙에 결정적인 영향을 준 인물이었기 때문이다. 그럼에도 불구하고 요청하는 쪽을 선택했다. 정중하게 부탁하고 그 다음부터는 빌레몬이 스스로 판단해서 일을 진행시킬 수 있게 한 것이다. 무슨 일을 하든 이런 태도를 취하는 게 지혜롭지만, 용서를 구할 때는 특히 그렇다.

용서란 장벽을 걷어내고 누군가를 다시 삶 속에 받아들이기로 하는 결단이다. 개중에는 거듭 상처를 입은 탓에 용서를 망설이는 이들이 있다. 그러나 용서하지 않으면 관계가 성장할 길이 없다. 이러지도 저러지도 못하는 결혼생활을 하고 있다면, 어서 사과하고 용서를 구하라. 대답을 재촉하지 말고 먼저 아픔을 추스를 여유를 주라.

The One Year Love Language

네가 성내는 것이 옳으냐?

276

> 여호와께서 이르시되 네가 성내는 것이 옳으냐 하시니라 욘 4:4

우리가 느끼는 분노 가운데 상당 부분은 뒤틀리고 왜곡된 상태다. 자기중심적인 마음가짐이나 지배적인 성품 탓일 수도 있고, 그저 잠이 모자라서 불같이 화를 내는 경우마저 있다. 배우자가 저녁 6시까지 꼭 돌아오겠다고 약속하고서는 30분이나 늦게 들어선다고 생각해보자. 그게 죄일까? '약속을 굳이 지킬 필요 있을까?'라고 생각하며 의도적으로 늦었다면 그건 죄이고 이편에서 화내는 건 정당하다. 하지만 순전히 교통체증 때문이었다면 죄가 아니며, 분노는 왜곡되었다고 할 수 있다.

요나는 왜곡된 분노를 품었던 대표적 인물이다. 그는 자신의 예언이 성취되지 않자 단단히 성이 났다. 그의 분노는 자존심에서 비롯된 것이었으며, 어느 면에서도 정당화될 수 없다. 하나님은 물으셨다. "네가 성내는 것이 옳으냐?" 화가 날 때 이렇게 기도하라. "아버지, 화가 납니다. 하지만 사랑하는 이에게 쏟지 않게 도와주세요. 주님 앞에 내려놓고 그 자리를 사랑으로 채워주시길 간구합니다." 화가 풀리고 즐거운 시간을 보낼 수 있을 것이다.

왜곡된 분노를 처리하라

277

> 유순한 대답은 분노를 쉬게 하여도 과격한 말은 노를 격동하느니라 잠 15:1

'왜곡된 분노'란 상황이 뜻대로 돌아가지 않을 때 느끼는 감정이다. '이기적인 분노'라고 표현하기도 하는데, 대부분 환경보다는 자신에게서 비롯되기 때문이다. '합당한 분노'는 배우자가 죄를 저질렀을 때 보이는 정서적 반응이지만, 왜곡된 분노는 무엇이든 빌미만 있으면 터트린다. 배우자가 요리를 도와주지 않고 텔레비전을 본다든지, 퇴근길에 우유를 사오지 않았다는 것도 빌미가 된다.

왜곡된 분노를 얼마나 잘 다스리느냐에 따라서 결혼생활이 든든히 설 수도 있고 무너져 내릴 수도 있다. 화가 풀릴 때까지 퍼붓거나, 입을 꼭 다물고 마음 문을 걸어 잠그면 부부관계는 파국을 향해 줄달음치기 시작한다. '과격한 말은 노를 격동'(잠 15:1)한다. 왜곡된 분노의 불꽃은 상대방에게까지 옮겨 붙어서 부정적인 결과를 가져온다. 반면에, 비난을 자제한 채 감정을 솔직하게 털어놓으면 서로를 이해하게 될 것이다.

분노에 매여
휘둘리지 말라

278

> 분을 내어도 죄를 짓지 말며 해가 지도록 분을 품지 말고 마귀에게 틈을 주지 말라 엡 4:26-27

배우자의 별것 아닌 한 마디나 의미 없는 행동 때문에 분노에 휩싸일 수 있다. 줄 없이 개를 내보냈다가 이웃에게 불평을 들었다든지, 양말을 벗어서 바로 곁에 있는 바구니에 넣지 않았다든지 하는 게 모두 빌미가 된다. 왜곡된 분노를 폭발시키는 데는 대단한 자극이 필요 없다.

어떻게 해야 감정을 다스릴 수 있을까? 첫째, 인정해주어야 한다. "나 화났어!" 둘째, 분노의 지배에 몸과 마음을 맡기지 말라. "그래서, 산책 좀 하고 와야겠어." 셋째, 자신에게 몇 가지 정곡을 찌르는 질문들을 던지라. '일부러 그랬을까? 나한테 상처를 입히고 싶었던 걸까? 다툴 만한 일인가, 그냥 웃고 말 일인가?'

흘려보내든지 아니면 대화를 하든지 둘 중 하나를 선택하라. 성경은 날이 저물기 전에 처리해버리라고 가르친다. 분노에 매이면 거기에 휘둘리게 된다. 바울의 말마따나 '마귀에게 틈을' 주게 되는 것이다. 분노는 시간이 흐를수록 왜곡되고 결국 온갖 추잡한 말들이 오가게 마련이다. 분노를 식구로 맞아들이지 말고 나그네로 처리하라.

깔끔한 아내와
너저분한 남편의 만남

279

> 만일 온 몸이 눈이면 듣는 곳은 어디며 온 몸이 듣는 곳이면 냄새 맡는 곳은 어디냐 그러나 이제 하나님이 그 원하시는 대로 지체를 각각 몸에 두셨으니 고전 12:17-18

옛말에 "누군가는 역사를 읽고 또 누군가는 역사를 만든다"고 했다. 그런데 희한하게도 '역사를 읽는' 쪽과 '역사를 만드는' 편이 만나서 결혼하는 경우가 허다하다. 본래부터 그게 하나님의 뜻이 아니었을까? 차이는 서로의 부족함을 메울 수 있도록 설계된 보완장치다.

하나님은 공격적인 스타일과 소극적인 스타일을, 깔끔한 유형과 너저분한 유형을, 정리정돈의 귀재들과 자유분방한 이들을 한데 묶으시는 듯하다. 왜 그럴까? 그래야 서로를 필요로 하기 때문이다. 차이가 분열을 낳는 건, 다들 자기중심적이기 때문이다.

고린도전서 12장에는 교회와 몸을 비교하는 대목이 있다. 바울은 눈이나 입 없이 커다란 귀뿐이면 어떻게 될지 상상해보라고 한다. 삶이 얼마나 제한되겠는가? 결혼생활도 마찬가지다. 남편과 아내는 전혀 다르며 그래서 서로가 필요하다. 둘이 하나보다 낫다는 성경말씀은 백번 생각해도 진리다.

The One Year Love Language

인정하는 말은
소망을 준다

280

> 근심이 사람의 마음에 있으면 그것으로 번뇌하게 되나 선한 말은 그것을 즐겁게 하느니라 잠 12:25

서로 인정해주는 말이 얼마나 큰 힘을 내는지 모르고 사는 부부가 많다. 칭찬하거나 인정해주는 말은 사랑을 전달하는 데 더할 나위 없이 유용한 도구다. 오늘 본문으로 소개한 잠언 12장 25절은 격려하는 말이 얼마나 중요한지 집중 조명한다. 다음 문장들을 읽고 스스로 질문해보라. '지난 한 주간 동안 배우자에게 이와 비슷한 이야기를 해준 적이 있는가?'

와! 그 옷, 기가 막히게 어울려요 / 감자 요리는 당신이 세계에서 최고일 거예요. 정말 맛있어요 / 오늘 밤에 아기를 봐줘서 고마워요 / 설거지를 해줘서 얼마나 감사한지 모르겠어요 / 회사에서 그렇게 좋은 평가를 받다니, 참 자랑스러워요.

더 성숙한 결혼생활을 하고 싶은가? 당장 배우자에게 긍정적인 이야기를 들려주라.

치유와 회복이
시작되는 말

281

> 오직 오늘이라 일컫는 동안에 매일 피차 권면하여 너희 중에 누구든지 죄의 유혹으로 완고하게 되지 않도록 하라 히 3:13

배우자가 날마다 격려해준다면 어떨 것 같은가? 남편들은 대답한다. "꿈인가 생신가 하겠죠?" 아내들도 대답한다. "이 양반이 많이 취했구나 싶을 거예요." 상처, 실망, 분노 따위의 감정이 긍정적인 이야기를 나누지 못하게 가로막고 있거나 단순히 부정적인 코멘트를 던지는 게 습관으로 굳어진 탓이다. 이런 상황에서라면 거리감과 불만이 점점 커질 수밖에 없다.

나의 장점과 미덕을 배우자가 알아주길 바라는 건 인지상정에 가깝다. 인정하는 말을 들으면 누구나 날아갈 것 같은 기분이 된다. 반면에 무시당하거나 비판을 받으면 낙심하고 위축되거나 분통을 터트리며 적대감을 드러내게 된다. 사도바울은 "피차 권면하고 서로 덕을 세우기를 너희가 하는 것같이 하라"고 했다(살전 5:11). 히브리서 저자는 그리스도인들에게 날마다 서로 격려해서 마음이 굳어지고 죄에 빠지는 걸 막으라고 했다. 격려는 대단히 중요하다. 치유와 회복은 인정하는 말에서 시작된다.

The One Year Love Language

인정과 격려를
아끼지 말라

282

> 내가 겐그레아 교회의 일꾼으로 있는 우리 자매 뵈뵈를 너희에게 추천하노니…그에게 소용되는 바를 도와 줄지니 이는 그가 여러 사람과 나의 보호자가 되었음이라 롬 16:1-2

격려의 말은 종종 성공과 실패를 가르는 분수령이 된다. 예를 들어, 배우자가 살을 빼야겠다는 얘길 했다고 해보자. "그러시던가. 하지만 돈이 많이 드는 체중감량 프로그램에 들어가거나 헬스클럽에 등록하지는 말았으면 좋겠어요. 그럴 돈이 없다는 거, 잘 알죠?"라고 대꾸한다면 배우자는 실망할 것이다. 반면에 이런 반응을 보이면 어떨까? "오, 어쩐지 좋은 예감이 드는 걸? 당신은 의지가 강하니까 뺀다면 뺄 거예요. 그게 당신의 장점이잖아요." 배우자는 사기충천해서 당장 체중감량에 돌입할 것이다.

로마서 말미에서 바울은 수많은 이들에게 인사를 전하고 있는데, 인정하고 격려하는 말이 대부분이다. 오늘 본문에서는 뵈뵈라는 여성에 대해 존중받을 만하고 큰 유익을 끼친 사람이라고 소개했다. 배우자의 질문에 대답할 일이 있으면, 생각하고 나서 입을 열라. 자신에게 먼저 물으라. '어떤 말을 해주어야 남편, 또는 아내를 인정해주고 목표를 달성하도록 격려할 수 있을까?' 격려의 말을 들으면 누구나 의욕이 생기는 법이다.

배우자의 부정에
대처하는 법

283

> 여호와여 주는 겸손한 자의 소원을 들으셨사오니 그들의 마음을 준비하시며 귀를 기울여 들으시고 시 10:17

남편, 또는 아내가 불륜을 저질렀다는 사실을 알게 되면 어떻게 할 것인가? 그런 상황에서라면 상처를 입고 분노를 느끼는 게 정서적으로 건강한 반응이다.

상처와 분노가 워낙 깊은 탓에 처음에는 울부짖고, 눈물 흘리고, 흐느끼는 반응을 보인다. 상처를 배우자에게 말로 표현하는 것 역시 분노를 처리하는 건전한 방법이다. '당신'보다는 '나'로 시작하는 문장을 사용하는 게 좋다. 예를 들어, "나는 배신감을 느껴요… 난 상처를 받았어요… 내 생각에 당신은 날 사랑하지 않는 것 같아요… 나는 이제 당신을 건드리고 싶지도 않아요"라고 말하라. 회복이 시작되려면, 이편의 상처와 분노가 얼마나 깊은지 배우자가 정확하게 알아야 한다. 아울러 그 모든 감정을, 온전한 사랑을 베푸시며 함께 울어주시는 하나님께 표현해야 한다. 시편 10편은 우리의 울부짖음을 주님이 들으신다고 말한다.

불륜, 회개하고 용서를 기다리라

284

> 하나님이여 주의 인자를 따라 내게 은혜를 베푸시며…하나님이여 내 속에 정한 마음을 창조하시고 내 안에 정직한 영을 새롭게 하소서 시 51:1, 10

불륜이 드러난 뒤에도 계속 같이 살 수 있을까? 진정한 회개와 참다운 용서가 있다면 얼마든지 가능하다. 회개란 돌아선다는 뜻이다. 불륜의 경우에는 부정한 관계를 말끔하게 청산하는 걸 의미한다. 잘못을 저지른 입장이라면, 본인이 잘못을 저질렀고 그걸 깨달았으며 배우자와의 관계를 회복하려 한다는 사실을 분명히 얘기하라.

여기까지가 배우자에게 용서를 구하기 위한 준비 과정이다. 이제 남편, 또는 아내에게 결혼생활이 회복되기를 진심으로 원한다는 뜻을 전하라. 빨리, 그리고 가볍게 용서해달라고 보채지 말라. 상처와 분노를 달래는 데는 시간이 필요하다. 그러므로 생각하고 기도할 시간을 주라. 상담을 받겠다고 약속하라. 함께 대화하고, 기도하고, 관련 서적을 읽으라. 이편에서 한 점 거짓 없이 뉘우치고 배우자 쪽에서도 진정으로 용서한다면 다시 성숙한 결혼생활을 이어갈 수 있다. 밧세바와 그 남편에게 중대범죄를 저지른 다윗 왕은 죄책감과 회한을 절절히 고백하고 있다. 본문을 읽고 진실한 회개의 본보기로 삼으라.

깨어진 신뢰를
회복하라

285

> 온전하게 행하는 자가 의인이라 그의 후손에게 복이 있느니라
> 잠 20:7

어떻게 하면 불륜의 바람이 휩쓸고 지나간 뒤에 다시 신뢰를 쌓을 수 있을까? 용서했다고 금방 신뢰가 쌓이는 건 아니다. 용서란 잘못을 저지른 이를 다시 받아들여서 본래의 삶으로 돌아가게 한다는 의미일 뿐, 신뢰를 회복하는 건 별개의 문제다. 바람을 피웠는가? 그렇다면 자신이 결혼서약을 깨트린 당사자임을 깊이 자각하고 신뢰를 되찾으려 노력하라.

신뢰는 신뢰할 만한 행동을 할 때 자라는 법이다. 그러므로 무얼 하겠다고 약속했으면 반드시 지키라. 불륜을 저질렀던 파트너에게 연락하지 않겠다고 다짐했다면 단 한마디짜리 이메일이나 간단한 전화도 주고받지 말라. 친구를 만나러 가더라도 언제 어디로 간다는 걸 명확하게 알리라. 그렇게 믿음의 기초를 다질 때마다 신뢰는 조금씩 성장한다. 책망받을 만한 일은 무조건 피하라. 어떤 형태로든 악한 일에 개입하지 말라(살전 5:22). 그것이 배우자의 마음에 다시 신뢰를 쌓는 지름길이다.

자녀양육에 관한
의견 차이를 좁히라

286

> 너희 중에 누구든지 지혜가 부족하거든 모든 사람에게 후히 주시고 꾸짖지 아니하시는 하나님께 구하라 그리하면 주시리라 약 1:5

자녀양육 방법을 둘러싼 의견 차이가 부부 연합을 깨는 장애물로 작용하는 경우가 적지 않다. 어느 여성은 이렇게 말한다. "이전에는 괜찮았는데, 애가 태어나면서부터 온통 충돌뿐예요. 아이를 키우는 스타일이 전혀 다르거든요." 이건 대단히 흔한 문제지만, 처리 방법에 따라 부부관계가 든든히 서기도 하고 무너지기도 한다.

출발점은 역시 기도다. 한 마음으로 기본적인 양육 원칙을 마련하게 해주시길 하나님께 기도하라. 아울러 어떻게 해야 아이들을 가장 잘 키울 수 있는지 알려달라고 간구하라. 하나님은 지혜를 구하는 심령을 절대로 외면하지 않으신다. 도리어 차고 넘치도록 부어주신다(약 1:5). 누구도 완벽한 부모가 될 수 없지만, 최소한 치명적인 구덩이들은 피할 줄 알아야 한다. 양육의 궁극적인 목표는 부모의 사랑 안에서, 믿음이 강건해지고, 믿음직스러운 성품을 갖도록 돕는 데 있다. 남편과 아내가 함께 상의하고 기도하면 주님이 그 목표를 넉넉히 달성하도록 인도하신다.

과거가 미래를
좀먹지 않게 하라

287

여호와의 말씀이니라 너희를 향한 나의 생각을 내가 아나니 평안이요 재앙이 아니니라 너희에게 미래와 희망을 주는 것이니라 렘 29:11

　결혼생활에 아무 소망이 없다는 생각을 해본 적이 있는가? 현재의 감정이 어떠하든지 미래는 얼마든지 밝고 환해질 수 있다. 본문 말씀이 강조하는 것처럼, 하늘 아버지는 자녀들을 향해 선한 뜻을 품고 계신다. 하나님이 예레미야에게 이 말씀을 주셨을 당시, 이스라엘 백성은 바빌론에서 포로생활을 하고 있었다. 외국으로 끌려가거나 고향땅에서 황량하고 고달픈 생활을 해야 했다. 하나님이 버리신 게 아닌지 의심스러운 상황이었다. 하지만 하나님은 이스라엘에 대한 멋진 계획이 있다는 것을 거듭 확인해주셨다.

　지나간 잘못들이 미래의 소망을 좀먹도록 방치하지 말라. 지금부터라도 올바른 길을 선택한다면 결혼생활의 전망은 아주 밝다. 상상할 수 없을 만큼 친밀하게 교감하며 이해하게 된다. 과거를 용서하고, 감정을 나누며, 상대를 알아가고, 사랑하는 법을 배우는 과정에서 차츰 깊은 만족감을 느끼게 될 것이다. 이건 꿈이 아니다. 성실하게 화해의 길을 걷는 수많은 부부들이 경험하고 있는 현실이다.

주님이 맡기신 건 오늘뿐이다
288

> 범사에 감사하라 이것이 그리스도 예수 안에서 너희를 향하신 하나님의 뜻이니라 살전 5:18

힘들고 고단한 결혼생활을 하는 탓에 불쑥불쑥 달아나고 싶은 생각이 드는가? 하지만 현재 가진 자원을 최대한 활용하고 누리면서 하루하루 사는 게 훨씬 낫다. 쓰디쓴 상처가 심령을 갉아먹게 방치해서 결국 미래까지 망치지 않도록 주의하라. 자기연민에 사로잡혀 자신을 파멸시키는 실수를 저질러선 안 된다.

문제에 초점을 맞추면 삶은 비참해지게 되어 있다. 시편 기자처럼 고백하라. "이 날은 여호와께서 정하신 것이라 이 날에 우리가 즐거워하고 기뻐하리로다"(시 118:24). "범사에 감사하라"는 데살로니가전서 5장 말씀을 좇으라. 사도바울은 무슨 일이 닥치든 감사하라고 주문하지 않는다. 그 형편 가운데서 감사할 거리를 찾으라고 권면할 뿐이다. 미래를 앞당겨 살려고 발버둥치지 말라. 예수님은 하루하루 사는 자세를 강조하셨다(마 6:34). 자신에게 물으라. "오늘은 어떤 일을 해야 할까? 오늘은 무얼 위해서 기도해야 하지? 오늘 할 일은 뭐지?" 하나님이 맡기신 건 오늘이 전부이며, 그 하루를 지혜롭게 사용하길 기대하신다.

오늘을 최대한 활용하라

289

> 오라 우리가 굽혀 경배하며 우리를 지으신 여호와 앞에 무릎을 꿇자 그는 우리의 하나님이시요…너희가 오늘 그의 음성을 듣거든 시 95:6-7

　결혼생활에 어려움이 많을 때는 괴로운 현실에 주저앉고 싶은 유혹이 들게 마련이다. 날마다 과거가 재방송되는 것 같다. 그러나 주님의 눈으로 보자면 하루하루가 변화의 기회다. 성경에서 '오늘'이라는 단어를 검색하면 선택의 갈림길에 섰던 수많은 사람과 사건들이 줄지어 나타난다. '오늘' 어떤 결정을 내리느냐에 따라 이어지는 나날의 분위기가 달라졌다. 얽히고설킨 인생길이 오늘 당장 곧게 펴지지는 않겠지만, 그 하루를 최대한 활용하면 최소한 삶의 한 귀퉁이는 깨끗하게 정리할 수 있다.

　하루하루 한쪽 귀퉁이씩 삶을 청소해가노라면 머지않아 인생 전체가 환해진다. 배우자가 달라지지 않아서 고민인가? 그렇다면 상대방의 행동에 대처하는 이편의 마음가짐을 먼저 바꿔보라. 하루에 한 가지씩, 남편 또는 아내를 섬기게 해주시길 하나님께 간구하라. 배우자를 변화시킬 수는 없을지 몰라도 최소한 영향은 미칠 수 있게 된다. 최선을 다해 오늘을 사는 건 가장 훌륭한 투자다.

The One Year Love Language

진정한 사과란 무엇인가?

290

> 동이 서에서 먼 것같이 우리의 죄과를 우리에게서 멀리 옮기셨으며 시 103:12

내가 떠올리는 사과와 남들이 마음에 그리는 사과가 서로 다를 수도 있다는 생각을 해본 적이 있는가? 상담을 받으러 온 부부의 대화를 보자. 아내는 말했다. "저이가 사과만 했더라도 난 용서했을 거예요." 남편이 대꾸했다. "난 사과했어요." 아내는 완강했다. "천만에요. 당신은 사과하지 않았어요." 남편도 굽히지 않았다. "분명히 '미안해요'라고 얘기했잖아요." 마침내 아내가 못 박았다. "그건 사과가 아니었어요." 무엇이 진정한 사과일까?

사과의 개념은 사건과 사람에 따라 모두 다르다. 제니퍼 토머스 박사와 3년 간 공동으로 연구한 결과, 사과에도 다섯 가지 언어가 있다는 결론을 내렸다. 일차적으로 사용하는 사과언어로 사과하지 않으면 피해를 입은 쪽에서는 진정한 사과를 받았다고 생각하지 않는다.

주님은 중심을 헤아리시는 분이므로 마음의 진정성에 더 깊은 관심을 보이신다. 하지만 인간으로서는 표현에 집착할 수밖에 없다. 내일부터는 다섯 가지 사과의 언어에 대해서 살펴보기로 하자.

진실한 사랑을
주고받으라

291

> 너희가 진리를 순종함으로 너희 영혼을 깨끗하게 하여 거짓이 없이 형제를 사랑하기에 이르렀으니 마음으로 뜨겁게 서로 사랑하라 벧전 1:22

사과의 진정성을 의심해본 적 있는가? 십중팔구, 이편에서 원하는 '사과언어'를 사용하지 않기 때문일 것이다. 상대방은 "미안해요"라고 말했지만 실제로 듣고 싶었던 소리는 "잘못했어요"였는지도 모른다. 남편은 "잘못했어요. 정말 마음이 아파요"라고 고백했지만, 지난주에도 같은 소리를 한 게 문제일 공산이 크다. 아내가 원하는 건, 회개의 증거와 다시는 같은 일이 되풀이되지 않겠다 싶은 확신이기 때문이다.

상당수의 사과는 진실하지 못하다는 평가를 받는다. 피해를 입은 이의 사과언어를 사용하지 않기 때문이다. 남편과 아내가 서로의 사과언어를 파악해서 실수를 저지를 때마다 사용한다면 용서를 주고받기가 훨씬 쉬워질 것이다. 상대방이 진실하다는 믿음이 들면 반응은 한결 흔쾌해지게 마련이다. 베드로전서 1장 22절은 거짓 없는 사랑, 다시 말해서 온전한 마음에서 비롯된 사랑을 보이라고 가르친다. 오늘날의 크리스천들도 그런 사랑을 교환해야 한다.

The One Year Love Language

5가지 사과의 언어

292

> 내가 말하기를 여호와여 내게 은혜를 베푸소서 내가 주께 범죄하였사오니 나를 고치소서 하였나이다 시 41:4

5가지 사과의 언어는 다음과 같다.

1. "내가 한 일을 생각하면 속이 상해요"라고 말하는 '유감 표명'이다.
2. "내가 잘못했어요"라고 말하는 '책임 인정'이다.
3. "어떻게 해드리면 좋을까요?"라고 묻는 '보상'이다.
4. "계속 당신에게 상처를 주고 싶지 않아요. 그게 잘못이라는 걸 알아요. 다시는 그러지 않을게요"라고 말하는 '진실한 뉘우침'이다.
5. "나는 우리 관계가 매우 소중해요. 당신이 나를 용서해주면 좋겠어요"라고 얘기하는 '용서 요청'이다.

이 5가지 가운데 배우자의 일차적인 사과언어가 있다. 용서를 끌어내려면 상대방의 사과언어를 구사해야 한다. 한편, 하나님께 죄를 고백하는 방식을 보면 자신의 일차적인 사과언어를 알 수 있다.

변화는 '나'에서 시작된다

293

> 너희는 말씀을 행하는 자가 되고 듣기만 하여 자신을 속이는 자가 되지 말라 … 잊어버리는 자가 아니요 실천하는 자니 이 사람은 그 행하는 일에 복을 받으리라 약 1:22, 25

부부관계를 성숙시켜가는 건 쉬운 일이 아니지만, 확실한 길이 있다. 자신의 태도를 바꾸는 데서 시작하라. 암담한 상황을 원망할 게 아니라 마음에 등불을 켜라. 하나님께 말씀드리라. "경건한 부부의 초상을 보여주시면 거기에 맞춰서 저를 변화시켜가겠습니다." 성경을 펴고 크리스천 부부에 대해 설명하는 구절들을 모두 찾아 읽으라.

그걸로 꿈을 삼고 하루 종일 묵상하라. 본보기를 보여주셨으니 거기에 맞춰 살 수 있게 도와주시길 주님께 요청하라. 좀 더 나은 부부가 되는 데 필요하다고 생각되는 일들을 날마다 실천하라. 어떻게 섬겨줄지 궁리하고 삶을 풍요롭게 해줄 선물을 마련하라. 더 많은 시간을 함께할 수 있는 방법을 찾아보라. 생각만 해서는 소용없다. 실천하라.

본문을 보면, 야고보사도가 크리스천들에게 하나님 말씀을 듣는 데서 그쳐서는 안 된다고 가르치고 있다. 듣기만 하고 행동으로 옮기지 않으면 '자신을 속이는 자'라고 지적한다.

출발에 상관없이 희망을 꿈꾸라

294

이것을 내가 내 마음에 담아 두었더니 그것이 오히려 나의 소망이 되었사옴은 여호와의 인자와 긍휼이 무궁하시므로 … 아침마다 새로우니 주의 성실하심이 크시도소이다 애 3:21-23

―

"임신을 하는 바람에 어쩔 수 없이 결혼하게 됐어요. 돌아보면 큰 실수를 저질렀다는 생각이 들어요. 이혼하면 어떨까요? 아니면 꾹 참고 이대로 계속 살아야 하는 건가요? 어디서부터 엉킨 실타래를 풀어야 할까요?"라는 질문을 제법 자주 받는다. 두 가지 대안만을 염두에 둔 질문이다. 결혼 상태를 유지하면서 비참한 일생을 살든지, 이혼을 하고 행복한 삶을 추구하든지. 하지만 좀 더 희망적인 세 번째 대안도 존재한다. 결혼생활을 잘 가꾸고 다듬어서 행복하게 사는 길이다. 출발이 순조롭지 못했거나 올바르지 못한 동기로 부부가 됐다고 해서 반드시 불행하게 살아야 하는 건 아니다.

하나님의 도우심이 없으면 그 어떤 부부도 행복한 삶을 누릴 수 없다. 반면에 기도하고, 말씀을 보고, 지혜로운 가르침을 받으면 누구나 성숙한 부부관계를 가꾸어갈 수 있다. 환경과 상관없이 하나님은 항상 신실하시다. 주님은 날마다 새로운 은혜를 베푸신다. 잊지 말라. 하나님은 과거의 실수를 치유하시고 소망을 주신다.

가사를 나누고
감정을 공유하라

295

> 너희는 모든 악독과 노함과 분냄과 떠드는 것과 비방하는 것을 모든 악의와 함께 버리고 엡 4:31

현대사회는 여러 방면에서 엄청난 변화를 겪었다. 남편과 아내의 역할도 마찬가지다. 시대가 변하면서 밖에 나가 일하는 여성이 월등하게 많아졌다.

여성들이 남편과 동등한 위치에서 가계재정을 책임지게 됐다면, 남성들 역시 아내와 같은 정도로 집안일을 나눠 맡아야 하는 게 아닐까? 당연한 얘기처럼 들리지만, 최근에 실시된 연구조사에 따르면 전혀 그렇지 않은 게 현실이었다. 아내들로서는 두 종류의 일터를 오가며 종일 혹사당한다는 느낌을 받는다. 그처럼 부정적인 감정을 제대로 처리해내지 못하면 쓴 뿌리로 발전할 가능성이 높다. 사도바울은 마음에서 억울한 감정과 거친 말을 모두 걷어내라고 한다. 쓰라린 느낌을 배우자와 공유하고 함께 변화할 방법을 찾아보는 게 가장 좋다. 아내들은 지나치게 많은 일거리 때문에 느끼는 압박감을 설명하라. 이것이 바로 함께 생활하면서 누가 무슨 일을 해야 할지 고민하는 모든 부부들에게 필요한 자세다.

The One Year Love Language

'집안일 리스트'를
만들고 실천하라

296

두 사람이 한 사람보다 나음은 그들이 수고함으로 좋은 상을 얻을 것임이라…홀로 있어 넘어지고 붙들어 일으킬 자가 없는 자에게는 화가 있으리라 전 4:9-10

수많은 신혼부부들이 서로 다른 기대감을 갖고 배우자를 대한다. 각자의 부모로부터 보고 배운 판단 기준과 사고방식이 판이하게 다르기 때문이다. 어떻게 이 문제를 해결할 것인가? 대안은 독자적인 체계를 세우는 것뿐이다. 설거지, 밥 짓기, 장보기, 청소, 세금 내기 등 집안일을 떠오르는 대로 적으라. 배우자도 똑같이 하게 하라. 목록이 완성되면 둘을 합쳐서 최종적인 '집안일 리스트'를 만들고, 자신이 맡고 싶은 일 옆에다 표시해라. 의견 차이가 있는 부분은 대화를 통해 타협하라. 기꺼이 배우자보다 더 큰 부담을 지려고 노력하라.

여섯 달 동안 맡은 일들을 성실히 감당해보고 나서 상황을 점검한다. 집안일이 공평하게 배분되었다고 생각하는가? 변화와 조절이 필요한 부분은 없는가? 이런 문제들을 상의할 때 반드시 명심할 게 있다. 남편과 아내는 언제나 한 팀이라는 사실이다. 전도서 4장 말씀처럼, 두 사람이 함께 일하는 게 혼자서 처리하는 것보다 낫다. 최선을 다해서 서로 도우라.

승강이를
벌이지 말라

297

> 무슨 일을 하든지 마음을 다하여 주께 하듯 하고 사람에게 하듯 하지 말라 골 3:23

누가 화장실 청소를 맡느냐를 두고 오래도록 승강이를 벌이고 있는 부부가 상담실을 찾았다. 남편은 청소는 본래 여자들이 하는 일이라고 주장했다. 아내는 힘센 남자들이 하는 게 제격이라고 맞섰다. 화장실은 날이 갈수록 흉측해졌다.

"어떻게 하는 게 가장 합리적일까요?" 내가 물었다. "아내가 치우는 게 백번 타당하지요." 질문이 끝나기 무섭게 남편이 대답했다. "말도 안돼요. 어느 모로 보나 남편이 해야지요." 아내도 지지 않았다. "두 분이 해결책을 제시했네요. 이번 주에는 남편이 치우고 다음 주에는 아내가 하면 되겠군요." "정말 마음에 들지 않지만 어쩔 수가 없군요." 남편은 계속 툴툴거렸다. "그러시겠죠. 하지만 그게 바로 결혼생활이라는 겁니다." 문제는 변기가 아니라 태도에 있었다. 사랑을 베풀려는 마음가짐을 가졌더라면 승강이를 벌일 이유가 없었을 것이다. 무슨 일을 하든지 주님을 섬기듯 즐거운 마음으로 최선을 다해야 한다.

선물은 사랑을
드러내는 상징물

298

마음에 자원하는 남녀는 누구나 여호와께서 모세의 손을 빌어 명령하신 모든 것을 만들기 위하여 물품을 드렸으니…여호와께 자원하여 드린 예물이니라 출 35:29

상징물을 중요하게 생각하는 사람들이 있는가 하면, 그렇지 않은 이들도 있다. 결혼반지에 대한 태도가 저마다 다른 까닭이 여기에 있다. 어떤 이들은 무슨 일이 있어도 반지를 빼지 않지만 좀처럼 끼지 않으려는 이들도 그만큼 많다. '선물'이 일차적인 사랑언어인 경우, 결혼반지에 큰 의미를 두는 게 당연하며 배우자가 시큰둥한 반응을 보이기라도 할라치면 금방 상처를 받는다. 사랑을 상징하는 선물이 끊어지면, 과연 배우자가 자신을 사랑하기는 하는 건지 회의에 빠진다.

선물을 통해 창조주께 사랑을 표현하는 건 오랜 세월 계속되어온 관행이다. 창세기 35장에는 이스라엘 백성이 성막을 짓는 데 쓸 순금, 은, 구리 따위의 진귀한 물건들을 자원하는 마음으로 바치는 장면이 나온다. 무언가를 드리는 행위는 그 자체로 깊은 사랑과 진심을 보여주는 상징이다. 생일선물을 깜빡 잊어버리는 바람에 배우자에게 두고두고 깊은 상처를 준 경험이 있는가? 그렇다면 배우자의 일차적인 사랑언어는 선물일 공산이 크다.

나누고 베푸는 훈련

299

오직 너희는 믿음과 말과 지식과 모든 간절함과 우리를 사랑하는 이 모든 일에 풍성한 것같이 이 은혜에도 풍성하게 할지니라 고후 8:7

"남편은 꽃 한 송이나마 선물이랍시고 가져다준 적이 없어요"라고 불평하는 아내가 있었다. 남편의 대답이 궁금한가? "습관이 안 돼서 그래요. 자라면서 선물을 받아본 기억이 거의 없거든요. 선물을 고를 줄도 몰라요. 뭘 사러 다닌다는 것 자체가 어색하다니까요."

어디서부터 실마리를 풀어갈 것인가? 여태껏 살아오면서 배우자가 감동했던 선물 목록을 작성하는 일부터 시작하자. 리스트를 훑어보면 어렴풋하게나마 어떤 종류의 선물을 좋아하는지 알 수 있다. 잡지를 들여다보며 지나가듯 하는 소리에 귀를 기울이라. "저런 거 하나 있으면 좋겠어"라고 이야기하는 아이템들을 기억해두라.

사도바울은 고린도교회의 성도들에게 편지하면서, 고난을 당하고 있는 예루살렘의 크리스천들을 위해 재정적인 선물을 준비하라고 권면했다. 배우자에게도 사심 없고 사려 깊은 행위로 마음을 전달할 필요가 있다. 그 모두가 나눔과 베풂의 기술을 배워가는 과정이다.

The One Year Love Language

선물로 사랑을
표현하라

300

> 선물한다고 거짓 자랑하는 자는 비 없는 구름과 바람 같으니라 잠 25:14

 분명히 말해두지만, 실천이 따르지 않는다면 머릿속에 담아둔 생각 따위는 아무 짝에도 쓸모가 없다. 차라리 사소한 선물 하나가 더 소중하다. '좋은 뜻'만 가지고는 충분하지 않다. 오늘 본문으로 소개한 잠언 말씀은 선물을 약속하고 지키지 않는 이를 유머러스하게 묘사한다. '비를 내리지 못하는 구름과 바람 같다'는 것이다. 배우자에게 선물이 중요한 의미를 갖는다는 걸 깨달았다면 반드시 행동으로 뒷받침하라.

 선물은 살 수도 있고, 찾을 수도 있고, 만들 수도 있다. 야생화로 꽃다발을 만들어주는 남편은 사랑의 표현을 찾아낼 줄 아는 사람이다. 단 돈 몇 천원이면 멋진 카드를 살 수 있다. 간단한 카드를 직접 만들면 동전 한 푼 들어가지 않는다. 종이를 절반으로 잘라서 하트 모양으로 오려내라. 복판에 "사랑해요"라고 쓰고 이름을 적어넣으라. 선물이 꼭 비쌀 필요는 없다. 막대사탕이나 문방구에서 파는 값싼 장신구로도 얼마든지 배우자의 얼굴에 미소가 떠오르게 만들 수 있다. 마음이 중요한 건 바로 이 대목이다.

사랑한다면
정직하라

301

> 의와 공의가 주의 보좌의 기초라 인자함과 진실함이 주 앞에 있나이다 시 89:14

어느 남편이 말했다. "아내에게 상처주고 싶지 않은 마음에 내 감정을 꼭꼭 숨기는 편이에요. 하지만 가끔씩 폭발할 것만 같은 때가 있어요." 의도는 좋았을지 몰라도 결과적으로는 결혼생활을 파국으로 몰아가는 짓이나 다름없다. 시편 89편은 하나님의 가장 뚜렷한 성품으로 '인자함과 진실함'을 꼽는다. 진실을 소홀히 하면 사랑이 위태로워진다. 진실을 말하되 사랑에 근거한 방식으로 이야기하라. 이 두 가지 원칙이 모두 중요하다.

좌절과 상처, 고통을 마음속에 꽁꽁 감춰두는 행위는 배우자나 결혼생활에 전혀 도움이 되지 않는다. 사실, 남편이나 아내를 완전히 밀어낸 특수한 공간을 만들었다는 점에서 대단히 부당한 짓이다. 배우자가 이편의 고통을 감조차 잡지 못한다면 어떻게 함께 고민하며 어루만질 수 있겠는가? 혹시 그런 상황에 있다면 자신의 감정을 솔직하게 고백하라.

진리로 신화에 맞서라

302

진리를 알지니 진리가 너희를 자유롭게 하리라 요 8:32

오늘은 부부관계를 가꾸어가려는 동기를 뒤흔들어서 결국 무너뜨리는 네 가지 신화를 소개하려고 한다. 이 신화들을 믿는 순간, 종이 감옥에 갇히고 만다. 그러나 예수님은 "진리가 너희를 자유롭게 하리라"고 말씀하셨다.

1. 마음 상태와 결혼생활의 질은 환경에 따라 달라진다.
- 진리 : 하나님은 최악의 상황에서도 마음이 편안을 주신다(요 14:27).
2. 인간은 변하지 않는다.
- 진리 : 인간은 날마다 변한다. 하나님은 지금도 삶을 변화시키는 역사를 계속하고 계신다(고후 5:17).
3. 문제 많은 결혼생활, 참고 살든지, 박차고 나와야 한다.
- 진리 : 부부는 결혼생활을 긍정적으로 변화시키는 일꾼이 될 수 있다(롬 12:2).
4. 100퍼센트 절망적인 상황도 있다.
- 진리 : 하나님과 함께라면 절망은 없다(롬 15:13).

내 눈의 들보를
먼저 빼라

303

> 비판을 받지 아니하려거든 비판하지 말라 너희가 비판하는 그 비판으로 … 먼저 네 눈 속에서 들보를 빼어라 그 후에야 밝히 보고 형제의 눈 속에서 티를 빼리라 마 7:1, 5

배우자의 흠은 족집게처럼 집어내면서 자기 잘못은 좀처럼 인정하지 않는 경우가 얼마나 많은지 모른다. 내 경우, 부부가 함께 상담하러 찾아오면 종이를 주고 배우자의 결점을 적게 한다. 10-15분 정도 시간을 주는데 제법 많은 결함들을 찾아낸다. 심지어 종이를 더 달라는 이들도 있다. 다음에는 자기 결점을 적게 한다. 고작 한 개를 적고 펜을 놓는 이들이 태반이다.

일반적으로 자신을 들여다볼 때는 장밋빛 안경을 쓰는 경향이 있다. 자신의 잘못이 그다지 커 보이지 않는 건 바로 그 안경 탓이다. 벌써 여러 해 동안 쓰고 지낸 까닭에, 이제는 자연스럽게 배우자의 행동이 문제의 근원이라고 생각하게 되었다. 하지만 예수님은 서로 판단하지 말라고 경고하신다. 그리고 먼저 자기 눈의 들보를 빼내라고 말씀하신다. 그러고 나면 눈이 더 밝아져서 상대방이 흠을 바로잡도록 도울 수 있다는 것이다. 자기 허물을 인정하는 것이야말로 배우자와 진정으로 화해하는 첫걸음이다.

The One Year Love Language

마음이 상한 자
곁에 계시는 분

304

> 여호와는 마음이 상한 자를 가까이 하시고 충심으로 통회하는 자를 구원하시는도다 시 34:18

―

크리스천들도 하나님으로부터 부당한 대접을 받았다고 생각해서 분노에 사로잡힐 때가 있다. 자녀가 심각한 질병에 걸린다든지 장애아를 출산한 경우처럼, 어려운 문제에 직면했을 때 그런 반응을 보인다. 하지만 격한 감정을 제대로 처리하지 않으면, 가정불화의 요인이 될 수 있다. 어째서 그런가? 하나님께 화를 내는 건 부담스러우므로 만만한 남편, 또는 아내를 겨냥하게 되기 때문이다.

하나님의 처분이 부당하다는 생각이 들면, 그분께 대놓고 토로하는 게 좋다. 하나님은 벌컥 화를 내시기는커녕 얼른 귀를 기울여주실 것이다. 극심한 고통을 겪고 있던 욥은 절박한 심정으로 그 원인을 알고 싶어했다. 그래서 수많은 질문을 쏟아냈고 주님은 하나도 놓치지 않고 들어주셨으며 결국은 응답해주셨다. 주님은 자녀들의 마음을 아시고 그 고통스러운 길을 함께 가주신다. 시편 34편 말씀이 상기시켜주는 것처럼, 하나님은 언제나 마음이 상한 자 곁에 계신다. 분노를 느낀다는 사실을 그분 앞에서 인정하는 것이야말로 치유 과정으로 들어가는 첫 관문이다.

상대의 마음을
살피고 헤아릴 때
305

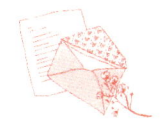

새 계명을 너희에게 주노니 서로 사랑하라 내가 너희를 사랑한 것같이 너희도 서로 사랑하라 요 13:34

모든 행동에는 내적인 동기가 있게 마련이다. 사랑받고자 하는 욕구도 거기에 포함된다. 한 여성은 시간을 내주지 않는 남편이 야속하기 짝이 없다. 그래서 툭하면 언성을 높이고 바가지를 긁는다. 더러 잔소리가 효력을 발휘해서 부부가 마주앉지만, 남편의 얼굴에는 불편한 표정이 역력하다. 아내의 사랑언어가 '함께하는 시간'이라는 점을 남편이 알아채고 노력을 기울였더라면 의사소통이 얼마나 원활하게 이뤄졌겠는가?

크리스천들도 서로 사랑해야 한다. 그게 바로 예수님이 요한복음 13장에서 제자들에게 주신 '새 계명'이자 으뜸가는 명령이다. 거기에 순종하기 위해서는 설령 상대방이 짜증나게 행동한다 하더라도 끈질기게 참는 게 중요하다. 그리스도의 사랑으로 배우자를 대한다는 건, 상대방의 마음을 찬찬히 살피고 헤아린다는 뜻이다. 눈에 거슬리는 행태를 무작정 나무라지 않고 그 이면에 감춰진 정서적 욕구를 찾아내는 노력이야말로, 관계를 바로잡는 첫걸음이다.

The One Year Love Language

자유를 허락하라

306

> 형제들아 너희가 자유를 위하여 부르심을 입었으나 그러나 그 자유로 육체의 기회를 삼지 말고 오직 사랑으로 서로 종노릇 하라 갈 5:13

인간의 내면 깊숙한 곳에는 자유롭고자 하는 또 다른 소망이 자리잡고 있다. 남편이든 아내든, 결혼생활 중에 마주치는 감정이나 생각, 욕구 따위를 자유롭게 표현하기를 원한다. 또 선택의 자유를 누리길 바란다. 서로를 위해 무슨 일이든 다 해주려 하지만, 조종당하거나 강요받는 건 끔찍하게 싫어한다. 통제당한다는 느낌이 들면 곧바로 방어적이 되거나 분노를 터트린다.

절대적인 자유란 존재하지 않는다. 한계가 없는 자유는 사랑의 열매가 아니다. 갈라디아서 5장에서, 바울은 크리스천이라면 그리스도 안에서 자유로워야 한다고 강조한다. 사도는 그 자유를 서로 섬기는 데 사용하라고 권면한다. 누구나 이처럼 자유로워지고 싶어하는 욕구를 품고 있다는 사실을 깨달을 때, 비로소 배우자에게 스스로 선택할 수 있는 자유를 허용하게 된다. 요청할 뿐, 강요하지 말아야 한다. 의견을 내놓되 서슴없이 반대할 권한을 주어야 한다. 사랑과 자유는 건전한 결혼생활을 지탱하는 두 기둥이다.

일중독에서
벗어나는 길

307

여호와께서도 네게 말씀하신 대로 오늘 너를 그의 보배로운 백성이 되게 하시고 그의 모든 명령을 지키라 확언하셨느니라
신 26:18

배우자가 일중독인가? 그렇다면 의미 있는 존재가 되고 싶은 정서적 욕구를 채우기 위해 안간힘을 쓰는 것일 수도 있음을 알아두라. 존재의 참다운 의미는 하나님의 자녀가 돼서 그분의 섭리에 따라 살아가는 데 있지만, 일중독자들은 그러한 사실을 깨닫지 못한다. 신명기 26장 말씀은 하나님의 자녀들을 '그의 보배로운 백성'이라고 표현했다. 하나님은 인간이 뛰어난 일을 해서가 아니라 그분이 직접 지으신 피조물이기 때문에 사랑하신다.

일중독자들은 그러한 사실을 종종 잊어버린다. 그래서 가장 가까운 관계까지 희생해가면서 남들보다 뛰어나기 위해 안간힘을 쓴다. 아버지한테서 "아무짝에도 쓸모없는 녀석"이란 소리를 듣고 자란 아들은 삶을 통째로 투자해서 그 말이 틀렸음을 입증하려 든다. 일중독자와 결혼했다면, 칭찬하고, 인정하며, 격려하라. 일로 거둔 성과보다 사람 됨됨이를 높이 평가하고 칭찬할수록, 직장보다 가정에서 더 많은 시간을 보내게 될 것이다.

The One Year Love Language

아이들과 함께 보내는 질적인 시간

308

> 아버지가 자식을 긍휼히 여김같이 여호와께서는 자기를 경외하는 자를 긍휼히 여기시나니 시 103:13

　최근 들어서 '질적인 시간'에 관한 논의가 부쩍 많아졌다. 소화해야 할 일정이 늘어나고 맞벌이 부부와 한 부모 가정이 폭발적으로 증가하면서, 너나없이 시간의 압박에 시달리게 됐다. 자녀를 키우는 부모라면, 아이들이 저지르는 비행이 결국은 질적인 시간을 투자해달라는 호소임을 알고 있을 것이다.

　거룩한 자녀들은 하나님의 관심을 끌기 위해 일부러 부정적인 행동을 할 필요가 없다. 시편 103편은 하나님을 자상하고 동정심이 많은 최고의 아버지에 비기고 있다. 우리가 이야기하면 주님은 들으신다. 찾으면 언제나 거기에 계신다. '질적인 시간'이란 자식에게 온전한 관심을 기울이는 걸 말한다. 시간을 내서 아이의 눈을 들여다보라. 말을 하거든 귀 기울여 들으라. 궁금한 걸 물어보라. '더할 나위 없이 소중하게 여기는 마음'을 전달하라. 적어도 그 정도는 돼야 시간을 잘 썼다고 할 수 있다. 자녀들과의 관계가 긴밀해지면 결혼생활에도 큰 유익이 된다.

이야기를 들려주라

309

> 이러므로 너희는 나의 이 말을 너희의 마음과 뜻에 두고…집에 앉아 있을 때에든지 길을 갈 때에든지 누워 있을 때에든지 일어날 때에든지 이 말씀을 강론하고 신 11:18-19

애기를 싫어하는 어린이는 없다. 어린 자녀를 둔 부모들은 곧잘 동화책을 읽어주는데, 때로는 그 줄거리가 신나는 대화의 실마리가 되기도 한다. 이야기는 감성을 자극한다. 가끔씩 "어떤 느낌이 드니?"라고 물어보면 감정을 표현하는 능력을 기르는 데 도움이 된다. 꼬맹이들은 또한 아빠 엄마가 어린 시절에 어떻게 지냈는지 알고 싶어한다. 조부모나 부모가 그런 사연들을 조곤조곤 들려주면 아이들은 가족사를 익히고 소속감을 갖게 된다.

어린 자녀를 둔 부모들은 책을 읽어주고 이야기를 들려주는 것만으로도 아이들과 질적인 시간을 보낼 수 있다는 점을 알아야 한다. 긴 시간을 내지 못한다 할지라도 주의를 집중하라. 아이가 주로 사용하는 사랑언어가 '함께하는 시간'이라면, 그 짧은 만남은 부모의 사랑을 느끼게 해주는 데 결정적인 역할을 하게 된다. 성경 역시 이야기의 중요성을 높이 평가한다. 성경에 등장하는 사건들을 각색해서 들려주든, 주님이 오늘날 우리 삶에 어떻게 역사하시는지 나누든, 이야기는 믿음의 기초를 든든하게 한다.

The One Year Love Language

결혼은 언약이다

310

> 우리가 아직 죄인 되었을 때에 그리스도께서 우리를 위하여 죽으심으로 하나님께서 우리에 대한 자기의 사랑을 확증하셨느니라 롬 5:8

결혼할 때 계약서에 서명을 했는가, 아니면 언약을 맺었는가? 주택을 담보로 융자를 받는다고 생각해보자. 매월 일정 금액을 갚아나가겠다는 약정서에 사인을 하면, 은행이 돈을 빌려준다. 빚을 제대로 갚지 못하면 은행은 담보를 처분해서 융자금을 회수한다. 결혼도 같은 개념으로 파악하는 부부가 많다. "당신이 나를 사랑해주고 한눈팔지 않으면 나도 그렇게 하겠다"는 식이다. 그러나 성경이 말하는 결혼은 언약이지 계약이 아니다. 언약적인 결혼은 무조건적인 사랑에 토대를 둔다. 상대방의 태도에 개의치 않고 사랑한다는 뜻이다.

하나님은 무조건적인 사랑의 창시자다. 사도바울은 로마서 5장에서 우리가 여전히 죄 가운데 있고, 축복을 누릴 자격이 없으며, 은혜를 모름에도 불구하고 하나님이 사랑을 베풀어주셨다고 강조한다. 인간은 하나님 앞에 내어놓을 게 하나도 없지만 그럼에도 불구하고 주님은 우리를 사랑하신다. 사랑스럽지 않은 상대를 사랑하는 건 성공적인 결혼생활로 가는 지름길이다.

사랑한다면
미안하다고 말하라

311

> 내가 입을 열지 아니할 때에 종일 신음하므로 내 뼈가 쇠하였도다 … 주께 내 죄를 아뢰고 내 죄악을 숨기지 아니하였더니 곧 주께서 내 죄악을 사하셨나이다 시 32:3, 5

사랑의 참뜻을 되새기게 하는 70년대 영화 〈러브 스토리〉에 "사랑은 미안하다고 말하지 않는 것"이란 대사가 나온다. 내 생각은 다르다. 이유는 간단하다. 우리는 모두 인간이며, 인간은 완전할 수 없기 때문이다. 누구든지 가장 사랑하는 이들에게 상처를 입힐 수 있다. 행복한 결혼생활을 하기 위해 필요한 요소는 완벽한 인간이 되려는 노력이 아니라 실수했을 때 곧장 사과하는 자세다.

"미안해요"라는 표현에는 상대방에게 고통을 안겨준 걸 후회한다는 뜻이 들어 있다. 용서를 받으려면 먼저 자기 잘못을 인정해야 한다는 성경의 진리를 반영한 말이기도 하다. 다윗은 무시한다고 해서 죄가 없어지는 게 아니라는 사실을 깨달은 직후에 시편 32편을 썼다. 실제로 죄는 무시할수록 더 깊이 감정을 파고든다. 그러나 허물과 상처를 고백하고 드러내면 용서와 화해로 통하는 탄탄대로가 열린다. 하나님과의 관계뿐만 아니라 부부 사이에서도 마찬가지다.

The One Year Love Language

진심을 담아 사과하라

312

> 입이 음식의 맛을 구별함 같이 귀가 말을 분간하지 아니하느냐 욥 12:11

"미안해요"라고 말해도 배우자가 용서해주지 않는다면 어떻게 해야 할까? 낙심해서 중얼거릴 수도 있다. "사과했으면 됐지, 나더러 뭘 어쩌라고?" 하지만 진지하게 "어떻게 하면 내 마음을 받아줄 수 있겠어요?"라고 물어보는 게 좋다. 아니면 이렇게 말해보라. "상처를 입었다는 걸 알아요. 미안해요. 지금이라도 바로잡고 싶어요. 당신을 사랑한다는 걸 보여줄 수만 있다면 무슨 일이든 하겠어요."

단순히 "미안해요"라고 말하는 것보다 그편이 훨씬 효과적이다. 행동이 뒷받침되지 않는 말은 공허한 울림에 불과하기 때문이다. 구약성경을 보면, 욥은 끔찍한 고난의 실체를 풀이하는 친구들의 말 세례에 몸살을 앓았다. 욥은 말 한 마디 한 마디를 검증해서 옳고 그름을 가리자고 제안한다. 우리도 그래야 한다. 진실한지, 행동이 뒷받침되는지 살피고 헤아려야 한다. 신뢰관계를 구축하기 위해서는 말의 진정성을 보일 필요가 있다. 배우자가 진정으로 원하는 건 진실하고 진지한 사과다. 입장이 확고하다는 점을 또렷하게 인식시키라.

경청으로 가꾸는
친밀한 관계

313

> 그러므로 너희가 어떻게 들을까 스스로 삼가라 누구든지 있는 자는 받겠고 없는 자는 그 있는 줄로 아는 것까지도 빼앗기리라 눅 8:18

친밀감 형성은 완료형이 아니라 진행형이다. 잘 만들어서 시렁 위에 얹어놓고 야금야금 꺼내 먹으며 평생을 보낼 수는 없다는 말이다. 의사소통은 자기표현과 경청이라는 단순한 요소로 구성된다. 어느 한편에서 생각과 감정, 경험을 이야기하면(자기표현), 나머지 한쪽은 상대의 사고와 정서를 파악하려는 의지를 가지고 귀 기울여 듣는(경청) 구조다. 다음에는 화자와 청자의 역할을 바꾼다. 이처럼 말하고 듣는 간단한 행위가 친밀감을 빚어내고 지속시키는 것이다.

그런데 도대체 뭐가 문제란 말인가? 한마디로 '이기심'이다. 듣기를 집어치우고 설교를 시작하는 경우가 얼마나 많은가? 제각기 목소리를 높이다 지치면, 원망하는 마음을 품은 채 입을 다물기 일쑤다. 누가복음 8장 18절에서, 예수님은 경청하는 자세를 가르치신다.

양가 부모님을
공평하게 존중하라
314

하나님께서 외모로 사람을 취하지 아니하심이라 롬 2:11

　결혼과 함께 부모를 떠난 뒤에도 부모님에 대한 존경심은 잃지 않는 방법이 없을까? 일반적으로 양가 부모는 갓 결혼한 부부의 삶에 깊이 개입되어 있으므로, 자칫했다가는 관계가 불편해질지도 모른다. 휴가 기간에 특히 그렇다. 친정 엄마는 크리스마스이브를 친정에서 보내라고 하고, 시어머니는 성탄절 저녁식사를 함께하자고 부르는 식이다. 양가 부모가 한 동네에 살면 어려울 게 없지만, 수백 킬로미터나 떨어져 있다면 어떻게 해야 할까?

　으뜸으로 삼아야 할 원칙은 공평성이다. 양가 부모를 공평하게 대접하려고 노력하라. 금년 크리스마스를 본가에서 보냈다면, 내년에는 처가에서 지내라. 성탄절을 친정에서 즐겼다면 추수감사절에는 시댁으로 가라. 전화, 나들이, 저녁식사, 여름휴가 따위에도 똑같은 원리를 적용하라. 양가 부모의 기분까지 책임질 필요는 없다. 그건 어른들의 몫이다. 부부가 해야 할 일은 양쪽 노인들을 공평하게 존경하고 존중하려고 노력하는 것뿐이다.

어른들의 충고를
지혜롭게 받아들이라

315

> 너는 권고를 들으며 훈계를 받으라 그리하면 네가 필경은 지혜롭게 되리라 잠 19:20

상담을 하다보면 "최근에 아이를 낳았는데 육아법을 두고 사사건건 어머니랑 부딪혀요. 그렇다고 어른에게 상처를 주고 싶지는 않은데, 어떻게 하면 좋죠?"라는 질문을 자주 받는다. 어머니의 의도가 선하다는 사실을 깨닫는 데서 시작하는 게 좋다. 도우려는 마음을 고맙게 생각하라.

잊지 말라. 잠언은 '권고와 훈계'를 구하는 이들을 높이 평가한다. 자녀를 키우는 데는 선배들의 지식과 아이디어를 받아들이는 게 중요하다. 제안을 잘 듣고 가르쳐줘서 고맙다는 뜻을 전하라. 그러고 나서 어떻게 하는 게 아이에게 최선인지 배우자와 상의하라. 양가 부모 중 누군가가 시키는 대로 하지 않는다고 화를 내면 정중하게 말하라. "무슨 말씀인지 잘 알겠습니다. 조언해주셔서 고마워요. 하지만 아이는 우리 부부가 최선을 다해서 키우는 게 좋을 것 같아요." 어른들 입장에서는 서운할 수도 있다. 하지만 머지않아, 자식들이 도움을 청해올 때까지 기다리는 법을 배우게 되실 것이다.

The One Year Love Language

인격의
성장과 성숙

316

> 주께서 내 내장을 지으시며 나의 모태에서 나를 만드셨나이다 내가 주께 감사하옴은 나를 지으심이 심히 기묘하심이라 주께서 하시는 일이 기이함을 내 영혼이 잘 아나이다 시 139:13-14

　결혼관계가 파국을 맞는 데는 세 가지 요인이 있다. 첫째, 하나님과 가까이 교제하지 못했다. 둘째, 배우자와 친밀한 관계를 형성하는 데 실패했다. 셋째, 자신을 정확하게 이해하고 용납하지 못했다. 앞으로 며칠에 걸쳐 세 번째 요인을 더 깊이 살펴보기로 하자.

　인간은 자신을 과소, 또는 과대평가하는 경향이 있다. 스스로 '쓸모없는 실패자'나 '하나님이 세상에 내리신 선물'이라고 생각하는 것이다. 사실, 이 땅에 사는 사람 하나하나는 저마다 하나님의 솜씨를 보여주는 걸작인 동시에, 본문에서 이야기하는 것처럼 '심히 기묘한' 존재들이다. 인간이 소중한 까닭은 그럴 만한 행동을 해서가 아니라 주님이 만드시고 구원하셨기 때문이다. 성격(감정과 사고, 행동의 유형)은 강점과 약점을 모두 가지고 있다. 인간의 됨됨이를 최대한 끌어올리기 위해서는 우선 장점을 찾아내서 생산적인 활동에 쏟아부어야 한다. 그 다음에는 약점을 파악해서 보완하려고 노력할 필요가 있다. 인격이 성장하고 성숙해지면 결혼생활 전반에 영향을 미치게 된다.

성품이 아닌
성령께 맡긴 삶

317

> 오직 너희의 심령이 새롭게 되어 하나님을 따라 의와 진리의 거룩함으로 지으심을 받은 새 사람을 입으라 엡 4:23-24

―

  흔히 성격 특성은 낙관-비관, 비판-격려, 외향-내향, 인내-조급 등 대조적인 단어를 동원해서 표현한다. 성격은 일반적으로 유년시절에 형성되지만 고정불변으로 굳어지는 건 아니다. 인간은 변할 수 있다는 말이다.

  방에 틀어박혀서 입을 꼭 다물어버리는 성향이 결혼생활에 치명적인 해를 끼친다는 사실을 알았다면, 감정과 생각을 나누는 방법을 공부하라. 비판적인 태도가 배우자의 영혼을 죽이고 있음을 깨달았다면, 칭찬하는 법을 배우라. 하나님은 있는 그대로 우리를 사랑하시지만, 너무도 깊이 사랑하시므로 생긴 대로 살게 버려두지 않으신다. 그것이 성경이 전하는 메시지다. 크리스천은 성장해야 하며, 성장에는 변화가 필요하다. 크리스천이라면 성품이 아니라 성령의 지배를 받아야 한다. 에베소서 4장에서 바울은 성령님에 힘입어 '마음의 영을 새롭게' 하라고 말한다. 성령님께 삶을 맡기라. 인생과 결혼을 보는 시각과 자세가 크게 달라질 것이다.

The One Year Love Language

앞을 바라보고
미래를 향해 나아가라

318

> 형제들아 나는 아직 내가 잡은 줄로 여기지 아니하고 … 잡으려고 푯대를 향하여 그리스도 예수 안에서 하나님이 위에서 부르신 부름의 상을 위하여 달려가노라 빌 3:13-14

　오늘은 바꿀 수 없는 삶의 영역을 받아들이는 문제에 관해 이야기해보자. 인생을 통틀어 가장 치명적이면서도 변하지 않는 요소는 개인사가 아닐까 싶다. 지금까지 살아온 역사는 '변화가 불가능'하다. 좋든 싫든, 살아계시든 세상을 떠나셨든, 유명하든 평범하든 부모는 그저 부모일 따름이다. 즐거웠든 고통스러웠든, 유년시절은 어찌해볼 도리가 없는 역사의 일부다. 흘러간 역사는, 바꾸는 게 아니라 받아들여서 적절히 처리해야 할 대상이다.

　위대한 사도에게도 지워버리고 싶은 개인사가 있었다. 독선적인 바리새인으로 살던 시절, 바울은 열성적으로 크리스천들을 박해했으며 잡아서 감옥에 집어넣기도 했다. 그러다가 극적으로 회심하였고 결국은 초대교회 역사를 장식하는 탁월한 선교사가 되었다. 하지만 과거를 완전히 떨쳐버릴 수는 없었다. 그럼에도 불구하고, 빌립보서 본문에서 보는 것처럼, 바울은 앞을 바라보며 미래를 향해 달려갔다. 우리도 그래야 한다. 죄를 고백하고 하나님의 용서를 받은 다음에는 앞을 내다보고 꾸준히 전진해야 한다.

너무나 강력한 사랑의 힘

319

> 그러므로 사랑을 받는 자녀같이 너희는 하나님을 본받는 자가 되고 그리스도께서 너희를 사랑하신 것같이…향기로운 제물과 희생 제물로 하나님께 드리셨느니라 엡 5:1-2

결혼생활을 하면서 사랑을 느끼지 못하면 서로의 차이점이 더 도드라져 보인다. 심지어 배우자를 '행복을 위협하는' 적으로 보는 지경에 이를 수도 있다. 자존감과 의미를 찾기 위해 치열한 싸움을 벌여야 하므로 가정은 천국이 아니라 전쟁터가 된다. 물론 사랑이 모든 문제의 해답이 될 수는 없지만, 괴로운 문제들을 해결하는 데 도움을 주는 건 엄연한 사실이다. 사랑이라는 보호막 안에 있는 남편과 아내는 비난받을 염려 없이 서로의 다른 점들에 관해 자유롭게 대화하며 갈등을 풀어갈 수 있다. 다른 점이 많음에도 불구하고 조화를 이뤄 함께 살 수 있는 길을 찾아낸다.

사랑은 세상 무엇과도 비교할 수 없을 만큼 강력하다. 그리스도로 하여금 인류를 위해 목숨을 버리게 했던 힘도 사랑이었다. 에베소서 5장 말씀에서 사도바울은 그리스도의 본을 따라서 사랑하는 삶을 살라고 권면한다. 배우자를 사랑하겠다는 단호한 결단은 어마어마한 잠재력을 가지고 있다.

신체 접촉의
사투리를 연구하라

320

> 남편들아 이와 같이 지식을 따라 너희 아내와 동거하고 벧전 3:7

  '육체적 접촉'이라는 사랑언어에는 수많은 사투리가 있다. 모든 접촉이 똑같은 결과를 가져오는 게 아니라는 뜻이다. 더 큰 기쁨을 주는 접촉이 있고 그렇지 않은 게 있다. 가장 훌륭한 스승은 배우자다. 아내가 사랑으로 받아들이는 접촉은 따로 있다. 그러므로 남편은 자신의 방식과 시점을 고집해선 안 된다. 아내의 의사를 존중하라. 내가 좋으면 상대도 좋을 거라는 착각을 버리라.

  베드로전서 3장 7절은 남편들에게 배우자를 더 깊은 수준까지 파악하라고 한다. 남편들은, 아내에 관한 지식을 얻을 수 있는 원천이 아내 자신임을 기억해야 한다. 사람에 따라서 등 쓸어주는 걸 좋아할 수도 있고, 무덤덤하게 받아들이거나 심지어 짜증스러워할 수도 있다. 아내들 역시 똑같은 원리로 남편을 바라보아야 한다. 하나님은 남편과 아내들을 하나하나 독특하게 지으셨다. 배우자가 어떤 접촉을 즐거워하는지 찾아내야 한다. 육체적 접촉의 사투리를 올바르게 구사할 때, 배우자는 사랑받고 있음을 실감할 것이다.

창의적인
사랑의 터치

321

> 내게 입 맞추기를 원하니 네 사랑이 포도주보다 나음이로구나
> 아 1:2

　사랑의 터치는 길어질 수도 있고 짤막해질 수도 있다. 어깨를 주물러주는 데는 제법 시간이 걸리지만 커피 따르고 있는 배우자를 살짝 감싸 안는 건 금방 끝낼 수 있다. 책상에서 일하는 남편 곁을 지나치며 어루만져주는 건 단 몇 초면 충분하다. 외출에서 돌아왔을 때 나누는 입맞춤이나 포옹은 간단하기 그지없지만, 배우자의 목소리는 한 옥타브 이상 올라가기 십상이다.

　배우자가 주로 쓰는 사랑언어가 육체적인 접촉인 경우, 낯선 장소에서 뜻밖의 방법으로 터치를 시도하는 게 짜릿한 도전이 될 수 있다. 손을 꼭 잡고 아파트 단지를 한 바퀴 도는 것만으로도 마음에 사랑이 가득해진다. 자동차에 올라타서 가볍게 키스를 나눈다면, 집으로 가는 길이 유난히 짧게 느껴질 것이다. 아가서에는 남편과 아내가 서로 어루만지며 기쁨을 나누는 장면이 무수히 등장한다. '육체적인 접촉'이라는 언어로 사랑을 표현한다면, 거기서 적잖은 영감을 얻을 수 있을 것이다.

The One Year Love Language

육체적인 접촉, 사랑의 선물

322

> 남편은 그 아내에 대한 의무를 다하고 아내도 그 남편에게 그렇게 할지라…자기 몸을 주장하지 못하고 오직 그 아내가 하나니 서로 분방하지 말라 고전 7:3-5

"신체 접촉을 시도하면 남편은 뒤로 물러나요. 성관계를 할 때도 썩 내켜하지 않는 게 느껴져요." 어느 여성과 상담하면서 들은 말이다. 남편은 그런 태도를 통해 아내에게 어떤 메시지를 전달하려 했던 것일까? 어쩌면 자신은 다른 사랑언어를 쓴다는 얘기를 하고 싶었는지도 모른다. 대개는 자신이 즐겨 쓰는 사랑언어로 대화를 시도하는 법이다. 그러므로 배우자가 가볍게 껴안고 입 맞추기를 좋아한다면, 똑같은 대접 받기를 원한다고 보면 된다.

개중에는 그런 방법으로 사랑을 표현하는 데 서툰 이들이 있다. 어린 시절에 부모와 신체 접촉을 나눈 경험이 거의 없기 때문이다. 하지만 '육체적인 접촉'이라는 언어는 누구나 배울 수 있다. 사도바울은 결혼생활에 관해 조언하면서 성관계를 포함하여 의미 있는 접촉을 기피해선 안 된다고 분명히 못 박았다. 결혼하는 순간부터 몸은 자신만의 소유가 아니다. 신체 접촉은 남편과 아내 모두에게 선물이 되어야 한다. 자기 만족을 위해서가 아니라 소중한 이에게 사랑을 표현하기 위해 터치를 사용하라.

돈을 사랑함은
일만 악의 뿌리

323

> 돈을 사랑함이 일만 악의 뿌리가 되나니 이것을 탐내는 자들은 미혹을 받아 믿음에서 떠나 많은 근심으로써 자기를 찔렀도다 딤전 6:10

결혼생활에 있어서 왜 돈이 그처럼 문제가 되는가? 선진국에서 가장 가난한 집단에 속하는 부부라 할지라도 세계 인구의 상당수보다는 풍성하게 산다. 문제는 돈의 액수에 있는 게 아니라 돈을 보는 시각과 그걸 다루는 태도에 달렸다.

이것이 디모데전서 6장 10절에서 바울이 전하는 메시지의 핵심이다. 돈을 다른 무엇보다도 사랑하게 되면, 무슨 짓을 해서라도 재물을 더 모으고 싶은 마음이 들게 마련이다. 바울은 돈에 집착하는 마음가짐은 결국 믿음을 버리고 '많은 근심'에 빠지게 만든다고 지적한다. 돈이 있거나 없어서가 아니라 돈을 삶의 중심으로 삼았을 때 일어나는 현상이다. 하나님과 부부관계보다 돈을 더 중요하게 생각하면 두 영역 모두 어려움을 겪게 된다.

태도를 점검해보라. 행복한 삶을 살기 위해서 돈을 추구하는가, 아니면 하나님을 좇는가? 어떤 대답을 하느냐에 따라 결혼생활은 크게 달라질 것이다.

The One Year Love Language

어디서 만족을 찾는가?

324

> 오직 너 하나님의 사람아 이것들을 피하고 의와 경건과 믿음과 사랑과 인내와 온유를 따르며…네가 부르심을 받았고 많은 증인 앞에서 선한 증언을 하였도다 딤전 6:11-12

매달 10만 원만 더 벌어도 재정적으로 숨통이 좀 트일 거라고 믿는 부부가 많다. '요 고비만 넘기면 더 바랄 게 없어'라고 생각하는 것이다. 하지만 그건 그릇된 판단이다. 두어 해 뒤에 다시 만나보면, 그때도 여전히 고비를 넘기 위해 안간힘을 쓰고 있기 일쑤다. 진정한 만족은 돈이 아니라 '경건과 믿음과 사랑과 인내와 온유'를 좇는 데서 찾을 수 있다. 즉, 하나님의 거룩한 가치기준에 따라 살아야 한다는 것이다. 사도바울은 디모데에게 그렇게 살라고 권면했다. 바르게 행동하며, 사랑을 표현하고, 상대의 불완전한 면들을 참아주며, 자신을 있는 그대로 진실하게 평가하는 자세야말로 삶과 결혼생활에 진정한 만족을 준다.

하나님은 삶의 중심에 그분을 모시면 모든 문제를 해결해주겠다고 약속하셨다. "너희는 먼저 그의 나라와 그의 의를 구하라 그리하면 이 모든 것을 너희에게 더하시리라"(마 6:33). 올바르고 경건하게 살면 신체적인 필요는 주님이 채워주신다. 그러므로 하나님과의 관계와 결혼생활에 초점을 맞추라. 만족감은 저절로 따라올 것이다.

부부가 함께 청지기가 되어라

325

> 그 주인이 이르되 잘 하였도다 착하고 충성된 종아 네가 적은 일에 충성하였으매 내가 많은 것을 네게 맡기리니 네 주인의 즐거움에 참여할지어다 마 25:21

돈과 관련해서 가장 자주 등장하는 말은 '청지기 의식'이다. 인간에게는 하나님이 주신 선물들을 지혜롭게 사용해야 할 책임이 있다. 예수님은 달란트 비유를 들려주시면서, 성실한 자세로 열심히 일한 종을 주인이 칭찬하고 축복하는 본문 말씀으로 마무리하셨다. 주님은 가진 자원을 최대한 활용해서 성실하게 노력하기를 기대하신다.

재정적인 자원들은 엄청난 열매를 거둘 수 있는 잠재력이 있다. 크리스천들은 청지기로서 하나님이 주신 선물들을 남김없이 사용해야 할 의무가 있다. 철저한 계획, 구매, 투자, 기부 따위는 청지기가 감당해야 할 몫이다. 하지만 결혼관계 속에서는 모든 일들을 배우자와 협력해서 해야 한다. 독불장군처럼 해서는 안 된다. 누구보다도 가까운 동반자가 있다는 사실을 기억하라. 결혼생활에서 재정은 대단히 중요한 분야다. 반드시 부부가 상의해서 사용 방법을 결정해야 한다. 돈을 잘 관리했다 하더라도 부부관계에 실패했다면 껍데기뿐인 성공에 지나지 않는다.

The One Year Love Language

감정을 나눌 때
부부는 친밀해진다

326

> 옛적에 여호와께서 나에게 나타나사 내가 영원한 사랑으로 너를 사랑하기에 인자함으로 너를 이끌었다 하였노라 렘 31:3

성경은, 긍정적이든 부정적이든 모든 감정이 하나님의 선물이라고 가르치고 있다. 느낌이 없다면 세상은 얼마나 지루하겠는가? 아무런 감흥도 없이 저녁노을이나 축구경기를 바라보는 장면을 상상해보라. 친구의 장례식에 참석했는데 단 한 방울의 눈물도 나오지 않는다고 생각해보라. '하나님의 형상대로 지음 받았다'는 말 속에는 '인간은 감정적인 존재'라는 뜻이 숨어 있다. 성경에는 주님이 강렬한 감정을 표현하시는 대목이 여러 차례 나오는데, 오늘 소개한 예레미야서의 본문도 그 가운데 하나다. 주님은 분노와 사랑, 미움, 동정을 느끼시는 분이다.

개중에는 이런저런 느낌을 품고 있으면서도 서로 나누지 않는 부부들이 있다. 결혼은 친밀한 관계가 되어야 한다. 감정을 나누지 않으면 친밀해질 방도가 없으며 결국 거리감만 깊어질 것이다. 긍정적인 감정을 나누면 기쁨이 커진다. 부정적인 감정을 공유하면 아픔을 견뎌내기가 훨씬 쉬워진다. 배우자를 감정의 내면세계로 끌어들이라. 부부 사이의 거리가 한결 가까워질 것이다.

감정, 매이지 말고
다스리라

327

> 그들에게 자유를 준다 하여도 자신들은 멸망의 종들이니 누구든지 진 자는 이긴 자의 종이 됨이라 벧후 2:19

부정적인 느낌들을 두려워하는 까닭은 무엇일까? 혹시 비슷한 감정을 경험했던 친구들이 바람직하지 못한 결정을 내리는 걸 봤기 때문일까? 감정이 이끄는 대로 행동해서 주위 사람들에게 큰 괴로움을 끼치는 사례는 이루 헤아릴 수 없을 만큼 많으니 말이다. 부정적인 감정과 부정적인 행동은 반드시 구별해야 한다. 가령, 배우자와 정서적인 거리감이 생겨서 힘들어하는 중이라고 생각해보자. 그런 느낌을 고백하고 관계를 다시 세울 길을 찾는 건 지혜로운 문제 해결법이다. 반면에 누군가와 바람을 피운다면 지극히 어리석은 방식이다.

감정은 항상 행동을 자극한다. 그러나 책임 있는 결정을 내려야 한다. 느낌은 고를 수 없지만 행동은 선택할 수 있다. 감정이 삶을 지배하게 해서는 안 된다. 베드로후서 2장 19절은 감정에 휘둘리면 그 노예가 된다고 경고한다. 감정은 소중한 도구일 뿐, 삶의 주인이 아니다. 삶을 나누는 게 결혼의 핵심이라는 사실을 잊지 말라. 감정 역시 삶의 일부분이다.

The One Year Love Language

삶을 무너뜨리는 쓴 뿌리

328

> 너희는 하나님의 은혜에 이르지 못하는 자가 없도록 하고 또 쓴 뿌리가 나서 괴롭게 하여 많은 사람이 이로 말미암아 더럽게 되지 않게 하며 히 12:15

배우자에게서 깊은 상처를 입고 말할 수 없이 화가 나 있는가? 억울한 일을 당했을 때 분노의 감정이 드는 건 아주 자연스러운 일이다. 하지만 그 느낌을 적절히 해소하지 않으면 지극히 파괴적인 결과에 이르게 된다. 히브리서는 이른바 '쓴 뿌리'가 돋아서 괴로움에 시달리고, 바른길에서 벗어나며, 마음이 냉랭해질 수 있다고 경고한다.

이러한 분노에 어떻게 대처할 수 있을까? 억입하는 것도 한 방법이다. 그러나 발산되지 못한 분노는 쓴 뿌리로 발전해서 마치 암세포처럼 서서히 삶의 조직을 무너뜨린다. 반면에 닥치는 대로 분통을 터트릴 수도 있다. 이 경우에 분노는 강력한 폭발물처럼 단박에 주변을 황폐하게 만든다. 영구적인 손상을 입히는 일종의 정서적 심장마비가 일어나는 셈이다. 훨씬 나은 방법이 여기에 있다. 스스로 말하는 것이다. "저 사람이 내게 한 일 때문에 감당할 수 없을 만큼 화가 나. 하지만 거기에 휩쓸려서 내 삶을 망가뜨릴 수는 없지. 상대를 파괴해서도 안 되고. 눈길을 하나님께로 돌리고, 분노를 그분께 맡겨야겠다."

쓴 뿌리를
고백하고 맡기라

329

> 너희는 모든 악독과 노함과 분냄과 떠드는 것과 비방하는 것을 모든 악의와 함께 버리고 엡 4:31

누구나 화를 낼 권리가 있지만, 그게 쓴 뿌리로 굳어지지 않게 하라. 그렇다. 분노할 권리를 누리되 그 권한 때문에 하나님의 걸작인 자신을 망가뜨리지 말아야 한다. 성경은, 화가 치솟는 건 피할 수 없지만 그 상처는 하루하루 분노를 마음에 담아두기로 선택한 결과라고 본다. 히브리서 저자는 그 쓰라린 고통이 마음에 단단히 뿌리를 내리도록 내버려두지 말라고 경고한다(12장 15절을 보라). 그랬다가는 금방 길을 잃고 믿음에서 멀어지게 마련이다. 쓴 뿌리를 하나님께 고백하고 용서를 받아야 한다.

하지만 반드시 기억해야 할 중요한 사실이 있다. 단 한 번의 고백으로 적대적인 감정을 완전히 누그러뜨릴 수는 없다는 점이다. 오래도록 쓴 뿌리를 껴안고 살아온 경우에는, 그 감정이 가라앉는 데도 제법 긴 시간이 필요하다. 이렇게 기도하라. "아버지, 내 생각과 느낌을 아십니다. 어렵지만 그 모든 감정을 주님께 맡깁니다. 이제 오늘 하루는 선하게 살도록 도와주세요."

The One Year Love Language

차분하고 솔직하게
털어놓으라

330

> 다툼을 멀리 하는 것이 사람에게 영광이거늘 미련한 자마다
> 다툼을 일으키느니라 잠 20:3

"배우자랑 대화하고 싶지 않아요. 십중팔구 부부 싸움을 하게 되거든요." 상담을 하면서 자주 듣는 말이다. 혹시 다투기 싫어서 슬그머니 입을 다물어버린 경험이 있는가? 침묵은 고립을 불러온다. 성숙한 부부관계에 걸림돌로 작용한다는 뜻이다.

어떻게 하면 다투지 않고 대화할 수 있을까? 먼저 문제가 있다는 사실을 인식해야 한다. 논쟁을 피하는 데 지나치게 신경을 쓰다보면 효과적으로 의사소통하기가 어려워진다. 배우자에게 그런 어려움을 털어놓아야 한다. "속마음까지 다 털어놓고 대화하면서 잘 지내고 싶어요. 당신도 그럴 거예요. 그런데 요즘 들어 몇 번 다툰 뒤부터는 또 그렇게 될까 봐 말을 꺼내기가 조심스러워요." 그리고 이렇게 제안해보라. "일주일에 한번, 시간을 잡아서 마음껏 입씨름을 하면 어떨까요?" 배우자도 반길 것이다. 얘기할 게 있으면 차분하게 대화하도록 노력하라. 그게 힘들다 싶으면, 따로 적어두었다가 '갈등 처리 시간'에 꺼내놓으라.

질문으로 대화를 이끌어내라

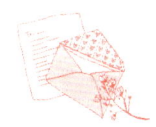

> 나의 반석이시요 나의 구속자이신 여호와여 내 입의 말과 마음의 묵상이 주님 앞에 열납되기를 원하나이다 시 19:14

대화는 남편과 아내가 함께 살아가는 데 꼭 필요한 기본 기술인 동시에, 그 가치가 가장 낮게 평가되는 기술이기도 하다. "오늘 무슨 일이 있었어요? 그게 당신한테는 어떤 영향을 주었어요?"라는 질문을 받는다면 어떻게 대답하겠는가? 배우자는 어떤 반응을 보일 것 같은가? 지금이라도 물어보라. 서로 삶을 나누는 건 어려운 일이 아니다.

질문은 구체적이며 개방적이어야 한다. "오늘 즐거웠어요?"라고 묻는다면 대답은 "예" 또는 "아니요"뿐이다. 차라리 "오늘은 몇 점짜리였어요? 왜 그렇게 생각해요?"라고 물으라. 하루를 돌아보는 시간이 얼마쯤 걸리겠지만 그 답변은 더 긴 대화로 이어질 것이다. 그렇게 하면 다툼의 빌미를 주지 않으면서도 배우자의 일상적인 삶을 더 잘 파악할 수 있다. 침묵은 고독과 분리를 부른다. 생각을 나누면 이해와 친밀감이 생긴다. 오늘 본문 말씀이 이야기하는 것처럼, 크리스천의 말과 생각은 하나님을 기쁘시게 해드리는 것이어야 한다. 배우자에게 질문을 던져서 의미 있는 대화를 이끌어내라.

The One Year Love Language

덕을 세우는
선한 말을 하라

332

> 무릇 더러운 말은 너희 입 밖에도 내지 말고 오직 덕을 세우는 데 소용되는 대로 선한 말을 하여 듣는 자들에게 은혜를 끼치게 하라 엡 4:29

결혼생활에 어려움을 겪는 부부들은 입버릇처럼 말한다. "우리는 대화가 안 돼요." 어떻게 하면 이런 사태를 막을 수 있을까? 법정에 선 것처럼 처신하면 된다. 상대편이 이야기할 때는 비난하지 말고 귀를 기울이라는 것이다. 배우자가 받아들이기 어려운 제안을 하더라도 날선 비판으로 무지르려 하지 말라. 대신 질문을 던지라. "재미있는 생각이네요. 그대로 해본다면 우리 결혼생활은 어떻게 될까요? 어느 면에서 문제가 생길 수 있을까요?" 이런 질문들은 진지한 대화로 통하는 문을 활짝 열어준다.

"그래봐야 무슨 소용이 있겠어요?" 혹은 "싫어요!"라며 말허리를 자르면 단박에 분위기가 냉랭해진다. 상대방의 이야기를 주의 깊게 들은 뒤에 긍정적인 방식으로 표현한다면 문제될 게 없다. 이렇게 이야기해보라. "당신한테 별 도움이 되지 않을까 걱정스러워요. 그럼 아주 속상할 것 같아요. 며칠 간 더 생각해보고 다시 이야기하면 어떨까요?" 에베소서 4장에서 바울이 말하는 '덕을 세우는 선한 말'이란 이런 반응을 가리킨다.

결혼, 주님이 주신 놀라운 선물

333

> 아내를 얻는 자는 복을 얻고 여호와께 은총을 받는 자니라 잠 18:22

한 연구조사 결과를 보면, 결혼은 성공작이다. 기혼자는 독신보다 대체로 더 행복하고 건강하며 삶에 만족한다. 사상 최초로 "혼자 사는 것이 좋지 아니하니"(창 2:18)라고 말씀하신 분은 하나님이었다. 첫 번째 인간인 아담에게는 직업이 있었다. 생활공간도 있고 애완동물도 이루 헤아릴 수 없을 만큼 많았다. 심지어 하나님과 긴밀한 관계를 유지하고 있었다. 그럼에도 불구하고 주님은 아내가 있어야 한다고 판단하셨다.

남녀가 앞서거니 뒤서거니 출현한 건 오직 주님이 정하신 타이밍 때문이었다. 그분은 이미 계획을 세워두셨지만, 먼저 남자에게 세상을 두루 살펴보게 한 후에 동반자의 필요성을 깨닫게 해주고 싶어하셨다. 그래서 얼마쯤 지난 뒤에 '돕는 배필'을 허락하신 것이다. 잠언 18장에서 솔로몬은 '아내를 얻는 남자야말로 보물을 찾은 셈'이라고 말한다. 남편을 얻은 여자도 마찬가지다. 주님이 주신 놀라운 선물, 그게 바로 결혼이다.

결혼이란
한 팀이 되는 것
334

> 그런즉 이제 둘이 아니요 한 몸이니 그러므로 하나님이 짝지어 주신 것을 사람이 나누지 못할지니라 하시니 마 19:6

결혼의 핵심은 동반자 의식이다. "사람이 혼자 사는 것이 좋지 아니하니"라는 말씀은 하나님이 인간의 본질을 꿰뚫고 계심을 여실히 보여주는 표현이다. 사람은 남들과 따로 떨어져 살도록 지음 받은 존재가 아니다. 이브를 지으신 창조주는 "둘이 한 몸을 이룰지로다"라고 말씀하셨다. '혼자'에 정면으로 배치되는 개념이다.

결혼이란 남성과 여성이 파트너로서 결합하는 걸 말한다. 서로 경쟁하는 게 아니라 한 팀이 되어 협력하는 관계다. 하나님의 인도하심에 따라 연합해서 그분이 주신 삶의 목적을 이뤄가는 것이다. 부부는 언약을 통해 하나가 된 관계다. 물론 하나님이 소명을 주셔서 독신으로 사는 이들이 있지만, 예외일 뿐 보편적인 원리가 아니다. 누구나 일정 기간 동안은 독신으로 살게 마련이다. 혼전에는 물론이고 결혼한 뒤에도 그런 상황이 닥쳐온다. 미혼으로 사는 기간은 동반자의 필요를 깨닫는 데 큰 도움이 된다. 반면에 배우자와 사별한 뒤에는 함께 누렸던 친밀한 기억들을 되새기며 독신 생활에 적응해가게 된다.

알코올중독의 그림자가 드리울 때

335

재앙이 뉘게 있느뇨 근심이 뉘게 있느뇨…술에 잠긴 자에게 있고 혼합한 술을 구하러 다니는 자에게 있느니라…그것이 마침내 뱀같이 물 것이요 독사같이 쏠 것이며 잠 23:29-30, 32

  알코올중독만큼 친밀감을 손상시키는 요인도 없을 것이다. 알코올중독은 구약시대부터 꾸준히 모습을 드러내온 해묵은 이슈다. 잠언 23장에서, 솔로몬은 상습적으로 과도하게 술을 마시는 행위의 부정적인 영향을 생생하게 묘사했다. 알코올중독은 극심한 고통과 슬픔을 몰고온다.

  알코올중독은 어떤 점에서 결혼생활에 파괴적인가? 무엇보다도 과음에서 비롯된 행동들이 문제가 된다. 중독자들은 극심하게 자기중심적으로 변한다. 자신의 필요를 채우는 데 온 관심을 쏟고, 중독 사실을 감추려 거짓말을 밥먹듯 한다. 자연히 부부 사이에 벽이 생긴다. 또한 진심으로 염려해주는 이들의 감정에 무감각해져서 언어폭력을 휘두르다 직장에서 밀려나기 일쑤다. 문제의 근원보다 증상에 눈길을 줄 수밖에 없는 배우자로서는 심각한 좌절감에 빠지게 된다. 그러나 배우자가 나서서 모든 방법을 다 동원하여 가정의 평화를 지키는 게 중요하다. 결국 알코올중독자에게 필요한 처방은 단호하고 강인한 사랑뿐이다.

중독증을 앓는 이에게 필요한 사랑

336

> 이 모든 것 위에 사랑을 더하라 이는 온전하게 매는 띠니라 골 3:14

알코올이나 약물을 포함해서 무엇에든 중독된 배우자와 함께 살아가려면 단호한 사랑이 필요하다. 알코올중독 남편과 십 년 넘게 함께 살면서 그런 사실을 터득했던 어느 여성의 이야기를 나누고 싶다. 그 여성은, 남편의 간청을 과감하게 뿌리치고 근교에 있는 수용시설로 남편을 보냈다. 그런데 집으로 돌아온 남편이 계속 술을 마시자 친정으로 들어갔다. 남편은 절박한 심정으로 돌아와 달라고 빌고 또 빌었지만, 아내는 한마디로 거절했다. 전문기관에서 치료 과정을 밟는 동시에 상담을 받겠다고 약속하지 않으면 절대 돌아가지 않겠노라고 선언했다. 남편은 다음날 저녁에도 찾아와서 똑같은 얘길 늘어놓았다. 아내의 대답은 한결같았다. 그렇게 일주일을 버틴 끝에, 환자는 결국 치유 프로그램을 시작했다.

누군가를 사랑한다는 게 제멋대로 살도록 내버려둔다는 의미는 아니다. 상대방에게 유익한 일을 찾아 하는 게 사랑이다. 위에서 소개한 여성은 알코올중독자에게 필요한 건 단호한 사랑뿐임을 깨달은 지혜로운 아내였다.

알코올중독자에게 소망을

337

우리가 알거니와 우리의 옛 사람이 예수와 함께 십자가에 못 박힌 것은 죄의 몸이 죽어 다시는 우리가 죄에게 종노릇 하지 아니하려 함이니…의롭다 하심을 얻었음이라 롬 6:6-7

어떻게 해야 알코올중독자를 변화시키는 소망의 사신이 될 수 있을까? 어제 이야기했던 여성처럼 단호한 태도로 통보하는 게 좋을지 모른다. "당신을 너무나 사랑하기에 망가져가는 걸 그냥 보고만 있을 수 없어요. 또 술에 취해 돌아오면 아이들을 데리고 친정으로 가겠어요."

알코올중독자를 흔들어 깨울 수 있는 길은 이런 종류의 사랑뿐이다. 환자들은 무언가 소중한 걸 잃어버릴 위기에 처했음을 실감해야 비로소 결단을 내리고 도움을 요청하게 마련이다.

알코올중독자들에게도 구원의 문은 열려 있다. 로마서 6장을 비롯해서 수많은 말씀들이 예수님을 구주로 믿는 한, 더 이상 죄의 노예가 아니라고 단언한다. 수많은 크리스천들이 한때 알코올의 종으로 살았지만 이제는 자유를 얻었다고 간증한다. 치유 프로그램과 전문가들의 지속적인 관심, 가족의 도움이 한데 어우러진 결과다. 배우자가 알코올중독에 빠졌다면 도움을 줄 수 있는 기관과 사람들을 두루 찾아보라.

배우자에게
화풀이하지 말라
338

> 어리석은 자는 자기의 노를 다 드러내어도 지혜로운 자는 그것을 억제하느니라 잠 29:11

누구나 가끔씩 어리석은 짓을 저지른다. 그리곤 자신에게 실망하고 분개한다. 지하주차장에 내려가서야 자동차 열쇠를 침실에 두고 온 게 떠올랐다면 분노의 수준은 '약'쯤에 머문다. 쇼핑센터에서 키를 꽂아둔 채 문을 잠갔다면 '중'으로 올라간다. 그러나 30킬로미터를 가야 마을이 있는 한적한 바닷가에서 열쇠를 잃어버렸다면, 분노는 '강'을 기록할 것이다.

이런 분노는 결혼생활에 어떤 영향을 끼칠까? 자신에게 화가 나면 배우자에게 화풀이하기 쉽다. 먼저 자신에게 말을 거는 편이 더 낫지 않을까? "어이, 멍청한 짓을 했군. 속 좀 상하겠는데? 하지만 두고두고 곱씹거나 애꿎은 주위 사람들에게 분풀이를 해서 상황을 더 나쁘게 만들지는 말게." 솔로몬은 벌컥 성내기 좋아하는 이들은 '어리석은 자'로 취급하는 반면, 분노를 잘 통제하는 쪽은 지혜롭다며 높이 평가한다. 아무 짝에도 쓸모없는 실망감을 떨쳐버리고 사태를 수습할 방안을 찾으라. 그리고 제발 배우자에게 분노를 떠넘기지 말라.

자신을 향한 분노를 풀어내라

339

이는 하늘이 땅에서 높음 같이 그를 경외하는 자에게 그의 인자하심이 크심이로다 동이 서에서 먼 것같이 우리의 죄과를 우리에게서 멀리 옮기셨으며 시 103:11-12

자신을 향한 분노에 대처하는 네 단계를 살펴보자. 첫째, 분노를 인정하라. "내 꼴이 한심해서 정말 화가 나는군"이란 고백은 치유의 시작을 알리는 선언이나 다름없다. 둘째, 분노를 검증하라. "내가 무얼 잘못했지?" 자신한테 이렇게 묻고 답하는 과정은 타당한 분노와 왜곡된 분노를 구별하는 데 도움이 된다. 셋째, 내 잘못으로 피해를 본 당사자와 하나님에게 고백하라. 넷째, 자신을 용서하라. "내가 한 짓을 생각하면 벌을 받아도 싸. 용서받을 자격이 없어" 등의 말로 자신을 몰아친들 무엇하랴? 고발은 사탄의 주특기임을 잊지 말라(욥 1:6).

하나님은 용서가 전문이시다. 그렇다면 하나님 편에 서는 게 당연하지 않겠는가? 시편 103편은 '동이 서에서 먼 것같이 우리의 죄과를 우리에게서 멀리' 옮기셨다고 노래한다. 다시 말해서 죄가 완전히 사라졌다는 뜻이다. 주님이 우리를 용서하셨으므로 우리도 마땅히 자신을 용납해야 한다.

The One Year Love Language

굳건한 토대를 세우라

340

내게 나아와…집을 짓되 깊이 파고 주추를 반석 위에 놓은 사람과 같으니 큰물이 나서 탁류가 그 집에 부딪치되 잘 지었기 때문에 능히 요동하지 못하게 하였거니와 눅 6:47-48

부부관계가 확고하려면 기초가 튼튼해야 한다. 예수님은 반석 위에 집을 지은 지혜로운 사람의 비유를 들려주셨다. 폭풍이 몰아치고 홍수가 밀려와도 그 집은 요지부동이었다. 반면에 어리석은 사람은 기초를 닦지 않고 맨땅에 집을 지었으므로 대단찮은 폭풍우에도 집이 금방 무너졌다. 하나님과 맺은 관계의 토대가 믿음, 신뢰, 순종이라면 결혼의 기초는 '하나 됨'이다. 주님이 세우신 결혼의 뼈대는 두 사람이 단단히 결합하여 하나가 되는 것이다.

따라서 결혼 전에 미리 토대를 점검해보는 게 바람직하다. 지성적으로, 같은 주파수를 사용하는가? 정서적으로, 거절당할 염려 없이 자유롭게 감정을 공유하는가? 사회적으로, 비슷한 활동을 즐기는가? 영적으로, 같은 장단에 발맞추어 전진하고 있는가? 결혼한 뒤에는 이러한 기초 위에 관계의 집을 짓는다. 토대가 흔들리면 친밀감을 쌓기가 훨씬 어려워진다. 하지만 그건 선택의 문제가 아니다. 연합이야말로 결혼의 핵심이기 때문이다. 최선을 다한다면 주님이 전폭적으로 도와주신다.

영적인 친밀감의 기초를 다지라

341

> 이 닦아 둔 것 외에 능히 다른 터를 닦아 둘 자가 없으니 이 터는 곧 예수 그리스도라 고전 3:11

사도바울은 고린도전서 3장에서 그분을 믿고 구원을 받으면 삶의 토대가 생기고 방향이 잡힌다고 한다. 남편과 아내는 주님과 동행하는 과정을 나누는 중에 한결 깊은 친밀감을 형성할 수 있다. 영적인 친밀감을 키우는 데 도움이 될 만한 지침 몇 가지를 살펴보자.

1. 주일예배를 드린 뒤 어떤 부분에서 은혜를 받았는지 서로 나누라.
2. 각자 큐티를 한 후, 무엇을 깨달았고 어떤 점에서 격려를 받았는지 설명하라.
3. 함께 기도하라. 손을 마주잡고 머리를 숙이라.

하나님과의 관계가 인생 전반에 영향을 미치는 것과 마찬가지로, 영적인 친밀감은 결혼생활의 모든 영역에 변화를 몰고온다. 주님과의 교제가 깊어질수록 부부 사이도 긴밀해진다.

문제는 커뮤니케이션 유형이다

342

> 나의 반석이시요 나의 구속자이신 여호와여 내 입의 말과 마음의 묵상이 주님 앞에 열납되기를 원하나이다 시 19:14

인간은 누구나 의사 전달자다. 문제는 어떤 유형에 속하느냐 하는 점이다. 커뮤니케이션은, 두 개인이 자신의 생각과 감정, 경험을 일정 부분 드러내기로 작정하는 데서 시작된다. 피상적인 수준의 의사소통은 대단히 간단하다. 그런데 왜 수많은 연구 조사에서 커뮤니케이션이 관계의 주요 문제로 부각되는지 궁금한가? 우선, 감정이 개입해서 진정한 의사소통을 방해하기 때문이다. 상처, 분노, 두려움, 실망, 좌절, 낮은 자존감 따위의 정서가 마음을 열지 못하게 가로막는 경우가 얼마나 많은지 모른다.

인간은 일종의 커뮤니케이션 유형을 통해 정서적인 안정을 지키려고 한다. 그렇게 얼마쯤 시간이 흐르면, 그런 패턴을 인식조차 하지 못하기에 이른다. 아무 생각 없이 자연스럽게 정해진 유형에 따라 행동할 따름이다. 앞으로 며칠 동안은 바꿔나가야 할 부정적인 유형들을 살펴보기로 하자. 본문에서 시편기자가 고백하듯, 우리 입에서 나오는(특히 배우자를 향한) 모든 말들이 유익하고 사랑을 전하며 하나님을 기쁘시게 할 수 있기를 바란다.

비둘기형
—비위를 맞춤

343

> 오직 사랑 안에서 참된 것을 하여 범사에 그에게까지 자랄지라 그는 머리니 곧 그리스도라 엡 4:15

 부부 상담 전문가들은 원활한 의사소통을 가로막는 일반적인 패턴들이 있다고 지적한다. 이른바 '비둘기형'도 그 가운데 하나다. 여기에 속하는 이들은 격한 반응을 피하고 싶어한다. 일종의 평화지상주의자로 "하자는 대로 할게요"라든지 "당신만 좋으면 난 아무래도 괜찮아요" 같은 말을 자주 쓴다.

 비둘기형들은 늘 상대방의 비위를 맞추려고 노력한다. 파트너가 불쾌한 기색을 보이면 아무리 사소한 일일지라도 서둘러 사과부터 한다. 비둘기형 가운데는 성장 과정에서 낮은 자존감을 갖게 된 이들이 많다. "나처럼 별 볼일 없는 인간이 무슨 말을 하겠어?"라고 생각하기 일쑤다.

 두말할 것도 없이, 이런 식의 커뮤니케이션으로는 부부 관계를 진실하게 가꿔갈 수 없다. 하나님께 영광 돌리고 거룩한 형상을 제대로 드러내자면 기본적으로 정직한 자세를 가져야 한다.

The One Year Love Language

독수리형
—비난하고 정죄함

344

> 그러므로 이제 그리스도 예수 안에 있는 자에게는 결코 정죄함이 없나니 이는 그리스도 예수 안에 있는 생명의 성령의 법이 죄와 사망의 법에서 너를 해방하였음이라 롬 8:1-2

'독수리형'에 속하는 이들은 "모든 게 당신 탓이에요"라든지 "진작 내 말을 들었더라면 이렇게 엉망진창이 되지 않았을 거예요" 따위의 이야기를 습관처럼 입에 담는다. 사사건건 배우자를 원망하고 독재자 노릇을 하며 자신은 절대로 잘못을 저지르지 않을 것처럼 군다. 방향을 조금 달리해서 "제대로 하는 게 하나도 없군요!" "하는 일마다 어쩜 그 모양이죠?" "머리는 뒀다가 뭐하는 거요?" "당신만 없어지면 돼!" 같은 언어폭력을 휘두르기도 한다. 자신은 그 어떤 문제에 관해서도 책임을 지려 하지 않는다.

일반적으로 독수리형에 속하는 이들은 낮은 자존감과 씨름한다. 자신의 실수를 좀처럼 인정하지 않는 건 기왕에 느끼고 있는 패배 의식이 더 짙어질까 두렵기 때문이다. 따라서, 우리 모두 죄인이며 그리스도 안에서 용서 받는다는 성경의 진리로 치유해야 한다. 사도바울이 로마서 8장에서 지적하는 것처럼 그리스도 안에 있는 이들에게는 결코 정죄함이 없다. 예수님께 고백하기만 하면 죄의 속박에서 풀려나 자유로워진다.

올빼미형
—논리를 앞세움

345

> 즐거워하는 자들과 함께 즐거워하고 우는 자들과 함께 울라
> 롬 12:15

"합리적이 됩시다!"가 '올빼미형'들의 모토다. 이들에게 궁금한 점을 물어보면 차분하게 설명을 시작하기 일쑤다. 얼마나 합리적으로 들리는지 모른다. 올빼미형은 스스로 이성적이며 이지적이라고 믿는다. 개인적인 느낌을 노출하지 않는 걸 무척 자랑스러워한다. 모두들 감정을 드러낼 때도 조용히 앉아서 기다렸다가 상황이 가라앉기가 무섭게 이성적인 분석을 시작한다.

이처럼 감정에 흔들리지 않는 태도가 항상 하나님의 뜻에 부합되는 건 아니다. 로마서 12장 15절은 "즐거워하는 자들과 함께 즐거워하고 우는 자들과 함께 울라"고 가르친다. 상황에 직접 뛰어들어서 부분적으로나마 주인공의 느낌을 공유하고 그걸 통해 위로를 베풀라는 뜻이다. 무엇보다 안타까운 건, 대다수 올빼미형들이 자신의 문제점을 전혀 모르고 있다는 것이다. 따듯한 감정에 찬물 끼얹는 걸 달가워할 사람이 어디에 있겠는가?

타조형
—무시하고 혼자 떠듦

346

> 내 사랑하는 형제들아 너희가 알지니 사람마다 듣기는 속히 하고 말하기는 더디 하며 성내기도 더디 하라 약 1:19

　마지막으로 다룰 부정적인 커뮤니케이션 패턴은 '모르는 척 버티다보면 저절로 조용해질 거야'라고 생각하는 '타조형'이다. 누군가 불편한 말이나 행동을 하면 딴청을 부리며 대놓고 무시하는 이들이 여기에 속한다. 남의 지적에 직접 반응하는 경우는 거의 없고, 화제를 돌리거나 슬쩍 자리를 뜨는 것으로 의사표현을 대신한다. 말하기 좋아하는 타조형들은 아무 상관없는 일을 가지고 쉴새없이 떠들어댄다. 주제와 관련 없는 소리는 기본이고 얼마 전에 했던 얘기를 되풀이하기도 한다. 언제 곁길로 새나갈지 알 수 없고, 끝까지 들어본들 이렇다 할 결론도 없다.

　야고보사도는 이런 유형의 크리스천들에게, 듣기는 빨리 하고 말하기는 더디 하라고 충고한다. 부부 가운데 어느 한 쪽이라도 타조형이라면 상담가를 만나보는 게 좋다. 그렇지 않으면 무시하는 태도를 고치기 어려우며, 정직하고 직접적인 커뮤니케이션을 발전시킬 수가 없을 것이다.

커뮤니케이션 스타일을 바꾸라

347

> 너희 말을 항상 은혜 가운데서 소금으로 맛을 냄과 같이 하라 그리하면 각 사람에게 마땅히 대답할 것을 알리라 골 4:6

오늘은 커뮤니케이션 패턴을 바꿀 수 있는 몇 가지 방법을 제안해보려고 한다.

첫째, 어느 유형에 속하는지 파악하라. 결혼생활 전반에 걸쳐 어떤 성향이 가장 짙게 나타나는가? 둘째, 그 패턴이 관계를 망치고 있다는 사실을 인정하라. 예를 들자면 "난 독수리형이야. 부부관계에 큰 상처를 입히고 있어"라고 소리 내어 고백하라. 셋째, 최선을 다해서 커뮤니케이션 유형을 바꾸겠다고 결심하라. 세월이 흐르면 저절로 변할 거라고 생각지 말라. 넷째, 낡은 패턴을 몰아내고 새로운 스타일을 도입하라. 커뮤니케이션과 관련된 양서를 구해 읽으면서 건전한 의사소통이란 무얼 말하는지 공부하라. 마지막으로, 옛 유형으로 되돌아갈 수도 있다는 사실을 받아들이라. 낡은 스타일이 되살아나는 게 곧 실패를 의미하는 것은 아니다. 끈질기게 노력하라. 결국은 변화될 것이다. 배우자와 '항상 은혜 가운데서' 대화하라.

서로 의로움을
추구하라

348

> 또 사랑은 이것이니 우리가 그 계명을 따라 행하는 것이요 계명은 이것이니 너희가 처음부터 들은 바와 같이 그 가운데서 행하라 하심이라 요이 1:6

어떤 이들은 배우자에게 말한다. "당신이 편안했으면 좋겠어요. 나와 헤어져야 행복할 수 있다면 그래도 좋아요. 물론 마음은 아프죠. 하지만 당신이 행복하길 바라요." 겉으로 보기에는 지고지순한 사랑이나 자기 희생처럼 보일지 모르지만 속을 들여다보면 전혀 그렇지 않다. 진실한 사랑은 상대방의 유익을 추구한다. 성경은 결혼의 언약을 깨는 건 옳지 않다고 가르킨다(고전 7:10-11).

인간의 최선은 행복이 아니라 의로움에서 찾을 수 있다. 그릇된 일에서 행복을 얻는다면 그 기쁨은 순간적이다. 죄에서 비롯된 쾌락은 수명이 짧기 때문이다(히 11:25). 그러므로 크리스천이라면 행복을 좇아 이혼하라고 권할 수 없다. 대신에 서로 의로움을 추구하라고 권면할 필요가 있다. 사도요한이 본문에서 지적하듯, 사랑은 하나님의 계명에 따라 의롭게 사는 걸 의미한다. 성경은 지금 상황에서 무얼 하라고 가르치는가? 성경이 말하는 결혼생활의 원리를 잘 알고 있는 경건한 목회자를 찾아가라. 크리스천으로서 목숨을 걸고 그 가르침에 따르라.

믿음으로
화해의 첫발을 떼라
349

> 믿음은 바라는 것들의 실상이요 보이지 않는 것들의 증거니
> 히 11:1

화해는 믿음의 결단이다. 따듯한 사랑의 감정이 되돌아온다는 보장은 어디에도 없다. 의견 차이가 해소될지도 확실치 않고, 부부 사이의 친밀감이 과연 회복될 수 있을지 의심스럽다. 이처럼 한 치 앞도 내다볼 수 없는 상황에서 믿음으로 첫발을 떼어놓는 것이다. 하지만 그건 맹신이 아니라 하나님의 가르침에 근거한 신앙이다. 결혼 언약을 존중하라는 주님의 가르침에 의지하여 하나님 손에 삶을 통째로 맡기고 그분과 더불어 걸어야 한다.

배우자와 화해를 추구하는 길에 믿음으로 들어서는 순간, 성경의 영웅들과 같은 반열에 들게 된다. 히브리서 11장을 펴고, 원하는 대로 이뤄지리라는 보장이 전혀 없는 상태에서 믿음에 기대어 움직였던 이들의 사례를 읽으라. 최선의 결과를 얻으리라는 확신의 근거는 하나님의 약속 하나뿐이었다. 우리 손에도 그 약속이 있다. 무엇이 더 필요하겠는가?

The One Year Love Language

요구하는 대신
섬기라

350

너희 중에 누구든지 크고자 하는 자는 너희를 섬기는 자가 되고 너희 중에 누구든지 으뜸이 되고자 하는 자는 너희의 종이 되어야 하리라 … 사람의 대속물로 주려 함이니라 마 20:26-28

행복한 결혼으로 통하는 문을 열기 위해서는 배우자 섬기는 법을 배워야 한다. 내 경우에는 그 열쇠를 찾기까지 상당히 오랜 시간이 걸렸다. 결혼할 당시에는 '아내가 얼마나 행복하게 해줄까?' 하는 생각만 했다. 기대와 달리 만족감을 선사하지 않자 실망감과 분노 심지어 적대감까지 느꼈다. 볼썽사나운 남편의 초상이었다.

비슷한 경험이 있는가? 배우자에게 뭔가를 요구하고 원하는 걸 얻지 못하면 분통을 터트리는가? "이까짓 일도 나한테 못 맞춰줘요? 이게 나한테 얼마나 중요한지 알잖아요?" 따위의 얘기를 서슴없이 꺼내놓는가? 이런 말들 속에는 배우자의 행동을 통제하고 조종하려는 의도가 깔려 있다. 그렇게 말하는 대신 섬겨보라. 예수님은 제자들에게, 누구든지 리더가 되기를 원하는 사람은 섬기는 일꾼이 되어야 한다고 말씀하셨다. 배우자가 부탁하고 싶어할 것 같은 일들을 찾아서 먼저 처리해주라. 뭔가를 요구하는 것보다 섬기는 마음가짐을 갖는 편이 뜻을 이루는 데 훨씬 효과적이다.

섬겨야 할 파트너, 남편과 아내

351

> 아내들이여 자기 남편에게 복종하기를 주께 하듯 하라 … 남편들아 아내 사랑하기를 그리스도께서 교회를 사랑하시고 그 교회를 위하여 자신을 주심 같이 하라 엡 5:21-22, 25

남편과 아내가 서로 섬기는 자세를 가져야 점점 성숙해가는 결혼생활을 할 수 있다. 반드시 양쪽 모두 같은 마음가짐이어야 한다. 복종하고 섬기는 아내와 전제적이며 요구뿐인 남편은 절대로 행복한 관계를 꾸릴 수 없다. 지배적인 아내와 수동적인 남편 또한 결혼생활에서 만족을 찾기 어렵다. 그리스도가 교회를 사랑하듯 남편은 아내를 섬겨야 한다. 아내는 주님을 모시듯 남편을 섬겨야 한다. 서로 섬기면 서로에게 기쁨을 준다.

테니스 선수들은 일주일에 몇 시간씩 서비스 훈련을 한다. 관계를 돈독하게 하는 데 있어 엄청난 잠재력을 가진 영역을 개발하려면, 최소한 그보다는 더 많은 관심을 기울여야 하지 않겠는가? 그리스도가 교회를 보듯 배우자를 생각하게 해달라고 하나님께 기도하는가? 예수님처럼 섬기게 해달라고 간구하는가? 주님은 반드시 응답해주신다. 그리고 그 능력에 힘입어 남편과 아내의 관계도 나날이 성숙해질 것이다.

The One Year Love Language

고마운 마음을 표현하라

352

> 형제들아 너희가 자유를 위하여 부르심을 입었으나 그러나 그 자유로 육체의 기회를 삼지 말고 오직 사랑으로 서로 종노릇 하라 갈 5:13

지난 이틀 동안, 섬기는 자세를 키우는 문제에 관해 이야기했다. 그리스도의 마음을 갖는 법을 배워야 한다. 남편과 아내가 서로 섬길 때, 비로소 둘 다 승자가 될 수 있다. 섬기는 법을 익히려면 먼저 고마운 마음을 표현하는 훈련을 하는 게 좋다. 생각해보라. 이번 주에 배우자가 어떤 일로든 섬겨준 적이 있는가? 쓰레기를 치웠거나, 음식을 만들었거나, 설거지를 했거나, 마당을 쓸었거나, 아기 기저귀를 갈아주었거나, 강아지를 목욕시켰는가? 그렇다면 망설이지 말고 감사의 뜻을 전하라. "여보, 그때는 얘기할 틈이 없었는데, 강아지를 씻겨줘서 정말 고마워요. 나한테는 아주 힘든 일이거든요. 녀석이 아주 지저분했죠?"

배우자가 해준 일들을 돌아보고 인정해주라. 아울러 상대방에게 필요한 일들을 해주라. 서로 섬기며 감사할수록 결혼생활은 풍요로워진다. 갈라디아서 5장 말씀처럼, 요구를 받고 마지못해 나설 게 아니라 기꺼이 섬겨야 한다. 그렇게 서로 삶을 나누노라면 섬김이 얼마나 기쁜 일인지 깨닫게 될 것이다.

분노의 목적을
잊지 말라

353

> 나의 방패는 마음이 정직한 자를 구원하시는 하나님께 있도다
> 하나님은 의로우신 재판장이심이여 매일 분노하시는 하나님
> 이시로다 시 7:10-11

 분노가 행복한 결혼생활을 가로막는 적처럼 보일 때가 많지만, 이 감정 또한 주님의 선물이다. 사람들을 사랑하고 바르게 살아가는 일에 관심 있음을 보여주기 때문이다. 오늘 본문으로 소개한 시편 7편 말씀을 보면, 하나님은 남들을 해치기 위해 함정을 파고 폭력을 휘두르는 자들을 보시고 불같이 화를 내셨다. 부부관계에서도 마찬가지다. 배우자가 잘못을 저지르면 분노를 느끼게 된다.

 하나님은 분노를 선한 열매를 맺는 도구로 설계하셨다. 그러나 사탄은 주님의 다른 선물들을 왜곡시켰던 것처럼 분노도 뒤틀어놓고 싶어한다. 그 술수에 속아 넘어가는 순간, 분노는 상황을 개선하기는커녕 더 꼬이게 만든다. 정죄하거나 상대방을 매섭게 몰아치는 방식으로 자신의 의로움을 과시하려 들지도 모른다. 화가 치솟을 때 취할 수 있는 가장 훌륭한 조처는 기도다. 분노의 목적은 하나님과 힘을 합하여 배우자가 악한 행동을 그만두고 돌아서게 만드는 데 있다는 점을 잊지 말라.

The One Year Love Language

온유한 심령으로 맞서라

354

> 형제들아 사람이 만일 무슨 범죄한 일이 드러나거든 신령한 너희는 온유한 심령으로 그러한 자를 바로잡고 너 자신을 살펴보아 너도 시험을 받을까 두려워하라 갈 6:1

마지막으로 배우자에게 화를 낸 게 언제였는가? 어떻게 분노를 표현했는가? 상황이 나아졌는가, 더 나빠졌는가? 성경은, 잘못을 저지르고 있는 크리스천을 보거든 '온유한 심령으로'(갈 6:1) 바로잡는 데 힘써야 한다고 가르친다. 설령 부부 사이라 할지라도 배우자를 심판할 권리는 없다. 온화한 태도로 바른 길을 일깨워줄 수 있을 따름이다.

화가 났다면 사랑으로 맞서는 게 가장 바람직하다. 분노의 감정이 어디서 비롯되었는지 살펴보라. 배우자가 나쁜 말이나 행동을 했는가? 마땅히 해야 할 일을 하지 않았는가? '온유한 심령'으로 지적하라. "여보, 오해일 수도 있지만, 아무튼 난 마음이 아프고 화가 나요. 한편으로는 정말 돕고 싶고요. 지금 얘기 좀 할 수 있을까요?" 이편의 생각을 솔직하게 이야기하고 배우자의 말에 귀를 기울이라. 바로잡아줄 수는 없지만 영향을 끼치는 건 가능하다. 상대방이 "미안해요. 내가 잘못했어요. 다시는 그러지 않도록 주님이 잡아주시면 좋겠어요. 당신도 용서해줄 거죠?"라고 말한다면 분노는 제몫을 다한 셈이다.

분노를 바르게
처리하는 비결

355

분을 그치고 노를 버리며 불평하지 말라 오히려 악을 만들 뿐이라 시 37:8

배우자에 대한 분노를 바르게 처리하는 방안들을 살펴보자.

1. 분노의 감정을 스스로 받아들이라. "화나는 게 정상이지."
2. 주의해야 할 점을 확인하라. "하지만 무작정 분통을 터트리거나 입을 다물어버리는 건 옳지 않아."
3. 분노를 올바르게 처리할 수 있게 해달라고 간구하라.
4. 판단을 유보하고 먼저 설명하라.
5. 해결책을 찾으라. 다툼에서 이기려고 하지 말라.
6. 배우자에게 사랑을 확인해주라.

시편기자가 지적하는 것처럼, 자제력을 잃고 화를 쏟아내면 관계를 망칠 뿐이다. 반면에 이 여섯 단계를 밟으면 해결의 열쇠를 찾을 수 있다.

The One Year Love Language

사랑받는 이는
두려울 게 없다

356

> 그런즉 믿음, 소망, 사랑, 이 세 가지는 항상 있을 것인데 그 중의 제일은 사랑이라 고전 13:13

사랑과 결혼은 말과 마차처럼 떼려야 뗄 수 없는 관계다. 그렇지 않은가? 반드시 그래야 하고 부부관계가 건강하다면 더더욱 그럴 것이다. 인간의 가장 큰 욕구가 사랑받고자 하는 마음이라는 데 관해서는 대부분 공감한다. 두말할 필요도 없는 얘기지만, 인간 정서의 기반은 하나님의 한결같은 사랑이다. 하지만 인간의 사랑을 느끼는 것 역시 대단히 중요하다. 사실, 사랑받는다는 느낌만 있으면 그 무엇도 문제가 되지 않는다. 그러나 사랑을 실감하지 못한다면 갈등은 곧 전쟁으로 발전하게 된다.

오해하지 말라. 사랑이 전부라는 얘길 하는 게 아니다. 심리학자들은 인간에게 안전감과 자존감, 존재의 의미를 느끼고 싶어하는 욕구가 있다고 말한다. 사랑은 이 모든 필요를 채워주는 통로가 된다. 사랑받고 있음을 느끼면 느긋해진다. 상대방의 존재 안에서 안전감을 느끼기 때문이다. 직장에서 언제 쫓겨날지 모르고 다른 영역에도 곳곳에 암초가 도사리고 있지만 배우자와 함께라면 겁날 게 없다.

사랑은 삶을 바꿔놓는다

357

> 보라 아버지께서 어떠한 사랑을 우리에게 베푸사 하나님의 자녀라 일컬음을 받게 하셨는가 요일 3:1

남편과 아내가 얼마나 사랑하느냐에 따라서 자존감이 떨어질 수도 있고 높아질 수도 있다. 사랑은 자신을 바라보는 눈까지 바꿔놓기 때문이다. 물론 하나님의 형상대로 지음 받은 인간은 그 자체로 소중하다. 사도요한은 본문 말씀에서 하나님이 우리를 한없이 사랑하셔서 자녀로 삼으셨다고 말한다.

남편과 아내는 서로 자존감을 세워주는 거룩한 도구가 되어야 한다. 가장 좋은 방법은 배우자를 사랑하며 하나님의 진심을 대신 전해주는 것이다. 상대방의 사랑언어로 대화하며 마음의 탱크를 애정으로 가득 채우는 노력도 자존감을 높여주는 데 큰 도움이 된다. 자신을 소중히 여기게 하는 데는 배우자의 사랑만한 게 없다. 상대방이 주로 사용하는 사랑언어를 알고 있는가? 어떻게 해줄 때 진정으로 사랑받는다고 느끼는 것 같은가? 배우자가 본래 하나님이 의도하셨던 그 모습대로 활짝 피어나는 걸 지켜보라. 사랑은 삶을 바꿔놓는다.

The One Year Love Language

존재 의미를 찾으라

358

> 오직 너희는 그리스도의 복음에 합당하게 생활하라 … 협력하는 것과 무슨 일에든지 대적하는 자들 때문에 두려워하지 아니하는 이 일을 듣고자 함이라 빌 1:27-28

다들 존재감을 느끼기 위해 분주하게 움직인다. 너나없이 제값을 인정받으며 살고 싶어한다. 사실, 인간은 이미 의미 있는 존재들이다. 하나님이 손수 만드셨기 때문이다. 인생은 그 자체로 소중하다. 하지만 크리스천에게는 더 고상한 목표가 있다. 복음을 전파함으로써 하나님의 사랑을 이웃과 나누는 일이다. 사도바울은 한 마음이 되어서 이 목표를 성취하라고 했다. 거룩한 사랑을 전한다는 건 곧 의미심장한 일을 하고 있다는 뜻이기도 하다.

그럼에도 불구하고 누군가 사랑을 표현해주지 않으면 스스로 중요한 존재라는 걸 실감하지 못한다. 남편, 또는 아내가 사랑하는 마음으로 시간과 에너지, 노력을 쏟아부어주어야 비로소 자신을 소중히 여기게 되는 것이다. 그런데 그게 전부가 아니다. 신기하게도, 최선을 다해 배우자를 섬기노라면 나 자신이 의미 있는 존재가 되었다는 느낌이 깊어진다. 어째서 그럴까? 주는 편이 받는 쪽보다 훨씬 복되기 때문이다. 배우자를 사랑하는 것이야말로 주님의 뜻이 이뤄지도록 돕는 가장 좋은 방법 가운데 하나다.

과거를 잊고
미래를 내다보라

359

> 형제들아 나는 아직 내가 잡은 줄로 여기지 아니하고 오직 한 일 즉 뒤에 있는 것은 잊어버리고 앞에 있는 것을 잡으려고 푯대를 향하여…달려가노라 빌 3:13-14

고린도전서 13장에 따르면, 사랑은 '상대방의 잘못을 마음에 새겨두지 않는 것'이다. 그런데 상담을 시작하기 무섭게, 남편 또는 아내가 저질렀던 시시콜콜한 잘못들을 소상하게 설명하는 이들이 허다하다. 마치 하루 전에 일어난 일인 듯, 상처와 아픔, 실망감이 생생하기 그지없다.

인간은 누구나 크고 작은 잘못을 범한 죄인들이다. 그러나 하나님이 그 죄를 모두 용서해주신다는 게 크리스마스의 메시지가 아닌가! 주님은 일단 잘못을 사해주시고 나면 다시는 기억조차 않으신다. "네 죄를 기억하지 아니하리라"(사 43:25). 하나님의 모범을 따라야 한다. 배우자가 잘못을 고백하고 용서를 구하면, 다시는 지난날의 허물을 들먹이지 말아야 한다. 행복은 과거가 아니라 미래에 달려 있다는 사실을 기억하라. 정작 중요한 문제는 지난달, 또는 작년에 서로에게 어떤 상처를 입혔느냐가 아니라 지금 어떻게 사랑하고 있느냐 하는 것이다. 사도바울이 빌립보서 3장에서 가르쳐준 대로, 과거를 잊고 미래와 궁극적인 목표, 곧 그리스도처럼 사는 삶에 관심을 쏟으라.

The One Year Love Language

사랑은 자기의 유익을 구하지 않는다

360

> 범사에 여러분에게 모본을 보여준 바와 같이 수고하여 약한 사람들을 돕고 또 주 예수께서 친히 말씀하신 바 주는 것이 받는 것보다 복이 있다 하심을 기억하여야 할지니라 행 20:35

나이의 많고 적음을 떠나서, 세상을 살아가는 이들 대부분이 행복을 찾아 헤매는 게 허망한 짓이라는 걸 인정한다. 전도서기자의 탄식들만 봐도 그렇다. 솔로몬은 수많은 하인들이 따라다니며 모든 시중을 다 들어주는 임금임에도 불구하고, 지루하며 무의미하고 보람이 없는 인생에 진저리를 쳤다.

신랑신부들은 행복한 미래를 꿈꾸며 결혼식을 올린다. 그러나 잔치가 끝나기가 무섭게 남편, 또는 아내가 늘 행복을 줄 수 없다는 사실을 절감한다. 배우자는 자신의 행복을 추구하기 위해 점점 더 많은 시간과 에너지, 자원들을 내놓으라고 요구하기 일쑤다. 결국 각자 행복을 찾아 떠나게 된다. 그러나 진정한 행복은 누군가를 행복하게 해주면서 얻게 되는 일종의 부산물이다. 성경은 '주는 것이 받는 것보다 복이 있다'(행 20:35)고 하지 않았는가? 행복해지길 원하는가? 도움이 필요한 이를 찾아서 필요를 채워주려고 노력하라. 배우자로부터 시작하라. "도와줄 거 없어요?"라고 물으라.

새 식구를 맞이할 준비를 갖추라

361

> 뭇 사람을 공경하며 형제를 사랑하며 벧전 2:17

자녀가 결혼하기 전에, 결혼 이후의 삶에 대해 대화를 나누라. 배우자, 결혼할 자녀, 예비 며느리 혹은 사위와 대화하는 시간을 충분히 가지라. 다음 질문들의 답을 마련해 보라.

새 식구를 어떻게 부를 것인가? / 결혼한 뒤에는 얼마나 자주 전화하거나 만날 것인가? / 식사 초대는 어떻게 할 것인가? 다른 계획이 있을 때 서슴없이 "안돼요"라고 말할 자유를 서로에게 줄 수 있는가? / 어떻게 도움을 주면서도 간섭하지 않을 것인가?

본문에 나타난 사도베드로의 가르침을 받아들여서, 사랑하고 존중하는 마음으로 가족을 대해야 한다. 자식이 새 가정을 이룬 뒤에도 건강한 가족관계를 이어나가려면 여러 준비가 필요하다.

The One Year Love Language

긍정적인 행동을 앞세우라

362

> 우리가 선을 행하되 낙심하지 말지니 포기하지 아니하면 때가 이르매 거두리라 갈 6:9

오늘은 부정적인 감정을 누르고 배우자를 사랑하라는 얘기를 하려 한다. "너무 위선적이지 않은가요?"라고 묻고 싶은가? 그렇지 않다. 아무 생각이 없는데 그런 느낌을 가진 것처럼 군다면 위선이겠지만, 애당초 감정과 상관없이 행동하는 건 다르다. 온유하고 사랑하는 마음으로 배우자를 대하는 건 하나님이 기뻐하시는 일이다. 하나님은 참고 견디면 결국 은혜를 베풀어주겠다고 약속하셨다.

아침마다 벌어지는 풍경을 생각하면 좀 더 쉽게 이해할 수 있을지 모르겠다. 상쾌한 기분이 들 때만 자리에서 일어난다면 아마 욕창에 걸릴 것이다. 대부분은 감정과 상관없이 자명종이 울리면 일어난다. 그렇게 자리를 박차고 일어났다는 데 대해 뿌듯한 느낌이 드는 건 나중 일이다.

개운치 않은 느낌은 안달복달하지 않고 무시해버릴 때 더 쉽게 누그러진다. 부정적인 감정에도 불구하고 긍정적으로 행동한다면, 부부 사이의 정서적인 분위기는 확연히 달라질 것이다. 일단 감정이 수습된 뒤에는 부정적인 느낌을 갖게 만든 문제를 꺼내놓고 정리하라.

상황을 변화시키는 사랑의 힘

363

오직 성령의 열매는 사랑과 희락과 화평과 오래 참음과 자비와 양선과 충성과 온유와 절제니 이 같은 것을 금지할 법이 없느니라 갈 5:22-23

한 여성이 부부 상담실에 가서 말했다. "남편과 이혼하고 싶어요. 그리고 될 수 있는 대로 깊은 상처를 입히고 싶어요." 상담가가 대답했다. "그럼, 이렇게 해보세요. 남편에게 칭찬세례를 퍼붓는 거예요. '이 여자는 나를 정말 사랑하는구나'라고 생각할 정도로요. 그리고 몰래 이혼 준비를 하는 거죠.

몇 주 지났을 무렵, 그 여성이 다시 왔다. "잘 하셨습니다. 그럼 이제 도장만 찍으면 되겠군요." 그러자 여성이 대꾸했다. "무슨 말씀이시죠? 절대 안돼요. 난 남편이랑 사랑에 빠졌거든요."

사랑이 담긴 말과 행동은 상대방만 바꿔놓는 게 아니다. 변화는 그런 말과 행동을 한 당사자에게도 일어난다. 성령님이 역사하시도록 맡기는 게 중요하다. 성령님의 권능에 힘입어 배우자를 사랑하는 한, 상황은 절대로 나빠지지 않는다. 감정을 누르고 사랑에게 기회를 주라.

The One Year Love Language

어떤 유산을
물려줄 것인가?

364

> 내가 그리스도를 본받는 자가 된 것같이 너희는 나를 본받는 자가 되라 고전 11:1

배우자와 행복하게 생활하는 모습은, 자녀들은 물론이고 주변에서 지켜보는 모든 이들에게 큰 영향을 미친다. 그런 의미에서 자녀들이 본받고 싶어할 정도로 행복한 결혼생활을 하는 것만큼 중요한 일도 없을 것이다. 부모가 어떤 부부관계를 보여주느냐에 따라, 자녀들이 행복한 결혼생활을 꾸려갈 수 있는 가능성이 달라진다는 점을 명심하라.

부모가 결혼생활을 하면서 보여준 부정적인 모습 때문에 이성관계를 원만하게 풀지 못하고 괴로워하는 젊은이들이 얼마나 많은지 모른다. 바람직한 결혼의 모델을 보고 성장한다는 건 축복이다. 아직 늦지 않았다. 목숨만 붙어 있어도 훌륭한 결혼의 유산을 남기기 위해 노력할 여지가 남아 있는 셈이다. 예수님을 닮아갈수록 그분의 가르침대로 배우자를 대하게 된다.

바람직한 결혼생활, 그 값진 유산

365

> 누구든지 네 연소함을 업신여기지 못하게 하고 오직 말과 행실과 사랑과 믿음과 정절에 있어서 믿는 자에게 본이 되어 딤전 4:12

잘 알고 지내는 어느 젊은이가 최근에 87세 된 아버지의 상을 치렀다. 어머니는 1년 전에 이미 세상을 떠난 터였다. 선친은 수중에 돈 한 푼 없이 몇 년 전부터는 노인 요양시설에서 지내고 있었다. 재정적으로는 남겨줄 게 전혀 없었다. 젊은이가 말했다. "숨을 거두기 전에 아버지는 당신의 결혼반지를 주고 싶다고 하셨어요. 그때는 그냥 흘려들었죠. 돌아가시고 난 뒤에 유품을 정리하러 요양원에 갔더니, 가방 하나를 전해주더군요. 그 맨 밑바닥에 반지가 있었습니다. 반지를 이따금 꺼내보는데, 그때마다 지난 50년 동안 한결같은 사랑으로 어머니와 함께 지내시던 모습을 되새기게 됩니다."

젊은이의 이야기는 재산보다 훨씬 더 소중한 유산이 있음을 보여준다. 바울은 디모데에게 편지하면서, 삶과 믿음과 사랑의 본보기가 되라고 권면했다. 이것은 오늘을 사는 크리스천들에게 주는 도전이기도 하다.

The One Year Love Language

날짜별 읽기표

001	1월 1일	변함없는 사랑의 시작
002	1월 2일	상대방의 언어를 배우라
003	1월 3일	실마리를 찾으라
004	1월 4일	서로 자신을 드러내라
005	1월 5일	감정을 솔직하게 표현하라
006	1월 6일	마음의 소망을 나누라
007	1월 7일	행동을 설명하라
008	1월 8일	변화가 시작되는 자리
009	1월 9일	사과한 후에 회개하라
010	1월 10일	달라지기로 결심하라
011	1월 11일	사과다운 사과
012	1월 12일	짐을 나누라
013	1월 13일	목표를 공유하라
014	1월 14일	서로에게 기쁨이 되라
015	1월 15일	긍정적인 눈으로 성을 바라보라
016	1월 16일	성적인 죄를 처리하라
017	1월 17일	감정을 받아들이라
018	1월 18일	두려움을 이겨내는 길
019	1월 19일	해묵은 분노를 청산하라
020	1월 20일	사랑에서 섬김의 행동으로
021	1월 21일	말과 행동으로 친절을 보이라
022	1월 22일	불완전한 면을 용납하라
023	1월 23일	귀 기울여 듣는 법을 배우라
024	1월 24일	경청을 통해서 존중하기
025	1월 25일	양가 식구들이 걸림돌이 될 때
026	1월 26일	어른들의 조언에 지혜롭게 대처하라
027	1월 27일	사고방식을 바꾸면 모든 게 변한다
028	1월 28일	태도를 바꿔 다른 면을 보라
029	1월 29일	긍정적인 면을 바라보라
030	1월 30일	말다툼에서 이기려 하지 말라
031	1월 31일	평화의 사절이 되라
032	2월 1일	이웃 사랑을 통해 주님을 섬기라
033	2월 2일	"정말 고마워요"
034	2월 3일	기쁨으로 섬기라
035	2월 4일	자녀들에게 남겨줄 유산

036	2월 5일	배필부터 섬기라
037	2월 6일	우울한 마음을 떨쳐버리라
038	2월 7일	우울증의 유형
039	2월 8일	어찌하여 낙심하는가
040	2월 9일	지난날의 실수
041	2월 10일	죄와 잘못을 고백하고 허물라
042	2월 11일	피차 용서하라
043	2월 12일	배우자의 사랑언어를 파악하라
044	2월 13일	불평에서 정보를 찾으라
045	2월 14일	먼저 나서서 사랑하라
046	2월 15일	지적인 친밀감
047	2월 16일	정서적인 친밀감
048	2월 17일	사회적인 친밀감
049	2월 18일	영적인 친밀감
050	2월 19일	성적인 친밀감
051	2월 20일	돈, 어떻게 바라볼 것인가?
052	2월 21일	재물도, 빚도 공동소유
053	2월 22일	선한 청지기의 마음을 가지라
054	2월 23일	미래를 내다보는 지혜
055	2월 24일	물건보다 관계를 택하라
056	2월 25일	서로에게 덤이 되는 성격 차이
057	2월 26일	중재자 - 화평하게 하는 이
058	2월 27일	지배자 - 사명을 완수하는 이
059	2월 28일	파티기획자 - 행복하게 해주는 이
060	3월 1일	한 팀을 이룬 동역자
061	3월 2일	방어적인 태도에 정면으로 맞서라
062	3월 3일	감정의 뇌관을 해체하라
063	3월 4일	육체적인 접촉
064	3월 5일	접촉의 언어를 공부하라
065	3월 6일	위로를 전달하는 접촉
066	3월 7일	분노를 의식하고 인정하라
067	3월 8일	즉각적인 반응을 삼가라
068	3월 9일	분노 자체에만 초점을 맞추라
069	3월 10일	여러 방안들을 분석하라
070	3월 11일	분노를 건설적으로 해결하라
071	3월 12일	하나님나라를 구하라
072	3월 13일	가정을 우선순위에 두라

073	3월 14일	몸, 소중한 하나님의 성전
074	3월 15일	서로 의지하고 붙들어주라
075	3월 16일	상대방의 입장에 서서 들으라
076	3월 17일	다툼 없는 의사소통
077	3월 18일	상한 감정을 인정하고 위로하라
078	3월 19일	사랑하고 싶은 마음, 사랑받고 싶은 욕구
079	3월 20일	자유를 향한 갈망
080	3월 21일	의미 있는 존재가 되고자
081	3월 22일	재충전과 휴식에의 욕구
082	3월 23일	사랑하기로 결정하라
083	3월 24일	행동으로 표현하는 사랑
084	3월 25일	사랑언어가 갖는 힘
085	3월 26일	부모로부터 떠나라
086	3월 27일	존경할 수 없어도 여전히 존중하라
087	3월 28일	배우자를 먼저 생각하라
088	3월 29일	아내의 머리, 그리고 돕는 배필
089	3월 30일	복종과 존중
090	3월 31일	결혼생활의 네 계절
091	4월 1일	겨울과 싸워 이기라
092	4월 2일	소망과 기대의 봄날
093	4월 3일	느긋한 여름
094	4월 4일	가을, 도움이 필요하다는 신호
095	4월 5일	결혼, 계약인가 언약인가
096	4월 6일	사랑의 언약
097	4월 7일	언약과 화해
098	4월 8일	무거운 입을 열게 하라
099	4월 9일	두려움의 올무를 깨트리라
100	4월 10일	서로 존중하는 의사소통
101	4월 11일	사랑 탱크의 눈금을 확인하라
102	4월 12일	섬길수록 더욱 커지는 기쁨
103	4월 13일	포기하지 말라
104	4월 14일	사랑, 하나로 묶는 띠
105	4월 15일	동료의식을 가지라
106	4월 16일	듣고 듣고 또 들으라
107	4월 17일	원수에서 친구로 돌아가기
108	4월 18일	해결책을 찾으라
109	4월 19일	자녀양육은 상호균형 속에

110	4월 20일	자녀를 노엽게 하지 말라
111	4월 21일	벽돌 한 장씩 허물라
112	4월 22일	깨끗한 양심을 위하여
113	4월 23일	책임을 인정하고 받아들이라
114	4월 24일	내 허물을 먼저 정리하라
115	4월 25일	맞설 수밖에 없는 사랑
116	4월 26일	거칠고 강한 사랑이 필요한 순간
117	4월 27일	부드러운 말 친절한 말
118	4월 28일	인정하고 세워주는 말
119	4월 29일	격려하는 법을 공부하라
120	4월 30일	지지하는 법을 훈련하라
121	5월 1일	배우자에게 초점을 맞추라
122	5월 2일	"하늘이 무너져도 당신과 함께할 거예요"
123	5월 3일	1단계 - 복도형 대화
124	5월 4일	2단계 - 리포터형 대화
125	5월 5일	3단계 - 지성적인 대화
126	5월 6일	4단계 - 정서적인 대화
127	5월 7일	5단계 - 정직한 대화
128	5월 8일	부부가 함께 꾸려가는 살림
129	5월 9일	재정 계획을 세우라
130	5월 10일	먼저 하나님나라를 구하라
131	5월 11일	앞날을 위해 대비하라
132	5월 12일	단둘만을 위한 목표 설정
133	5월 13일	금쪽 같은 시간을 어떻게 보내는가
134	5월 14일	시간을 아껴 벽을 뛰어넘으라
135	5월 15일	선물로 표현하는 사랑
136	5월 16일	투자를 아끼지 말라
137	5월 17일	무슨 일이든 함께 결정하라
138	5월 18일	합의를 이루도록 기다리라
139	5월 19일	무책임한 태도에 대처하는 법
140	5월 20일	스스로 달라져야 배우자도 변한다
141	5월 21일	변화를 부르는 무조건적인 사랑
142	5월 22일	그리스도의 마음을 품으라
143	5월 23일	마음을 변화시키는 하나님의 능력
144	5월 24일	진리가 너희를 자유롭게 하리라
145	5월 25일	부족한 존재임을 인정한다는 것
146	5월 26일	스스로 칭찬하는 기술

147	5월 27일	팀워크의 표본, 하나님을 좇으라
148	5월 28일	팀워크의 토대를 놓으라
149	5월 29일	정말 크고자 한다면
150	5월 30일	요구하지 말고 그저 섬기라
151	5월 31일	침묵 뒤에 숨어버린 남편
152	6월 1일	침묵의 이유
153	6월 2일	침묵을 깨뜨리는 비결
154	6월 3일	남편과 아내를 단단히 묶는 결합
155	6월 4일	성적 친밀감은 공부하는 부부의 몫
156	6월 5일	차이를 받아들이라
157	6월 6일	주님의 눈으로 바라보라
158	6월 7일	긍정적인 자세를 지키려면
159	6월 8일	마음가짐이 행동을 바꾼다
160	6월 9일	중보기도의 능력
161	6월 10일	왜 기도하는가?
162	6월 11일	이혼은 가장 최후의 카드
163	6월 12일	사랑은 선택이다
164	6월 13일	상처를 딛고 사랑한다는 것
165	6월 14일	부부의 사랑 탱크, 빈틈없이 채우기
166	6월 15일	낯선 사랑언어라도 공부하라
167	6월 16일	자녀의 결혼, 관계 변화의 출발점
168	6월 17일	자녀들을 성인으로 인정하라
169	6월 18일	혼인한 자녀들과의 친밀한 관계
170	6월 19일	뒤틀린 분노의 고삐를 죄라
171	6월 20일	비난하지 말고 정보를 전달하라
172	6월 21일	해결책을 찾는 성숙한 대화
173	6월 22일	구체적으로 사과하라
174	6월 23일	책임을 떠넘기지 말라
175	6월 24일	애틋한 사랑의 재발견
176	6월 25일	말을 통해 전하는 사랑
177	6월 26일	행동으로 표현하는 사랑
178	6월 27일	서로의 차이점은 귀한 재산
179	6월 28일	차이에서 배우라
180	6월 29일	합당한 충고를 받아들이라
181	6월 30일	부부 갈등, 부모를 찾지 말라
182	7월 1일	한 몸, 한 마음, 한 뜻

183	7월 2일	둘만의 시간을 따로 떼어두라
184	7월 3일	서로를 알아가는 나눔의 시간
185	7월 4일	동반자 의식을 가지라
186	7월 5일	결혼생활 속에서 느끼는 외로움
187	7월 6일	무엇을 위해 일하는가?
188	7월 7일	일과 가정, 균형을 잡으라
189	7월 8일	지배적인 배우자에게 대응하는 법
190	7월 9일	친절하지만 단호하게 맞서라
191	7월 10일	아이들의 사랑언어로 말해주라
192	7월 11일	감정에 기댄 행동을 조심하라
193	7월 12일	부정적인 느낌을 인정하라
194	7월 13일	'속풀이 만남'으로 갈등을 해결하라
195	7월 14일	잘 듣고 확인하고 이야기하라
196	7월 15일	차이를 인정하고 대안을 찾으라
197	7월 16일	영적으로 더 가까워지라
198	7월 17일	영적인 갈급함의 모델이 되라
199	7월 18일	적극적인 경청의 기술
200	7월 19일	경청을 통해 친밀감을 쌓으라
201	7월 20일	말하기보다 듣는 데 투자하라
202	7월 21일	지혜롭고 친절한 아내 되기
203	7월 22일	부드럽고 따뜻한 남편 되기
204	7월 23일	사랑, 주는 데 초점을 맞추라
205	7월 24일	화해를 추구하라
206	7월 25일	회복시키시는 하나님의 능력
207	7월 26일	봉사를 통해 사랑을 전달하라
208	7월 27일	섬김의 본을 보여주신 예수님
209	7월 28일	성에 관하여 솔직하게 나누라
210	7월 29일	소리는 부드럽고 얼굴은 아름답구나
211	7월 30일	마음가짐을 스스로 결정하라
212	7월 31일	어떤 마음가짐을 가질 것인가
213	8월 1일	긍정적인 영향을 주는 언행
214	8월 2일	감정에 휩쓸리지 말라
215	8월 3일	잘못을 인정하라
216	8월 4일	상처를 통해서 사랑언어를 발견하라
217	8월 5일	성적 친밀감은 존중받는 아내로부터
218	8월 6일	듣고 나서 반응해도 늦지 않다
219	8월 7일	소중한 관계들에 우선순위를 두라

220	8월 8일	'안 돼'를 외치라
221	8월 9일	사랑의 감정을 되찾는 길
222	8월 10일	날마다 새롭게 사랑하려면
223	8월 11일	변화의 소망을 놓치지 말라
224	8월 12일	갈등을 통해서도 영광 받으시는 하나님
225	8월 13일	달라지게 해주시길 간구하라
226	8월 14일	참다운 용서보다 진실한 고백을
227	8월 15일	용납할 수 있는 것 용서해야 하는 것
228	8월 16일	죄가 가려진 자는 복이 있도다
229	8월 17일	용서, 다짐인가 느낌인가
230	8월 18일	해가 지도록 분을 품지 말라
231	8월 19일	지난날의 상처들을 인정하라
232	8월 20일	사랑이라는 이름의 주춧돌
233	8월 21일	사랑 안에는 두려움이 없다
234	8월 22일	뛰어난 존재가 되도록 서로 격려하라
235	8월 23일	돈 문제에서 비롯된 다툼
236	8월 24일	한 마음으로 이끌어가는 가정 경제
237	8월 25일	커뮤니케이션 통로를 항상 열어두라
238	8월 26일	자녀들에게 사랑을 보여주라
239	8월 27일	감춰진 욕구를 꿰뚫어보라
240	8월 28일	감춰진 동기들을 파악하라
241	8월 29일	방어적인 태도와 싸우라
242	8월 30일	뇌관을 찾아내라
243	8월 31일	사랑하는 이의 성공을 도우라
244	9월 1일	부모를 떠나 한 몸을 이루라
245	9월 2일	최종판단은 부부가 내리라
246	9월 3일	부모를 공경한다는 것
247	9월 4일	공감하는 자세로 대화하라
248	9월 5일	판단을 미루고 충분히 들으라
249	9월 6일	예수님처럼 기꺼이 섬기라
250	9월 7일	섬김의 길을 먼저 걸어가라
251	9월 8일	먼저 가서 배우자와 화해하라
252	9월 9일	용서보다 고백이 먼저다
253	9월 10일	하나님이 설계하신 성
254	9월 11일	성, 사랑과 헌신의 표현
255	9월 12일	배우자와 단둘이 마주앉으라
256	9월 13일	함께하는 시간은 사랑하는 시간

257	9월 14일	장성한 자녀가 집을 떠날 때
258	9월 15일	하나님과 나누는 커뮤니케이션
259	9월 16일	가장 큰 유익을 끼치는 길을 찾아서
260	9월 17일	부드러운 사랑과 단호한 사랑
261	9월 18일	언어폭력에 대처하는 법
262	9월 19일	성경이 말하는 친밀감
263	9월 20일	죄로 인한 분리를 극복하라
264	9월 21일	믿음의 본을 보이라
265	9월 22일	배우자를 위한 기도
266	9월 23일	합심기도를 방해하는 마음의 벽
267	9월 24일	부부를 위한 대화식 기도
268	9월 25일	정중하게 개선을 요청하라
269	9월 26일	결혼, 관계의 출발선
270	9월 27일	섬김을 격려하라
271	9월 28일	사랑으로 이기심을 치료하라
272	9월 29일	이해와 타협으로 합의를 이루라
273	9월 30일	의견 차이를 해소하는 방법
274	10월 1일	치유의 첫걸음, 용서 구하기
275	10월 2일	용서, 요청할 뿐 요구할 수 없다
276	10월 3일	네가 성내는 것이 옳으냐?
277	10월 4일	왜곡된 분노를 처리하라
278	10월 5일	분노에 매여 휘둘리지 말라
279	10월 6일	깔끔한 아내와 너저분한 남편의 만남
280	10월 7일	인정하는 말은 소망을 준다
281	10월 8일	치유와 회복이 시작되는 말
282	10월 9일	인정과 격려를 아끼지 말라
283	10월 10일	배우자의 부정에 대처하는 법
284	10월 11일	불륜, 회개하고 용서를 기다리라
285	10월 12일	깨어진 신뢰를 회복하라
286	10월 13일	자녀양육에 관한 의견 차이를 좁히라
287	10월 14일	과거가 미래를 좀먹지 않게 하라
288	10월 15일	주님이 맡기신 건 오늘뿐이다
289	10월 16일	오늘을 최대한 활용하라
290	10월 17일	진정한 사과란 무엇인가?
291	10월 18일	진실한 사랑을 주고받으라
292	10월 19일	5가지 사과의 언어
293	10월 20일	변화는 '나'에서 시작된다

294	10월 21일	출발에 상관없이 희망을 꿈꾸라
295	10월 22일	가사를 나누고 감정을 공유하라
296	10월 23일	'집안일 리스트'를 만들고 실천하라
297	10월 24일	승강이를 벌이지 말라
298	10월 25일	선물은 사랑을 드러내는 상징물
299	10월 26일	나누고 베푸는 훈련
300	10월 27일	선물로 사랑을 표현하라
301	10월 28일	사랑한다면 정직하라
302	10월 29일	진리로 신화에 맞서라
303	10월 30일	내 눈의 들보를 먼저 빼라
304	10월 31일	마음이 상한 자 곁에 계시는 분
305	11월 1일	상대의 마음을 살피고 헤아릴 때
306	11월 2일	자유를 허락하라
307	11월 3일	일중독에서 벗어나는 길
308	11월 4일	아이들과 함께 보내는 질적인 시간
309	11월 5일	이야기를 들려주라
310	11월 6일	결혼은 언약이다
311	11월 7일	사랑한다면 미안하다고 말하라
312	11월 8일	진심을 담아 사과하라
313	11월 9일	경청으로 가꾸는 친밀한 관계
314	11월 10일	양가 부모님을 공평하게 존중하라
315	11월 11일	어른들의 충고를 지혜롭게 받아들이라
316	11월 12일	인격의 성장과 성숙
317	11월 13일	성품이 아닌 성령께 맡긴 삶
318	11월 14일	앞을 바라보고 미래를 향해 나아가라
319	11월 15일	너무나 강력한 사랑의 힘
320	11월 16일	신체 접촉의 사투리를 연구하라
321	11월 17일	창의적인 사랑의 터치
322	11월 18일	육체적인 접촉, 사랑의 선물
323	11월 19일	돈을 사랑함은 일만 악의 뿌리
324	11월 20일	어디서 만족을 찾는가?
325	11월 21일	부부가 함께 청지기가 되어라
326	11월 22일	감정을 나눌 때 부부는 친밀해진다
327	11월 23일	감정, 매이지 말고 다스리라
328	11월 24일	삶을 무너뜨리는 쓴 뿌리
329	11월 25일	쓴 뿌리를 고백하고 맡기라
330	11월 26일	차분하고 솔직하게 털어놓으라

331	11월 27일	질문으로 대화를 이끌어내라
332	11월 28일	덕을 세우는 선한 말을 하라
333	11월 29일	결혼, 주님이 주신 놀라운 선물
334	11월 30일	결혼이란 한 팀이 되는 것
335	12월 1일	알코올중독의 그림자가 드리울 때
336	12월 2일	중독증을 앓는 이에게 필요한 사랑
337	12월 3일	알코올중독자에게 소망을
338	12월 4일	배우자에게 화풀이하지 말라
339	12월 5일	자신을 향한 분노를 풀어내라
340	12월 6일	굳건한 토대를 세우라
341	12월 7일	영적인 친밀감의 기초를 다지라
342	12월 8일	문제는 커뮤니케이션 유형이다
343	12월 9일	비둘기형 -비위를 맞춤
344	12월 10일	독수리형 -비난하고 정죄함
345	12월 11일	올빼미형 -논리를 앞세움
346	12월 12일	타조형 -무시하고 혼자 떠듦
347	12월 13일	커뮤니케이션 스타일을 바꾸라
348	12월 14일	서로 의로움을 추구하라
349	12월 15일	믿음으로 화해의 첫발을 떼라
350	12월 16일	요구하는 대신 섬기라
351	12월 17일	섬겨야 할 파트너, 남편과 아내
352	12월 18일	고마운 마음을 표현하라
353	12월 19일	분노의 목적을 잊지 말라
354	12월 20일	온유한 심령으로 맞서라
355	12월 21일	분노를 바르게 처리하는 비결
356	12월 22일	사랑받는 이는 두려울 게 없다
357	12월 23일	사랑은 삶을 바꿔놓는다
358	12월 24일	존재 의미를 찾으라
359	12월 25일	과거를 잊고 미래를 내다보라
360	12월 26일	사랑은 자기의 유익을 구하지 않는다
361	12월 27일	새 식구를 맞이할 준비를 갖추라
362	12월 28일	긍정적인 행동을 앞세우라
363	12월 29일	상황을 변화시키는 사랑의 힘
364	12월 30일	어떤 유산을 물려줄 것인가?
365	12월 31일	바람직한 결혼생활, 그 값진 유산

지은이_ 게리 채프먼(Gary Chapman)

지난 30년 동안 가정·부부·결혼 문제에 관한 기독교 상담 전문가다. 상처 있는 가족의 관계 회복과 더 나은 관계로의 성장을 돕는 일에 열정적이다. 배우자와 친밀한 사랑을 나눌 수 있게 하는 쉽고 단순한 실천법을 제시하는 데도 탁월하다.

현재 미국 결혼·가족생활상담협의회 이사직을 맡고 있으며, 각종 세미나의 강사로 왕성한 활동을 하고 있다. 40년 전 결혼한 아내 캐롤라인과 두 자녀와 함께 노스캐롤라이나 주, 윈스턴세일럼에 있는 갈보리침례교회(Calvary Baptist Church)에서 협동목사로 섬기고 있다.

사랑의 표현 방식에 대한 실천적인 지침을 담은 그의 책들은 전 세계 독자들에게 사랑받고 있다. 저서로는 「사랑의 부부 코칭」(두란노), 「5가지 사랑의 언어」(생명의말씀사) 등이 있다.

옮긴이_ 최종훈

대학을 졸업하고 현재까지 줄곧 잡지사와 출판사에서 취재, 기획, 번역 등 글을 짓는 일을 천직으로 삼고 있다. 여행하고 사진 찍는 일을 일상의 즐겨찾기에 넣어두고 있다. 번역한 책으로는 「성경에서 만난 내 인생의 멘토」(두란노), 「하나님은 너를 포기하지 않는다」(포이에마), 「기도」(청림출판), 「사랑의 짐」(성서유니온), 「나는 크리스천입니다」(생명의말씀사) 등이 있다.

북디자인 이훈혜 | **일러스트** 이한경